もくじ

三 三谷大紀先生のチェックポイント　掲載ページ
マ マメ（大豆生田啓友）先生のチェックポイント　掲載ページ

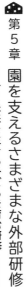

序章　保育の質を向上させる研修のあり方

～「語り合い」で保育が変わるとは？～

今、保育者主導の保育から、
世界的に21世紀型の子どもを主体とした保育、
深い学びのある保育への転換が求められています。
そして、そのような保育の質の向上には、
「研修」が欠かせません。
どうすれば子ども主体の保育へと転換できるのか、
どのような研修が効果的なのか、
玉川大学の大豆生田啓友先生が解説します。

執筆／大豆生田啓友（玉川大学）

子どもの興味・関心に寄り添って、主体性を大切にすることが、深い学びにつながる。
（鳩の森愛の詩瀬谷保育園）

今、なぜ保育の質の向上？
～保育の質の時代へ～

今、「保育」は大激動期です。これほど、メディアなどで「保育」のことが取り上げられる時代はなかったと思います。ただ、その多くは待機児童問題、保育士不足問題、事故やトラブルなど、不適切な保育の問題、無償化の問題などです。残念ながら、「いちばん大切なのは、『毎日の保育の質』」だという話ではありません。

しかし、時代は徐々に変化しつつあります。ご存知のように、**幼稚園教育要領、保育所保育指針、幼保連携型認定こども園教育・保育要領が改訂（定）され、保育の質の確保と向上が、より大きなテーマとなりました。**しかも、保育の無償化においても、質の伴わない利用料の値上げは無償化の対象外とされていることなどから、質の担保が保障されることになるでしょう。さらに、厚生労働省では2018年より「保育所等における保育の質の確保・向上に関する検討会」が設置され、子ども中心の保育の実践に向けた検討が行われています。文部科学省でも同様に「幼児教育の実践の質向上に関する検討会」が開催されています。つまり、**わが国においても保育の質が大きなテーマとなっているのです。**

こうした背景には、世界的に21世紀型のスキルが必要とされ、わが国でも小学校以上の学習指導要領の改訂が行われ、**アクティブラーニング、つまり主体的で、対話的で、深い学びへの教育の転換が求められていることがあります。**アクティブラーニングは、小学校から始まるのではなく、乳幼児期の教育・保育における子ども主体のあそびや生活から行われるのです。「10の姿（幼児期の終わりまでに育って欲しい姿）」を通して小学校に子どもの学びの姿を伝えることが求められるのは、小学校との学びの連続性のためでもあるのです。まさに、保育の質は大きな社会的な流れなのです。

そうした保育の質向上のカギになるのが、「研修」です。

どこの園でも保育は変わる
～「うちの園は無理」ではない！～

「自園は子ども主体の保育をする園ではない」と思っている場合、簡単に保育を転換するのは難し

ベランダにござを敷いて、
ごっこあそびを楽しむ。
（白梅学園大学附属白梅幼稚園）

大きなキャンバスに、好きな色を塗ることに夢中になる子どもたち。
（鳩の森愛の詩瀬谷保育園）

いと考えられてきました。「うちの園は一斉活動が中心だから」「うちは行事が多いから」「うちはお勉強中心だから」、子ども主体の保育を行うのは「どうせ無理」という声も少なくありませんでした。

しかし最近、「うちの園、変わり始めました」「すごく、手ごたえを感じています」という実践報告があちこちで聞かれます。つまり、**これまで「無理」と思っていた園が、子ども主体の保育へと変わり始めてきたのです。**

具体的には、今まで運動会の準備のために、子どもに厳しい練習をさせていた園が、サークルタイム（集まりの時間）に子どもの声を聞き、子どもの好きな運動あそびやダンスを行事に取り入れていくことで、保育が変わり始めたというケースもたくさんあります。こうして保育が変わると、**子どもが自ら行動する力を実感するようになるだけでなく、保護者もそうした保育に賛同し、保育者も保育が楽しいと感じるようになったという声が聞かれます。**

行事を変えるだけではありません。日常の保育でも、今までクラスの子ども全員に、保育者主導の一斉的な指導のもとで活動させることが多かった園が、自由あそびの時間を拡大し、さまざまなコーナーで子どもが自分で選んで活動できるようにしたところ、子どもがより充実してあそびに夢中になったり、活動が深まったり、あそびが発展していったりという手ごたえが得られたという話も、たくさん耳にします。

このように、今までなかなか変えられないと思っていた園が、子ども主体の保育へと変わり始めているのです。

保育が「楽しい！」がポイント
～小さなことにちょっとチャレンジ～

「保育を変える」というのは、あまり大きく考えすぎるとうまくいかないものです。**保育を変え始めてうまくいっている園で共通しているのは、保育者自身が毎日の保育を楽しめるようになってきているということです。**そういう園では、これまでの保育を一気に変えるのではなく、保育者が「こんなことやってみたい」という思いから、小さな一歩を踏み出しています。

小さな一歩というのは、「毎日の散歩でもっと子どもとの発見を大事にしたい」「あそびのブームをもっと大事にしたい」「保育の中に絵本をもっと取り入れたい」「保育室に少しコーナーを作ってみたい」「子ど

子どもたちと集まって、どんなあそびをしたいかの話し合い。
（順正寺こども園）

環境を通してのあそびが大切。製作をしたいときに自由に使える素材や材料が用意されている。
（幼保連携型認定こども園あそびの森あきわ）

ものあそびの姿を保護者に写真で発信してみたい」などです。

「こんなことをやってみたい」が実現できた保育者は、共通して「保育が楽しくなってきた」と話してくれています。こうした小さなチャレンジを始めると、それがだんだん「今度はこれをやってみよう」とそのチャレンジが広がっていくようです。こうして、どんどん保育が変わっていくのです。そして、保育がもっと楽しくなっていく連鎖が起こります。しかもそれは、ほかの保育者にも連鎖していくことが多く、だんだんと園内に広がっていきます。

あまり焦りすぎないことも大切なポイントです。まずは小さな一歩を踏み出してみましょう。

園内研修の考え方、変えませんか？
～毎日の子どもの姿を語り合うことが第一歩～

そこで重要になってくるのが、園内の研修です。「園内研修」というと、みんなで集まって、順番に自分の意見を発表させられるといった、何か堅苦しい、緊張した感じのイメージがありませんか？その「園内研修」の考え方自体を変えてみましょう。

実は、園内の研修でいちばん大切なのは、日々の保育の振り返りです。つまり、今日の子どもの姿をあれこれと振り返ることです。それは、「今日、〇〇ちゃんは、ずいぶん落ち着かなかったよね。それって、〇〇だからかな」などというように、子どもの姿を語ることでもあります。**保育者同士のこうした「子どもの姿を語る」こと、つまり「エピソード語り」がすでに園内の研修の第一歩なのです。**

こうしたおしゃべりは、「〇〇ちゃん、こうだったよね」（子どもの姿への気づき）、「それって、〇〇だからかな」（子どもの内面や育ちの読み取り）、「じゃあ、明日、こうしてみようかな」（次の保育の計画と環境構成）という展開の中で、すでに子どもの姿への気づきから、読み取り、計画へと、子どもの姿ベースの保育サイクルを生み出し、保育の質の向上につながっているのです。だからこそ、毎日、ちょっとした時間に同僚と子どもの姿を語り合うことを、重要な研修と位置づけたいのです。

もちろん、ときには、みんなで集まって園内研修を行うことも大切です。でも、それも日々の子どもの姿を語ることの延長線上で捉えたいですね。本書ではその方法の提案もしていますので、参考にしてください。

記録をもとに、子どもの姿を語り合う。
（ひだまり保育園）

土で作ったケーキに、葉っぱや花を添えて。
（鳩の森愛の詩瀬谷保育園）

職員同士がリスペクトし合う関係へ
～相手のよいところを褒めよう！～

子どもの姿についてのおしゃべりを活発にするには、保育者同士の人間関係がよくないと難しいですよね。**職員同士の人間関係の良好さは、保育の質を高めていくためにとても大切なことです。**だからこそ、ここから工夫をしていくのもよいと思います。

保育の質を高めている園の保育者に共通することの一つが、若手の保育者がよく発言し、よくチャレンジもしているということです。そうした園では、中堅やベテラン、あるいは園長・主任が若手に対して温かく声をかけているのが特徴です。「今日の○○の活動、とってもよかったね」「○○ちゃん、今日、こんないい姿あったよ」など、元気が出るような声かけをしているのです。そういうことが、園内のモチベーションを上げていきます。

同僚の「できていない」ことを指摘することが多い職場も少なくないと思います。会議や園内研修の場などもそうだと、どうしても凍りついたような場になります。ですから、その保育者の「できている」こと（あるいは頑張っていることなど）に対して、声をかけたほうがよいのです。**研修などに活気のある園では、その保育者の「よさ」を意識的に言葉にしたり、メッセージとして書いたりするなど、同僚をリスペクトするような関係性が大切にされています。**

外部の研修を活用しないのは、もったいない！
～往還的な研修のススメ～

園内だけで保育を変えることは、相当エネルギーがいります。そこで、外の力を借りることも積極的にしたいものです。外部講師などに定期的に来てもらい、子どもの姿を見て一緒に話し合い、考えてもらえるのが理想ですが、なかなかそこまではできないという現実もあるかもしれません。

そうであれば、外部研修を活用しない手はありません。これまで、外部研修には義務で行かされているからとか、キャリアアップ研修のポイントのためだからなど、仕方なく出席しているという声もありました。でも、それはあまりにもったいなさすぎます。ぜひ、外部研修を活用したいものです。そのためには、**できるだけ保育に生かせる、自分が行きたい研修を探すのがよいでしょう。さらに、できれば、単なるノウハウだけの実技研修ではなく、子**

5歳児が、いろいろな色のガムテープを使うときれいなことに気づいて作ったドラゴン。
（ひだまり保育園）

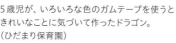

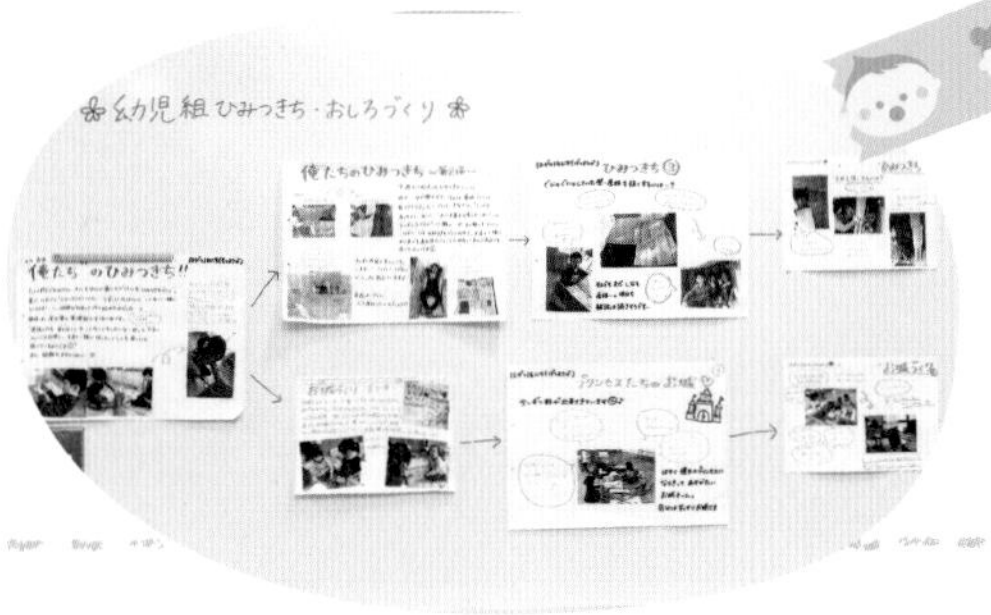

ドキュメンテーションを、時系列でウェブのように掲示。
（順正寺こども園）

ども理解を深めたり、子ども主体のあそびをより豊かにしていったりすることが考えられる研修がよいでしょう。

そして、大切なことは、研修で学んできたことを報告書に書いて提出して終わりではなく、明日の保育で具体的に実践してみることです。研修は、保育に実際に還元できてはじめて意味があるのです。地域によって、キャリアアップ研修はまとめて15時間ではなく、何回かに分けて行う場合もあります。そこでは、**1回目の研修で自己課題を決め、次回までに実際に園でその課題にチャレンジし、成果を次の研修に持ち寄るというスタイルの研修が行われています。こうした研修は、「往還《おうかん》的研修」と呼ばれます。**今後、こうした外部研修が増えていくでしょう。

また、今後、「オンライン型研修」も増えるでしょう。園内で一緒に研修動画を視聴し、「じゃあ、これを今度やってみて、園内研修で報告し合おう」などと、往還的に活用することも重要です。**どのような研修も、次の保育にどうつなげるか、そのやってみた成果をどう職員間で共有するかということが大切です。このような往還的なプロセス（行きつ戻りつする過程）が保育の質の向上には求められます。**

保育を保護者や地域など、「外」に開きませんか？

〜発信と公開のススメ〜

子どもの姿をよく語り合う風土が生まれている園は、同時に保護者にも子どもの姿をよく伝えています。ここにも、園や保育者によって大きな差がありそうです。子どもの姿をよく伝えていない園の保護者は、園での子どもの姿が見えず、どうしても、文字の読み書きが早くできるようになった、跳び箱がこれだけ跳べるようになったという、目に見えやすい事柄でしか子どもの成長を理解できないのです。

しかし、子どもの姿をよく伝えている園では、写真記録（ドキュメンテーション）を活用するなど、その姿を魅力的に伝えています。そのため、保護者が園の理解者やファンのようになっているのです。例えば、園で虫とりがブームになっていることが発信されると、その姿を知った保護者が子どもに家の近所でとった幼虫を持たせたりするなど、保護者をも保育に巻き込んでいくことを可能にするのです。

つまりそれは、保育を外に開いているとも言い換えられます。**保護者のみならず、地域の外の園にも保育を開き、公開保育を行うなどして、ともに**

付箋を使って一人一人の意見を書き込み、それをグループ化して話し合う園内研修。
（鳩の森愛の詩瀬谷保育園）

保育者が大型積み木にござを載せて作った即席の滑り台に大喜びの子どもたち。（さくらこども園）

学び合う関係性を作っていくことも大事です。

公開してみよう、他園を見てみよう
～自園でもできそうなことから～

最近、自主的に、または自治体が主導して公開保育を行う園が増えてきました。

今まで多くの園では、公開保育はとてもハードルの高いものでした。公立園などでは、自治体の方針だからやっているというケースもありました。あるいは、何か特徴的な取り組みをしている園が、その取り組みを見せるために行う場合もありました。また、公開保育をすると参加者から批判されてしまうのではないかとのネガティブな感情もあり、ハードルが高いと思われてきたのかもしれません。

しかし、最近では、そうではなくなってきています。**自分たちが少し新たなテーマにチャレンジしながら、その等身大の保育を見てもらい、気軽に語り合う場を作る取り組みが増えています。**参加者も批判的に見るのではなく、そこから何かを学ぼうという姿勢で参加するようなガイダンスが行われます。むしろ、**互いが学び合うような場となっているのです。**これまでとずいぶん違います。単に見せることが目的の公開保育ではないので、準備も最低限です。負担が少なく、公開保育をした保育者や園が参加者から温かい言葉をもらい、喜びの手ごたえを感じたという声が少なくありません。

これまで、他園をあまり見たことがない保育者も多かったようです。でも、**他園を見ることで、「自分の園でもこれならできそう、あんなふうにやってみたい」などという新たな発見がたくさんあります。**園の保育を変えていこうとするとき、他園を見せてもらうことは大きなモチベーションとなるのです。

他園を見学することは、新たな発見や学びにつながる。（さくらこども園）

園庭で泥水あそびに興じる子どもたち。
（鳩の森愛の詩瀬谷保育園）

リーダー層の役割が重要
～研修が生かされるマネジメント力～

これまで述べてきたように、どこの園でもちょっとしたことから保育は変えられます。そのためには、**園内に語り合う風土が生み出されることが大切で、研修のあり方が重要であることがわかりました。**そして、そのカギは実は、リーダー層の役割にあるのです。園長、主任、副主任などのリーダー層が、いかに保育者同士の語り合う風土を生み出すマネジメントをするかが求められます。

「マネジメント」というと難しく聞こえますが、簡単に言えば、一緒に働く人たちが安心して「こんなことやってみよう」とモチベーションをもてるようなかかわりのことです。特にリーダー層の姿勢によって、職場の雰囲気は大きく変わります。また、マネジメントを行うためには、園長・主任のリーダー層だけではなく、中堅層の職員の役割も大事です。若手職員などのモチベーションを高められるかは、一緒に組んでいる中堅層のかかわり方次第だとも言えます。キャリアアップ研修で「マネジメント」という科目があるのは、中堅層にもマネジメントの視点が重要だからなのです。

職員集団が子どもの姿を語り合うような雰囲気があるか、みんなが「今度、こんなことやってみたい」と言える風土があるか、それが日ごろからのマネジメント力なのだと思います。

さあ、どこの園でも子どもの姿を語り合う風土を生み出す研修を行い、子どもがワクワクするだけでなく、保育者も、保護者もワクワクする園を作っていきましょう。本書はそうした園作りに役立つノウハウ満載の事例を紹介しています。

「やりたい！」を実現できる環境が、主体的、対話的で深い学びを生み出す。
（白梅学園大学附属白梅幼稚園）

第1章 楽しく継続できる園内研修の手引き

職員みんなで楽しく語り合える研修というのは、
具体的にどういったものでしょうか。
研修とは何か、
具体的にどのような研修を行えば語り合いの文化が生まれるのか、
ファシリテーションの大切さなどについて、
関東学院大学の三谷大紀先生が解説します。

執筆／三谷大紀（関東学院大学）

どんなやり方がある？ 園内研修

園内研修とは何か、
保育の質の向上につながる園内研修にするためには、
どんなことを大切にしたらよいのか、というヒントと、
それを実現するための具体的な手法を紹介します。
きっとみなさんの園に合う、充実した研修の方法が見つかるはずです。

1 園内研修ってなんだろう？

保育の楽しさを高めなければ、意味がない

子どもと保育者が楽しそうに園生活を営んでいる園では、保育者がいきいきと子どもの姿を語ってくれます。そんな保育者は、子どもが保育者を信頼してくれると実感したとき、子どものさまざまな興味・関心が見えたとき、その興味・関心に基づいて子どもとともにさまざまに探求していくとき、その中で子どもの育ちや学びを見取ったときなどに、保育の楽しさや仕事への充実感を得ているように感じます。

研修、特に園内研修は、そうした保育の楽しさや充実感をより高めていくためのものでなければなりません。言い換えれば、研修は、「明日はこうしてみよう」「こういうところに注目してみよう」などと、保育の新たな工夫や見方・援助などを生み出し、早く子どもに会いたくなるような機会になることが重要です。

図1・日々の保育実践と研修の種類の関係
※那須ほか（2017）1をもとに加筆。

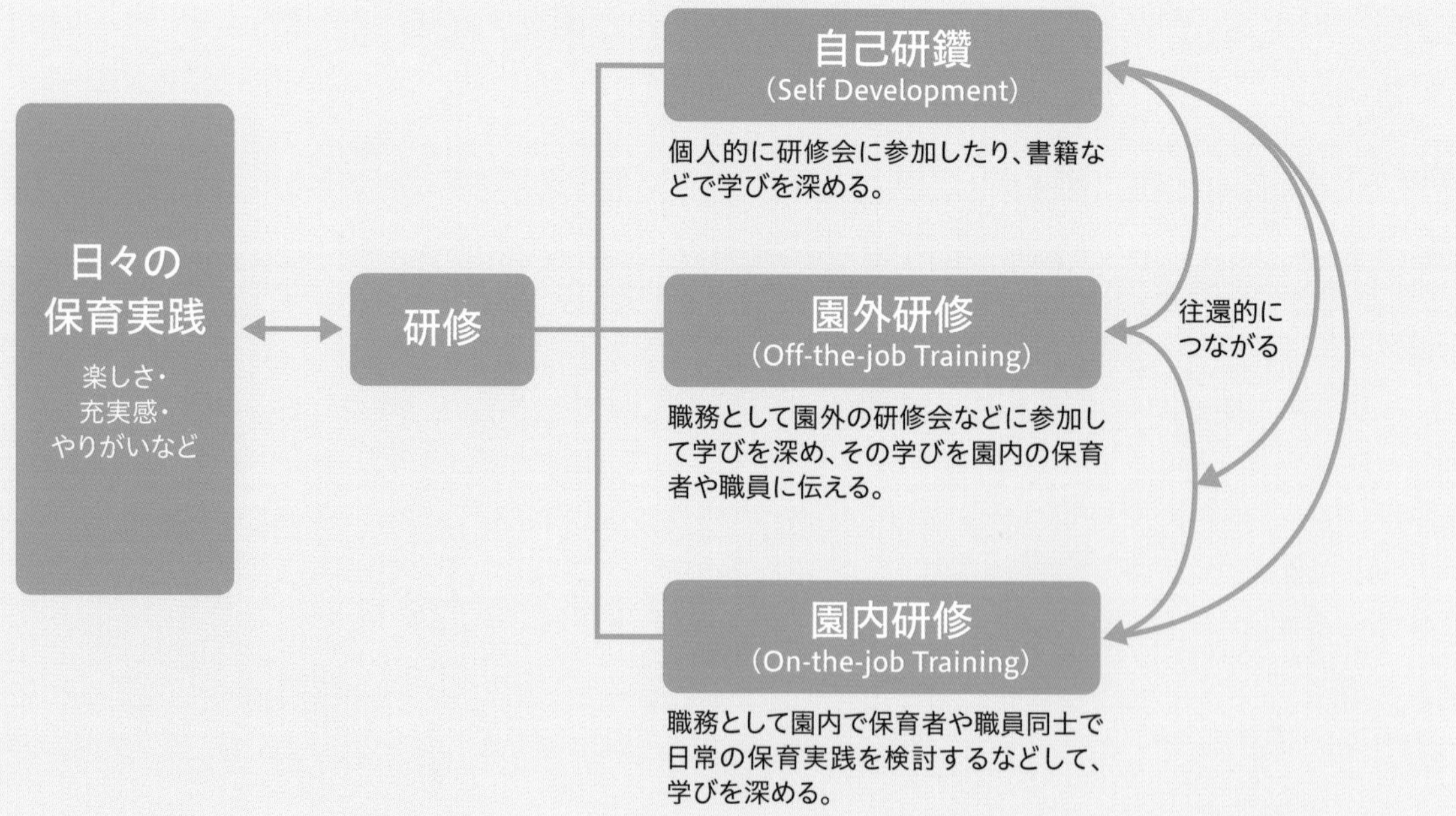

1 那須信樹ほか『手がるに園内研修メイキング　みんなでつくる保育の力』わかば社，p.11

保育の工夫・見方を深める さまざまな研修の形

日々の子どもの姿や思いの見取りを保育者個人で担うには、負担が大きすぎます。見方なども偏る可能性があります。仲間がいるからこそ、新たな工夫や見方・援助などを生み出すことが可能になります。チームワークがよいということは、互いに見方や考え方が違うことを前提に、メンバー全員がその違いや強みを生かし、支え合い、高め合うことです。また、新たな工夫や見方を見出すためには、保育について省察する時間も必要です。そうした機会を生み出すのが研修なのです。

12ページの図1のように、研修には大きく分けると、自発的・個人的に行うもの（自己研鑽）と、職務として行うものがあります。さらに、職務として行うものは、職場を離れて行うもの（園外研修）と職場内で行うもの（園内研修）に分けることができます。

園外研修は、さまざまな園の保育者が参加するので、自園とは違うやり方にふれたり、新たな知見を得たりする機会となります。

一方、園内研修は、より日常の実践に基づいて、環境の充実や子どもへの援助などを振り返り、見直す機会となります。よって、日々の子どもの姿や出来事、それらについての思いを同じ職場の仲間と共有しながら学び合うためには、園内研修を充実させることがもっとも近道です。

また、園外研修と園内研修を往還的に連動させることもできます。つまり、園内研修で自分たちがチャレンジしたいことや自園の課題を見出し、それを園外研修に持ち寄って他園の視点を得ながらまた自園に持ち帰り、日々の実践と園内研修を通して深め、その成果をまた園外研修の場に持ち寄って検討するということです。こうした研修のスタイルを、筆者らは「往還的研修」と呼んでいます。それぞれの研修が、バラバラに存在するのではなく、往還的につながっていくことが保育の質の向上を支えるのです。

保育の質を高め合う園文化を築くのが園内研修

みなさんは、隣のクラスの保育者の「よさ」や出来事を知っていますか？　反対に、自分のおもしろがっていること、悩んでいることをほかの保育者に知ってもらっていますか？　それぞれが「よさ」をもちながら、悩みを抱えています。互いに無関心で、支え合う雰囲気がない、あるいは「できていない」ところばかりに注目し、叱責を繰り返していては、新たな知見は得られず、保育そのものの質も向上しません。そもそも、そうした関係の中では保育は楽しくならないでしょう。

園内研修の重要な効果の一つは、園に保育の質を高め合っていこうとする文化が築かれることにあります。その園文化は「同僚性」によって支えられます。同僚性とは、簡単に言えば、保育者同士が互いに支え合い、高め合っていく協働的な関係のことです。園内研修は、この同僚性によって成り立つと言えますし、園内研修を通して同僚性を培っていくものでもあるのです。

「語り合い」が同僚性を育む

どんな人にも、その人の見方や枠組みがあります。でも、その見方や枠組みからだけでは見えない子どもの姿があるのも事実です。だからこそ、目の前の子どもが出会い、興味・関心をもったこと、その子にとっての学び（育ち）などを、仲間とともに多義的に捉えればいいのです。つまり「語り合う」ことが必要なのです。

「語り合う」ことは、多様な見方や考えを出し合うことです。多様な子どもの姿に多様な側面から光を当て、目の前の子どもに寄り添いながら語り合っていくとき、子どもたちの経験していることの「意味」「学び（育ち）」を見出すまなざしを個々が生成すると同時に、同僚性が高まります。つまり、「語り合う」ことは、個々の保育者として専門性を高め、園の同僚性を培うのです。

2 園内研修を充実させるためのポイント

主役は、個々の保育者

園内研修を充実させるためには、「やらされる」研修（指導・伝達型）から、「自分たちで作る」研修（参加・協働型）にする必要があります。そのためには、園長や主任、あるいは、一部の保育者が、いわゆる「正解」を握るのではなく、個々の保育者が主役になる必要があります。なぜなら、明日の保育を担うのは、個々の保育者であり、それぞれの保育において、自分で瞬時に判断し、保育をデザインしていくことが求められるからです。そのためには、以下のことが重要になります。

- **「正解」を求めようとしない**
- **本音で語り合う**
- **相手を批判したり、論争しない**
- **「教える人」と「教わる人」という関係を乗り越える**

これは、森上（1996）が挙げた「保育カンファレンス」[2]の特徴ですが、これらのことを大事にすることで、園内研修が、多様な視点との出会いの場となり、見出された視点はそれぞれが保育をデザインする際の資源とすることができます。

具体的には、「どうかかわるべき」か、「どう援助すべき」かを、話題の中心にするのではなく、出来事や場面を話題とし、そこから見えてくる価値と意味を賞味し合うのです。その結果、「自分ならこうしてみようかな」といった、新たな援助や見方を考えることにつながり、一方的に指導・伝達されなくても、自分に必要な課題も、自分自身で見出すことが可能になります。

参加する際の姿勢とは？どんなふうに聞く？

個々の保育者が主役になるためには、安心してさまざまな意見を出し合えることが重要です。そこで、園内研修に参加するにあたっての基本的な姿勢を確認しておきましょう。

表1・園内研修に参加するにあたっての基本的な姿勢
※那須ほか（2017）をもとに作成。[3]

項目	効果
① 笑顔	互いに話しやすくなります。
② 挨拶	互いにチームの一員という感覚がもちやすくなります。
③ アイコンタクト	いつも互いに見守っているという、安心感を伝えることができます。
④ うなずく	いろいろな意見を受け入れやすくなり、相手も話しやすくなります。
⑤ 身を乗り出す	相手の言葉を聞こうとする気持ちになれます。
⑥ 問い詰めるのではなく 問いかける	多様な考えを受け入れる気持ちになれます。
⑦ 学ぶ姿勢で	自分のやり方を、謙虚な気持ちで変えてみることにつながります。
⑧ 穏やかな声、言葉、態度	相手の意見が受け入れやすくなり、自分も冷静に考えることができます。

[2] 森上史朗「カンファレンスによって保育を開く」『発達』no.68号, vol.17号, P.01～04, ミネルヴァ書房,1996年
[3] 那須, 前掲書, p.17.

また、「人の話は最後まで聞こう」「感じたことは、その場で直接その人に伝えよう」「肯定的な見方を心がけよう」などという研修での約束事を、研修の冒頭で確認・共有しておいてもよいかもしれません。

例えば、研修の場で誰かが自分の保育を語った際、「そのとき、その子のことをどう理解していたの?」「どのような意図をもってかかわったの?」などといった質問が出る（してしまう）ことはないでしょうか? しかも、話を遮るようにして。

その場合、「問いの対象」となっているのは、問われている側の保育者のその子への理解・かかわり方です。聞いている側と聞かれている側の関係は、「指導する側」と「指導を受ける側」、「評価する側」と「評価される側」といった二項対立的になります。さらに、質問する側は「正解（望ましい姿、理解の仕方、かかわり方）」を想定し、押し付ける姿勢になっている場合があります。このような関係の中ではいくら表面的には語り合っているように見えても、新たな「意味」の探究や発見につながる「対話」は生まれにくいものです。「対話」が生まれるためには、「問いの対象」を保育者のその子へのかかわり方ではなく、子どもの姿へと転換していく必要があります。

子どもの姿や起きている出来事そのものをともに見て、ともにわかりたい、理解したいというスタンスで聞くことが重要なのです。その上で互いの見方を開き、さまざまな驚きやおもしろさ、発見などを共有していくのです。「新人」だって例外ではありません。むしろ「新人」を単なる初心者として見る（手厚くする）だけでなく、園の文化に染まっていない、大事な問いを投げかけてくれる存在として認める必要があるでしょう。

身に付けよう、ファシリテーション・マインド

ファシリテーションとは、直訳すると「促進」です。そして、ファシリテーションを担う人をファシリテーター（同伴者）と呼びます。園内研修をする場合は、このファシリテーターが「対話」を促進させていくことが重要なポイントになります。

- **その人が入ると、雰囲気が変わり、場が盛り上がる。**
- **聞き上手で、いろいろなことを語り出したくなる。**
- **その人と話していると、明るい気分になり、元気になる。**

こういった人は自然とその場をファシリテートしていることになります。つまり、中立的な立場で相互作用を促しながら進行する人をファシリテーターというのです。ファシリテーターは、一人一人の参加者が、自分の思いを安心して出せるようにしたり、その意見がほかの参加者に伝わっていないと感じたときには「翻訳」し、参加者たちの意見をつなげて整理し、話題を広げたり、深めたりします。また、結論を出すわけではないですが、何が話題になり、何が明らかになったかなどを最終的に整理し、共有することをサポートする役割も担います。

継続が大事
～いつ、どこで、誰とやる？～

園内研修は1回限りで終わってしまってはほとんど意味を成しません。「みんなで集まれない」「時間が確保できない」といった声も聞こえてきそうです。でも、それは園内研修へのイメージが凝り固まっているせいかもしれません。

みなさんの一日の園での業務内容を思い起こしてみてください。きっと立ち話的に今日の子どもの姿や出来事を、いきいきと話している時間があるはずです。例えば、掃除や午睡の際に何気なく話していることもあるかもしれません。そこでの話題が、今日の保育を振り返り、明日の保育の源になっているとするならば、それらは園内研修の機能を有しています。

集まれるメンバーで、日常業務の隙間の時間を活用して、短時間（20～30分程度）でも可能な取り組みから始めることが重要です。少人数で「語り合う」ことによって、敷居が低くなり、よりフランクに話せるというメリットもあります。

例えば、金曜日の午睡時にその週を振り返り、印象に残った子どもの姿を出し合ったり、誰か一人が、今気になっているあそびや子どもの姿の写真を持ってきたりして語り合うなど、できることはいくらでもあります。同じ年齢のクラス担任で集まるもよし、3歳以上児のクラスから数人集まるもよし、各クラスのリーダーや「非常勤の会」などで集まることもできるかもしれません。そのような小さな園内研修を積み重ねながら、それらを園全体の職員会議で伝えたり、ノートで回覧できるようにしたりして、全体でも共有できるようにしてもよいでしょう。

いずれにしても、「時間がない」「集まれない」という「ない」から出発するのではなく、日常の業務の中で、「ここで語り合っているな」という、今「ある」時間や関係を意識化し、それを園内研修に置き換えていくことで、継続可能な研修が生まれるのです。

そうした小さな園内研修を土台としながら、月1や期ごとなどで、園全体、あるいは3歳以上児のブロック、3歳未満児のブロックなど、もう少し規模の大きい園内研修を定期的に企画することで、対話がより活性化します。

会場準備は、
大事な雰囲気作りの場

園内研修の会場準備を、手の空いた人からすることも重要です。机や備品の用意、プロジェクターやスクリーン、ホワイトボードが必要な場合もあるかもしれません。そうした準備を手の空いた人で協力しながら進めていくこと自体が「アイスブレイク（緊張をほぐすための手法）」になり、「今日、こんな写真を持ってきた」とか、「先週の〇〇ちゃんの話だけど……」といった具合に語り合いが弾んでいくと、準備時間そのものが研修機能をもつことになります。

時間は厳守。
「終わりの時間」を決める

子どもの話をしているとつい楽しくなり、エンドレスになってしまう場合があります。しかし、長い目で見ると、それでは、燃え尽きてしまう可能性があります。あらかじめ、今日は何時までと「終わりの時間」を決めておくことで、内容に集中できます。また、そこで話しきれなかったことは次回に持ち越したり、あるいは翌日の保育に返したりしていくこともできます。研修のための語り合いではなく、明日の保育の原動力にすることを忘れないようにしましょう。

3 園内研修の道具箱

園内研修には、どんな題材や手法や道具があるのか、一部を紹介します。どんな題材や手法を用いるかは、園内研修の「ねらい」によって変わってきます。つまり、園内研修で自分たちのどんな変化や成長を期待するのかと照らし合わせながら、扱う題材、手法を考えてみるとよいでしょう。また、ここではいくつかのタイプや手法に分けましたが、異なるタイプや手法をミックスさせることも可能です。ここに示したものを参考に、園の現状や課題意識に即した形で園内研修を作ってみてください。

園内研修にあったら便利な備品

左に挙げたのは、園内研修にあったら便利な備品リストです。全部揃える必要はありません。

あったら便利な備品リスト

□付箋・ラベルシール
□色ペンセット　□ホワイトボード
□模造紙　□A3用紙、はさみ、のり
□ストップウォッチ　□デジタルカメラ
□プロジェクター、スクリーン、PC
□えんたくん＊

付箋・ラベルシールのようなのり付きの小さな紙（はったり、はがしたりできる）があると、そこに自分の考えを短く書き出すことで、何について語り合っているか焦点化しやすくなります。また、後付けで出すこともできますし、いろいろな考えがあることが可視化されます。出た意見を整理する際にも、移動させたり、重ねたりすることもできるというメリットもあります（いわゆるKJ法）。

それを模造紙にはったり、関係するものを線でつないだり、説明を付け加えたりするのに色ペンセットが役立ちます。テーマによっては、模造紙ではなくA3サイズ用紙のほうが使いやすい場合もあります。時間を管理するのにストップウォッチを、まとめや時程を見えやすくするためにホワイトボードを活用します。

付箋を使っての話し合い（幸ヶ谷幼稚園）

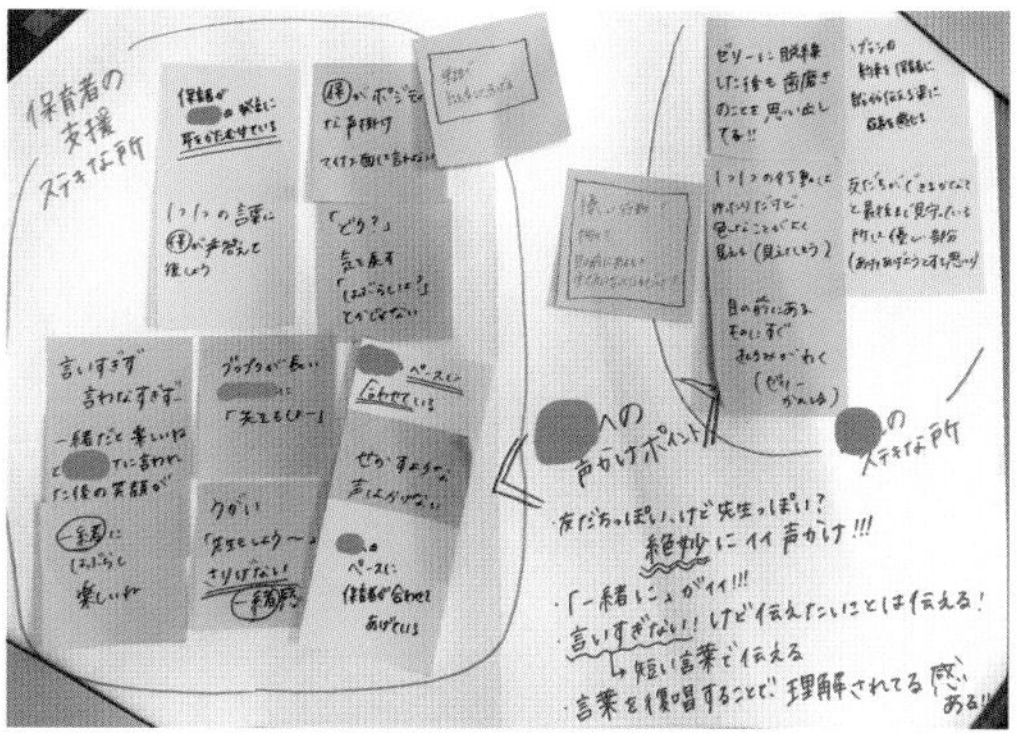

また、最終的にどうなったのかをまとめた模造紙を、デジタルカメラで撮影し、ノートにはり付ければ、それが記録になります。みんなで映像や写真を見る際には、プロジェクターなどがあると鑑賞しやすくなります。飲み物や簡単なおやつなどもあると、リラックスして参加しやすくなるでしょう。

机がなければ、車座に座り、丸形段ボールと薄い紙がセットで販売されている物（えんたくん）をみんなの膝に載せれば、それがそのまま机になり、模造紙にもなります。

＊「えんたくん」は三ヶ日紙工の登録商標です。

タイプ1 語り合う風土を作る研修

園内に子どものことを語り合う場面が少ない場合には、まずは「語り合う風土」を作ることを研修のねらいにするとよいでしょう。ここでは、あえて日々の子どもや保育に、直接関係しないものを題材とした研修の手法を紹介します。

手法1 原体験・原風景を基に語り合う

所要時間：20～30分
人数：1グループ3～5人
用意する物：付箋、模造紙（半分）、名刺大の紙、色ペンセット

【手順】

①車、雨、筆記用具、遠足、給食など、好きなキーワードを名刺大の紙に書いて裏にして置いておく。
②グループの代表者が紙を1枚引き、書かれているキーワードを模造紙の中央に書く。
③全員がそれぞれキーワードから思いついた言葉を、1枚の付箋に1つ書く。
④キーワードの周りに③の付箋をはる。
⑤④ではった言葉にまつわるエピソードを各自が自由に語り、印象に残った言葉やフレーズを模造紙にどんどん書き込んでいく。
⑥キーワードからどんな原体験・原風景が見えたかをグループごとにプレゼンし、全体で共有する。

Point
まずは、語り合うのが楽しくなることが大事です。ですから、話が脱線しても、どんどん横道にそれてもOK。この研修のねらいは、互いを知ること。そして、同じ物でも人によってイメージすることが違うことを実感し、多様な見方を得ることのおもしろさを体験することです。

手法2 キーワードから連想する物を語り合う

所要時間：20～30分
人数：2人1組（3人1組でも可）
用意する物：A3用紙、油性フェルトペン（色違いで人数分）

【手順】

①題材となるキーワードをいくつか用意しておく（例：雨、夏、ザリガニ、石などなんでもOK）。
②1組にA3用紙1枚と、それぞれに違う色のペンを配る。
③選んだキーワードをA3用紙の真ん中に書き、キーワードから連想する言葉を、それぞれが複数思い浮かべる（メモしてもOK）。
④思い浮かべた言葉を、交互に用紙に書き込んでいく。
⑤相手が連想した言葉から、思いついたことを書き込み、そこから連想されることを交互に書き込んでいく。
⑥③から⑤までのプロセスを今度は、子どもだったらどんなことを思いついたり、興味・関心をもったりしそうかを考え、交互に書き込んでいく。
⑦書きあがった物をプレゼンする。

Point
ゲーム感覚で気楽に楽しむことが大事です。連想する際は、「質」より「量」を大事に、思いついたことをどんどん書き出していきましょう。一種の「ブレインストーミング」です。もちろん、これも脱線はOK。連想された言葉にまつわるエピソードなどを語り合いましょう。また、チームでやることにも意味があります。⑥では、子どもの視点から再度連想することを提案していますが、これは、20ページから紹介する「保育ウェブ作り」にもつながります。

図2・キーワードからの連想

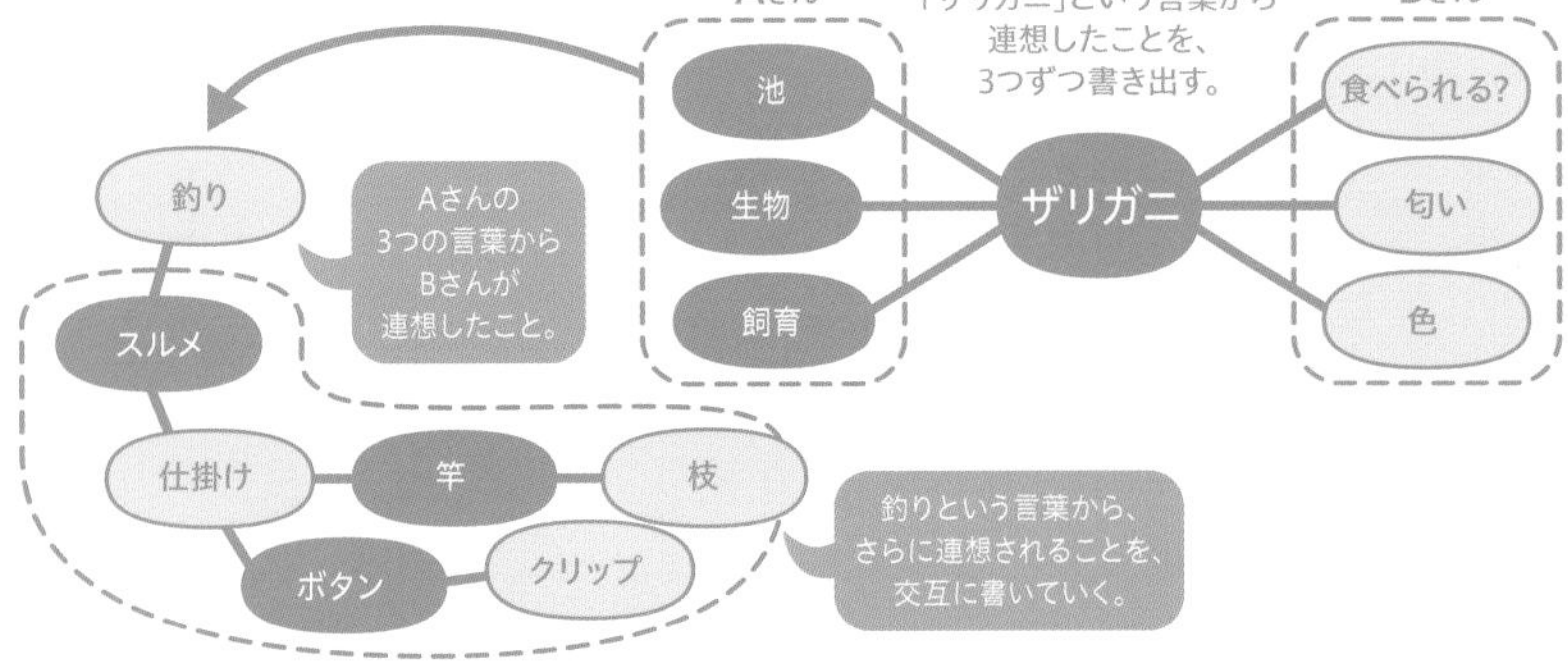

タイプ2 子どもを語る研修

安心して語り合える雰囲気ができたら、日常の子どもの姿を題材に語り合ってみましょう。きっと一人では気がつかなかった、いろいろな発見があると思います。

手法3 写真を基に語り合う

写真を園内研修に使うおもなメリット

▼経験の浅い保育者でも参加しやすい。
▼語り合いの視点を焦点化しやすい。
▼どの写真を研修に持ち寄るか、選ぶ過程にも学びがある。
▼いろいろなやり方、発展・転用が可能。

所要時間：30〜90分
人数：1グループ3〜5人
用意する物：自分が語りたいと思う場面を撮影した写真（できればA4用紙サイズくらいに印刷したものを用意）、A3用紙、のり、はさみ、色ペンセット

［手順］※①②は事前準備

① **日常の保育の中で、写真を撮る。**
自分が「すごい」「おもしろい」「ほかの人にも見てほしい！」と思う子どもの表情や様子を写真に収める。「○○な姿を撮ろう」などテーマを決めてもOK。

② **写真を選ぶ。**
保育中に撮影したたくさんの写真の中から、研修で使用する写真を選ぶ。その際、自分が伝えたいことと、その写真自体が物語ることの一致が大切になる。

③ **A3用紙に写真をはり、写真の場面についての「タイトル」「吹き出し」「説明」を付ける。**
「タイトル」…その写真で伝えたいこと。
「吹き出し」…子どもの心の声（実際に発言したことも含む）。
※保育者が見取った子どもの気持ちや育ちがそこに表れる。
「説明」…どんな場面かがわかるように簡潔に書く。

④ **写真を語り合う。例えば、以下のようなことがポイント。**
☆どうして、この写真を選んだか（どんな状況かも含む）。
☆子どもが経験していること。
・子どもが何をおもしろがったり、喜んだり、悩んだりしている姿なのか。
・子どもがどう育とうとしているか（どんな力を発揮しようとしているか）。
☆その経験や育ちを踏まえて、今後どういう経験をしてほしいと願うか。

Point

上記に示した手順は90分バージョンです。③の手順を事前に終わらせて作ったものを持ち寄ることから始めることもできます。また、ドキュメンテーションを園で作成している場合には、それを持ち寄って語り合うことも可能です。さらには、特にタイトルや吹き出しなどを付けずに、写真のみを持ち寄り語り合うこともできます。

また、短時間で行う場合には、全員が発表するのではなく、各回、担当を決め、その人が持ち寄った写真についてじっくり語り合うこともできます。さらに、その後で、その写真を基にそれぞれがドキュメンテーションを作ってみてもいいかもしれません。

やり方はあくまで参考例です。みなさんの園の状況に応じて、アレンジしてみてください。

アレンジ

【A】1人が何枚かの写真を決めて出し、それらの写真を選んだ理由をプレゼンする。
【B】写真を出した保育者は、その背景のみをプレゼンし、ほかの保育者がその写真から読み取れることを語り合う。その後で、写真を出した保育者がその写真を持ってきた理由や、読み取ったことを紹介する。

手法4

「保育ウェブ」を作ろう

所要時間：30～90分
人数：1グループ2～5人
用意する物：自分が気になっている（おもしろい、もっと発展させたい、どう援助するか悩むなど）あそびの様子を写した写真1枚、模造紙（半分）、色ペンセット

[手順]

①持ち寄った写真の子どもの姿を紹介し合う。
②①の中から1枚、保育ウェブにする写真を決める。
③模造紙の中央に、その写真のあそびを書く。写真そのものをはってもOK。
④①で紹介し合った内容を基に、今の子どもの姿（楽しんでいることや興味・関心）を書き込んでいく。子どもの名前を書いてもOK。
⑤④を基に明日以降、子どもたちがどんな姿を見せそうか（どんなことを楽しみそうか、どんなことに興味・関心をもちそうか）、一人最低3つくらいずつ予測し、模造紙に書き込んでいく。
⑥⑤の子どもの姿が見られたときに、必要になりそうなものを予測し、書き出していく。
⑦出来上がったウェブを、グループごとにプレゼンする。

カリキュラムを考えるときなどに、ウェブを使って子どもの姿を予測してみる。（港北幼稚園）

「保育ウェブ」の作成手順例

研修で保育ウェブを作成したら、
この作成手順例を参考に、
実際に各クラスでウェブを作ってみましょう。
ウェブを作成するときは、複数人で作業するのが原則。
同僚とともにウェブを作成することで、
「語り合い」が生まれ、多様な見方や発見があります。
つまり、保育ウェブを作成すること自体に
園内研修機能があるのです。

1
子どもの姿から、
次週・今後展開しそうな（注目したい）
あそびや活動を決める。
2 ～ 4個くらい。

※ 図の中の、買い物ごっこ、キャンプ・バーベキューごっこ、探検・宝探しごっこの3つがそれに当たる。
※ 途中で増える、減るもあり得る。
※ この手順例では、買い物ごっこに焦点を当てて、以下、進める。

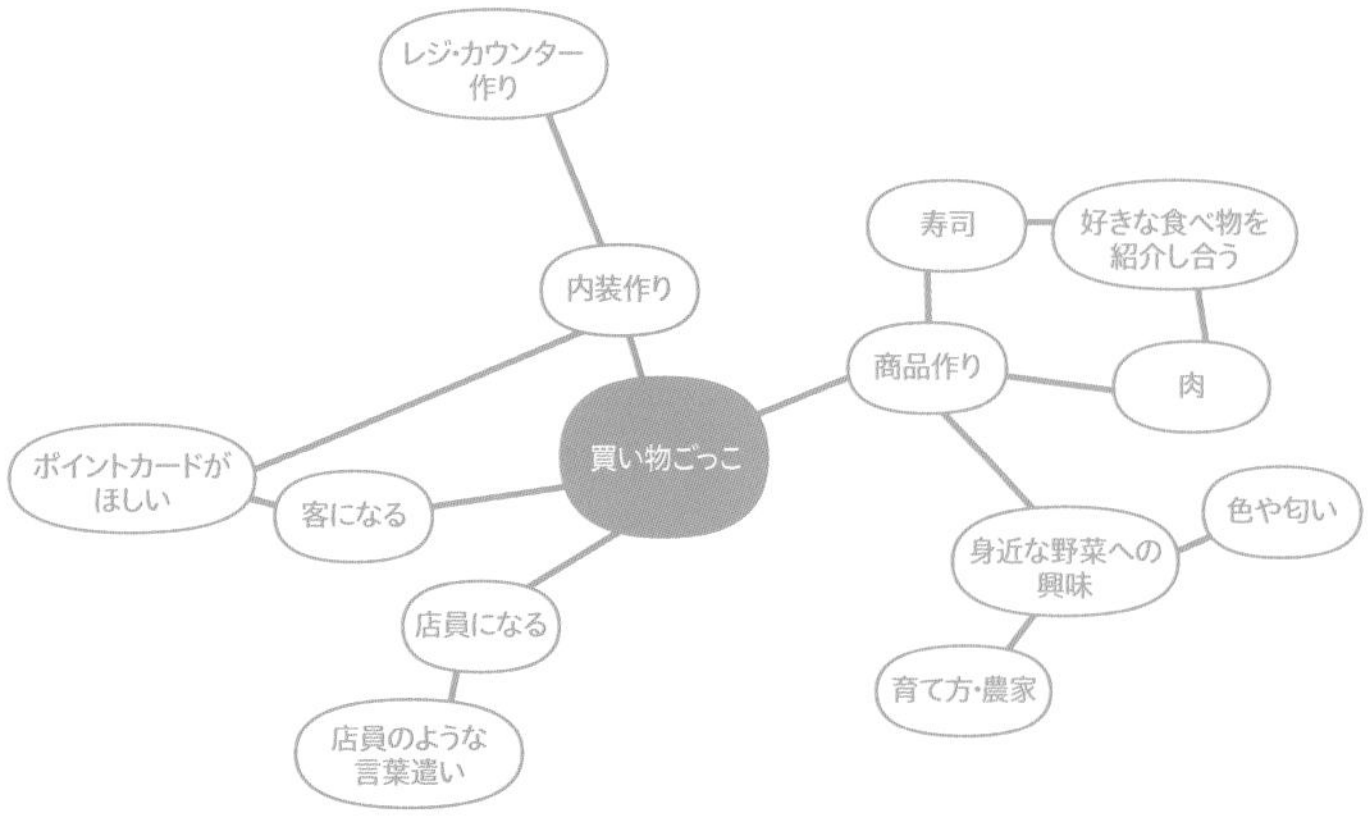

2
今の「子どもの姿」を
書き込む。
大切にしたい今の「子どもの姿」
（楽しんでいること、つぶやき、発想や行動、思いなど）
を複数書き込む。

※ 子どもが楽しんでいたこと、子どもが何に興味・関心をもっていたか振り返りながら書き込む。
※ 誰の姿かもわかるように名前を明記してもOK。

3 次の「子どもの姿」を予測する。

どんなふうにあそびなどが展開していきそうか、どんな事象に興味をもちそうかなど、予測される「子どもの姿」を記入する。

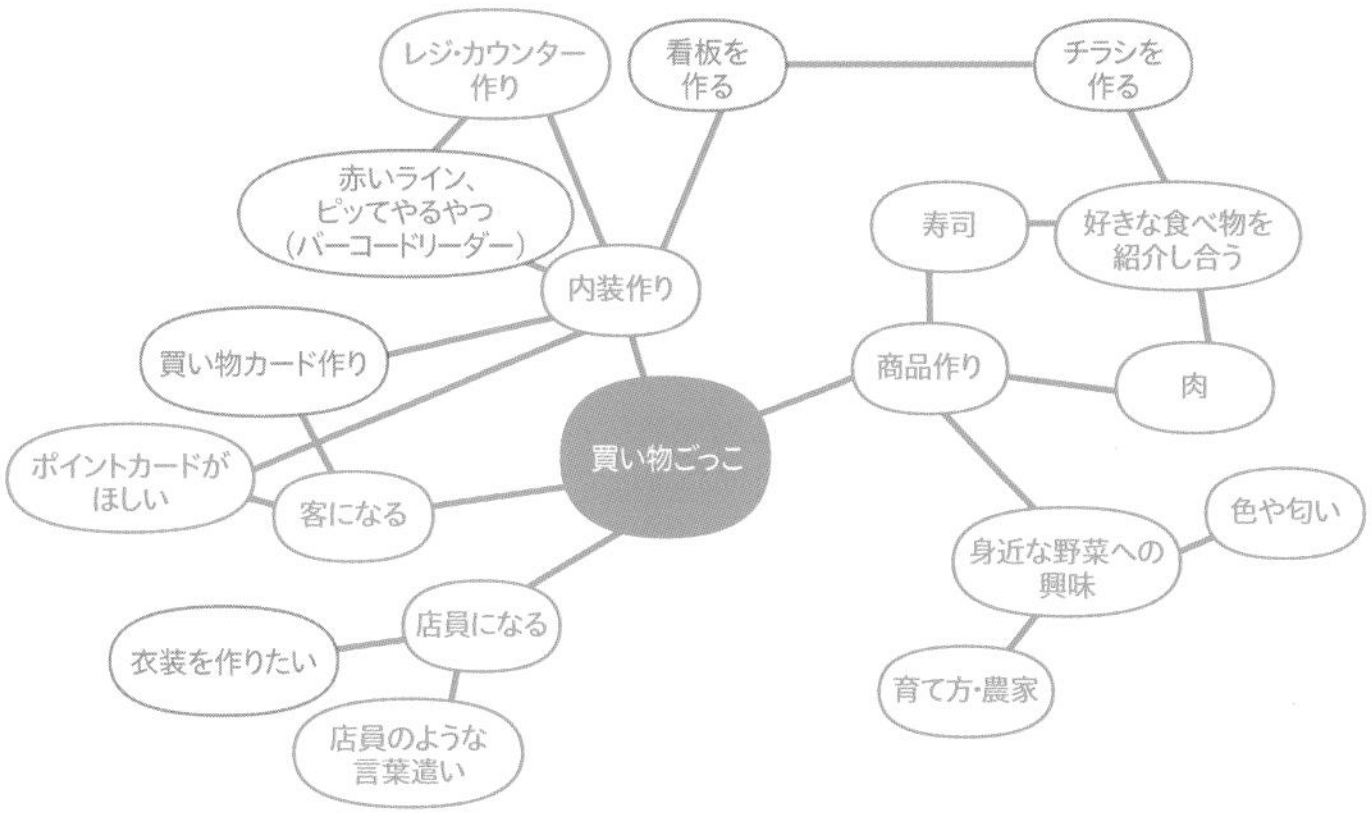

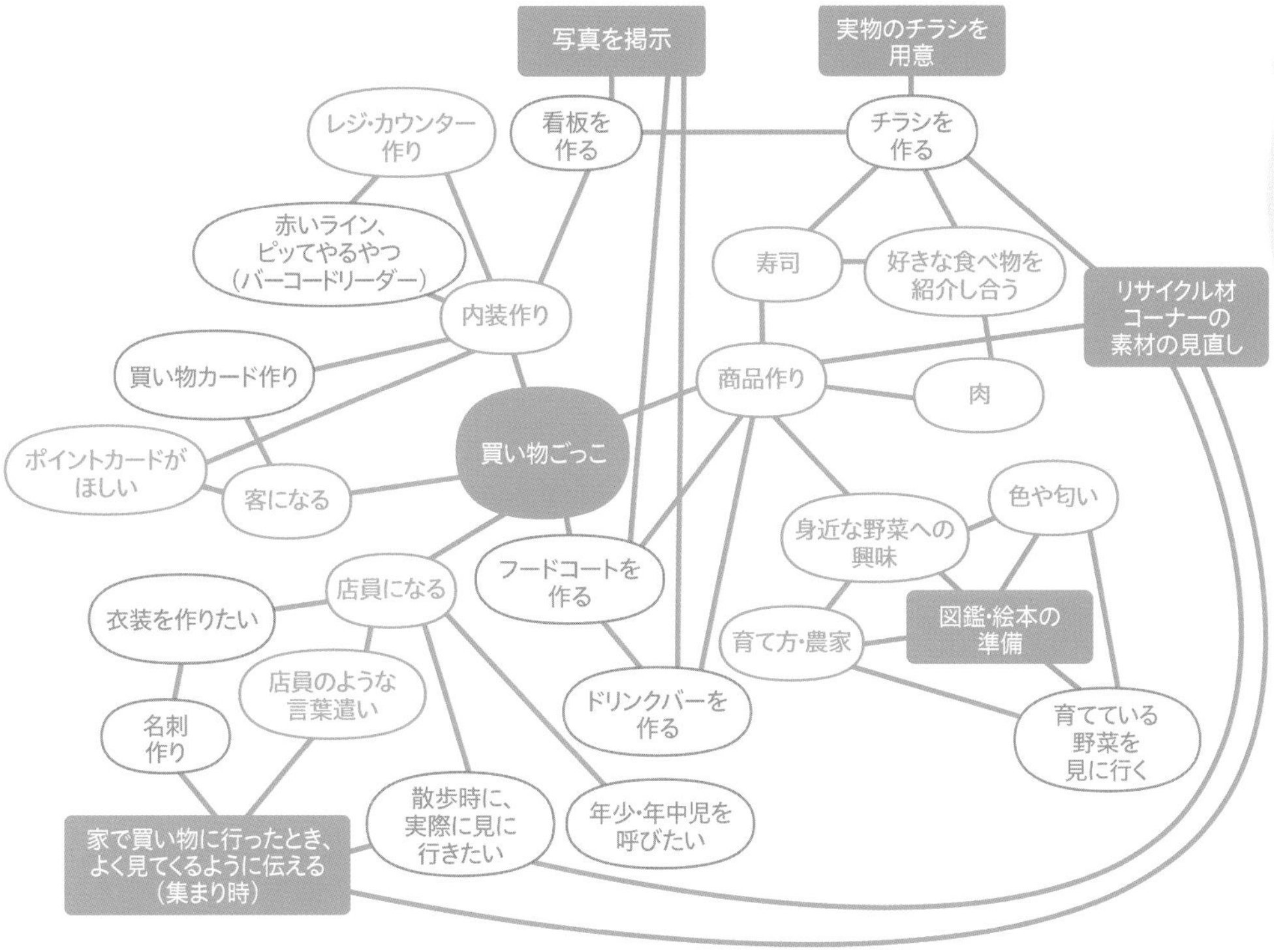

4 必要になりそうな環境構成や工夫を書き足す。

また、新たに見られた「子どもの姿」や、そこから「予測される姿」を、日々追加し、繰り返す。

また、その子どもの姿に応じて、工夫したり、再構成したりした環境構成を追加していく。

※ 1から4を毎日繰り返したり、週末にまとめて書き込んだりして作成していく。

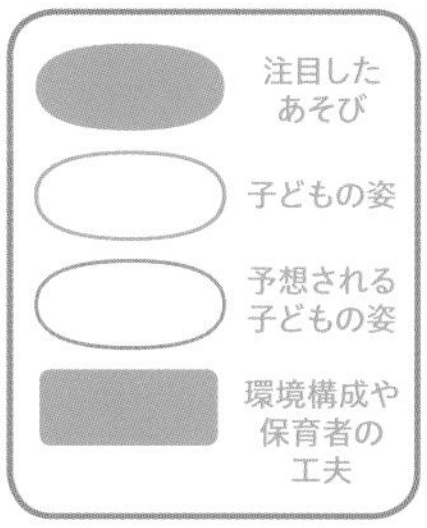

「保育ウェブ」を作成する際のポイント

- **子どものやっていることや、思いを書き込む。**
  - →子どもがおもしろがっている事象や現象を書くのもOK。
- **予想される子どもの姿を、一つでも多く書き出してみる。**
  - →担任以外も予想して書いてみる。
- **ひらめきを、直感的に書く。**
  - →できる限り、あそびや活動の広がりを制限しないで予想する。
- **新たに出てきた子どもの姿を、どんどん書き込んでいく。**
  - →予想に反した子どもの姿を残す（へこむ必要なし）。
  - →予想通りになることが重要ではない。むしろ、予想を超えていく姿を捉えることが重要。
- **自分自身が、子どもとともに挑戦してみたいことも書き込む。**
- **「正解」はない。常識や固定観念にとらわれず、今自分が何をおもしろがっているのか、どんなことを大事にしたいか、自分を確認するためのものとして、気軽に書く。**

クラス担任同士で「保育ウェブ」を作るときは

☆**同僚に、自分の思いやクラスの状況を相談する際の材料にする。**

☆**保育室の壁などに掲示し、保育をしながら書き込む、付箋をはる、写真をそのまま貼付するなど、自分たちが使いやすい形を工夫する。**

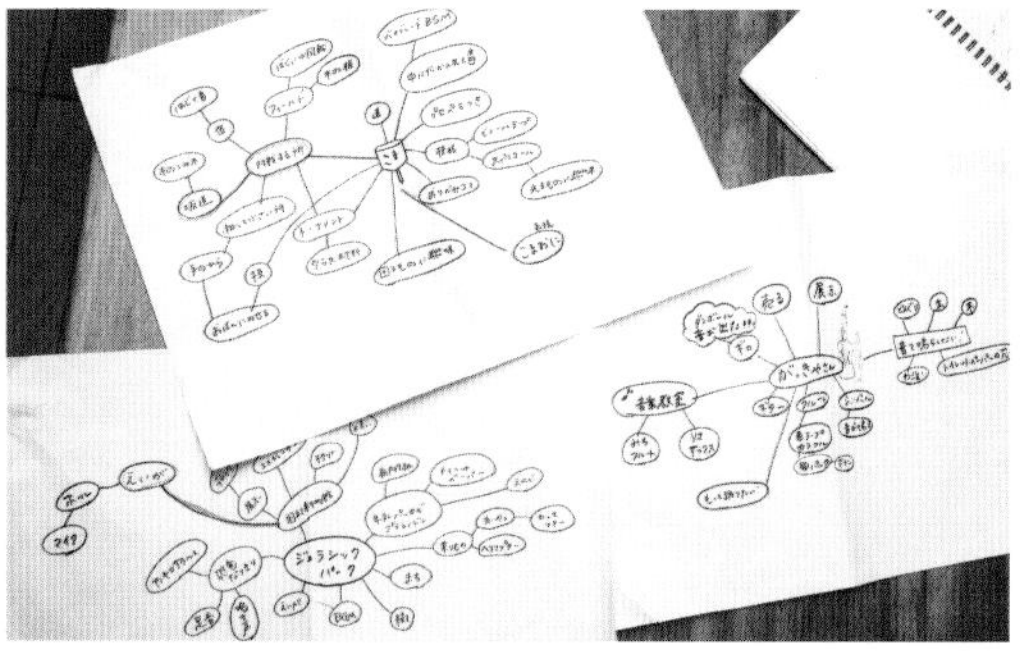

あそびごとにウェブを作っていくのもわかりやすい。（港北幼稚園）

「保育ウェブ」のいろいろな使い方

20〜21ページで紹介した「保育ウェブ」は、子どもの姿を尊重しながら、保育を計画していく際に有効なツールの一つです。保育ウェブをぜひふだんの保育にも取り入れてみましょう。

ある園では、日誌やドキュメンテーションなどの記録を基に、ウェブを作成し、子どもたちが今どんなことに興味・関心をもっているかを職員間で共有しながらキーワードとして整理し、実際に子どもがしていること、これから起きそうなことを予測し、日々必要な環境を書き込んでいます。そして、月末に共有し、翌月の計画に生かしています。

保育室内に常に掲示され、日常的にその都度書き込んでいく保育ウェブ。（白百合愛児園）

別の園では、金曜日に職員間で情報を共有し、その週の姿を振り返りながら、来週どんなことが起きそうかを「保育ウェブ」を使って予測し、次週の保育を計画する上での手がかりとしています。

また、ある園では保育室の壁に日常的に「保育ウェブ」を掲示し、その都度書き込んでいき、ちょっとした時間に職員間で共有して、日々の子ども理解やあそびの援助に役立てています。

「保育ウェブ」に示されるキーワードによってつながっていく網目は、子どもたちのあそびや興味・関心の可能性の広がりと言い換えることができます。でも、あくまで「可能性」です。保育者が先回りして用意した「方向性」ではありません。ですから、予測はしてみたものの、まったく予測とは違う子どもの姿と出会うこともあるのです。でも、それは、その子どもたちが一体何を楽しみ、何を探求しているのかを考える機会となります。そして、同僚とともにその姿をまた共有し、新たな「可能性」を探っていくのです。つまり、「保育ウェブ」は、保育を、子どもに何かを「させる」ためではなく、子どもや同僚と「ともに」作っていくために活用することが大切なのです。

手法5 保育マップ（保育室の環境構成図）、園庭マップ、散歩マップを作ろう

所要時間：30〜90分
人数：1グループ3〜5人
用意する物：保育室や園庭の環境構成図（写真でもOK）、または、散歩コースの地図など、付箋、模造紙、色ペンセット

［手順］

① 模造紙に、保育室の環境構成図（テーマによっては、園庭のレイアウト、散歩ルート）をはる。
② テーマ（保育室・園庭・散歩など）に合わせ、子どもたちがどんなあそびに夢中になっていたり、どんな様子を見せているか、どんなことに興味・関心をもっているかなどを、付箋に書く。1つの事柄に1枚の付箋を使用し、複数枚書く。
③ 書いた付箋を模造紙にはり、語り合う。単に、順番に話すというよりは、書いたあそびや場所の順に付箋の内容を語っていくと、模造紙の上に整理しやすくなる。
④ はられた付箋を線で囲ったり、タイトルやリード文を付けたり、自由に模造紙に書き込んでいく。
⑤ ④で書き込んだ模造紙を改めてみんなで見て、どこにどんな物が必要か、どこを改善する必要があるか、どこにより丁寧にかかわる必要があるかなどを語り合い、書き込んでいく。

Point

環境構成を工夫したいと思った際には、現状で何が起きているのかを確認し、その上でどこを、どう変えたいのかを語り合うと、なんのために変えるのかがより明確になります。また、環境を変える前と変えた後の写真を用意し、変えたことによって何がもたらされたか、どんな子どもの姿が生まれたかなどを語り合ってもいいでしょう。

散歩コースの場合には、どこでどんなことに子どもが興味・関心を抱いているかを確認しながら、散歩マップを子どもたちと共有し、保育そのものに生かしていくこともできます。

2歳児クラスのお散歩マップ。（幼保連携型認定こども園あそびの森あきわ）

タイプ3 日誌・連絡帳を題材にして語り合う研修

園内研修のために何かを用意するのではなく、日常の保育業務で使用しているさまざまな記録物を題材として語り合うこともできます。ここでは、ドキュメンテーションを使って、子どもたちが、何を経験しているのか、「10の姿」（幼児期の終わりまでに育ってほしい姿）を手がかりに振り返る手法を紹介します。

手法6 読み取ってみよう子どもの経験 ～「10の姿」を手がかりに～

所要時間：30～60分
人数：1グループ2～5人
用意する物：保育で作成したドキュメンテーション、小さめの付箋に10の姿のキーワードを書いた物

［手順］

① 自分の作成したドキュメンテーションを、それぞれが紹介する。
② 紹介されたドキュメンテーションの中から1つ選び、ドキュメンテーション上の子どもの写真や文章に、子どもたちが経験していると思う「10の姿」の付箋をはる。その際、例えば、「協同性」の付箋を、グループ全員で「いっせいのせ！」と同時にはる。
③ はった理由や、見取った子どもの育ちについて語り合う。
④ 子どものより豊かな経験のために、どのような援助や環境構成が必要かを語り合う。

Point

ドキュメンテーションは、子どもの育ちやそれを見取った保育者の思いが詰まった記録物。そんな日々の記録物を園内研修の題材とすることで、時間短縮はもちろんのこと、子どもの姿や自分たちの保育を振り返ることにつながります。また、職員同士の対話を促進させるための媒介にもなります。

さらに、それをスケッチブックにはって残すことで、自分たちの保育の歩みを可視化する新たな記録物になり、期や年間を振り返る際にも役立てることができます。

「10の姿」を付箋に書いてはっていく際には、同じ場面に異なった姿をはることが可能になり、より多面的に子どもの姿を捉えることができます。ドキュメンテーションにしても、保育ウェブにしても、保育を可視化することは、多様な見方を許容することに意味があります。つまり、一人で振り返っていては気がつかなかった子どもの育ちや思いを見取ることが可能になり、新たな援助や環境構成などを考える際のアイディアの創出につながるのです。

ドキュメンテーションをスケッチブックにはって、5歳児担任3人が集い、自分たちのドキュメンテーションに10の姿の付箋をはっていく。（港北幼稚園）

タイプ4
園を開き（公開保育）、外部講師を招いて語り合う研修

ここまで述べてきたような園内研修の成果を、外部に開いてみましょう。

自分たちの園の保育を外部に開くことで、自分たちでは気がついていなかった自園の保育の「よさ」や課題に気がつくことができます。ここでは、手軽にできる公開保育のスケジュール例を示しておきます。

大事にしたいのは、公開した後の協議・ディスカッションの時間です（タイムスケジュール案参照）。園内研修で培ってきた語り合いの風土を他園にも広げながら、自分たちも新たな視点を得られるようにしましょう。

協議・ディスカッションで用意する物：模造紙、付箋2色、色ペンセット、公開するクラスの様子（はやっているあそび、保育者の思いなど）、デイリープログラムなどが記載された配布物（A4用紙1枚程度）

※今、どんな思いで、どんなことを楽しみ、悩んでいるかがわかるような物がよいでしょう。

公開保育当日のタイムスケジュール案

9：00	受付
9：30	オリエンテーション
9：40〜11：30	公開保育
11：30〜12：30	協議・ディスカッション

ディスカッションの流れ

- 当日の保育を簡単に園側から振り返り（公開したクラスの担任が5分程度でプレゼン）、参加者と以下のような視点でディスカッションし、全体で共有する。
  ①印象に残った子どもの姿
  ②印象に残った保育者の姿・環境構成
- 付箋と模造紙を用意し、気づいたこと、よかったことなどを書き、3～5人のグループでディスカッションする。最後にどんなことが話題になったかを全体で共有し、園側からもコメントする。

公開保育で掲示してある他園見学のドキュメンテーションを見る参加者。

公開保育後のディスカッション（幸ヶ谷幼稚園）

Point
外部講師を呼んで助言してもらう場合には…。

外部講師が一方的にまとめてしまうことのないように気をつけましょう。そのためには、事前に外部講師と打ち合わせをし、今、どんなことに取り組んでいるか、どんなことが課題になっているかなど、自園の状況についてよく知ってもらうことが大事です。なぜなら、保育を営んでいるのは、園の子どもたちであり、保育者たちだからです。主役は、みなさんです。外部講師が園側に一方的に指導・伝達するのではなく、園側が自分たちの保育をよりよくするための人的資源として外部講師を活用できるような関係を構築する必要があります。

そのためにも、園内研修において職員たちが主体的に語り合い、課題や新たな試みに向かっていくための合意を形成し、なんのために、どんな講師を呼びたいかを自分たち自身で検討し、共有していくことが大切です。

第2章　さまざまな園内研修

環境構成について、カリキュラムについて、
マネジメントについて……。
ひとくちに研修といっても、内容は多岐に渡ります。
また、マネジメントの見直しをすると、
行事やカリキュラムの見直しにつながるなど、
それぞれのテーマはほかの課題と密接に関係していきます。
第２章では、保育の質の向上を目指す、
さまざまな園のさまざまな研修の実践例をご紹介します。

さくらこども園（京都府・舞鶴市）

行政と二人三脚で保育を転換

京都府舞鶴市では、2015年度から乳幼児教育ビジョン推進事業に取り組んでいます。これにより、行政と舞鶴市にある16の園とが一丸となって保育者主導の保育から、子ども主体の保育への転換を図っていくことになりました。

行政と思いを一つにして

「第三者評価の評価者として訪れた園が子ども主体の保育に取り組んでいました。子どもが自ら活動する保育のよさを実感し、2016年から自園でも取り組み始めました。子どもが主体になることは放任なのではないかと悩む保育者や、以前のほうがよかったという保護者の思いにどう答えるのか悩んでいました。そこで、舞鶴市の『乳幼児教育ビジョン推進事業』に参加し、保育を公開。講師や他園の先生方のアドバイスを受け、職員は少しずつ気持ちを切り替えることができました」と、園長の森田達郎先生は言います。

乳幼児教育ビジョン推進事業は、保育の質の向上を目的として、市内にある幼・保・こを対象に「公開保育」「子どもを主体とした保育」「保育の可視化、記録（ドキュメンテーション）」「保幼こ小の連携」をテーマに研修を行う事業です。神戸大学大学院の北野幸子先生を招いて研修を行い、年度末には、取り組みを発表します。年間を通じ、初任者・経験者それぞれに向けた研修が豊富に用意されています。転換は簡単なことではなかったけれど、行政と職員とともに歩んでこれたことに感謝しているそうです。

2019年度舞鶴市の乳幼児教育ビジョン推進事業

舞鶴市　令和元年度　乳幼児教育ビジョン推進事業

（１）事業全体
○乳幼児教育ビジョン推進事業　全体会・報告会
○研修ニュースレターの発行

保幼小中接続カリキュラム研究
講師：溝邊和成教授(兵庫教育大学大学院)
○事例収集と検討

（３）乳幼児教育ビジョンの周知
○子育て講座、保護者会等での啓発
○ビジョン通信の発行(家庭向けにビジョンの内容をわかりやすく発信)

人材育成に関する研究
○各園の保育者育成に関する調査

（２）乳幼児教育の質の向上研修　対象：保育所・幼稚園・認定こども園、小学校

子どもを主体とした保育
講師：北野　幸子准教授（神戸大学大学院）
大西　真弓教授（神戸女子短期大学）
神代千恵子氏（幼児教育アドバイザー）
○公開保育
○研究指定園
・園内研修（記録:ドキュメンテーション、指導案）
・公開保育、カンファレンス、グループワーク
○可視化、記録：ドキュメンテーション
・記録を題材にしたグループワーク
○講義
・指導案、要録について

保幼こ小連携～保幼小中接続カリキュラム　まいづるカリキュラム０１５を活用して～
講師：溝邊　和成教授(兵庫教育大学大学院)
○園・校参観
・教員は保育、保育者は授業を互いに見学
○講義
・まいづるカリキュラム０１５について
○カンファレンス
・連携活動を参観し、指導助言
○グループワーク
・連携活動の実践事例を検討

乳幼児教育センター　運営会議
学識経験者：北野幸子准教授（神戸大学大学院）
学識経験者や関係機関等の代表で構成し、乳幼児教育センターの運営、事業等について意見交換する

月に一度は、園内研修も

さくらこども園では、２０１６年度と２０１８年度に舞鶴市主催の公開保育と、それに向けての外部講師による研修を受けました。また、現在も、なるべく園内で情報を共有できるように一つの外部研修には数人で参加するようにしています。

さらに、月に一度は、園内研修を行っています。園内研修は、外部講師に来てもらい、専門的な領域について語ってもらうほか、外部の研修を受け、よいと思った研修を自園でもやってみることが多いそうです。

例えば、グループに分かれ、どのグループが新聞紙でいちばん高い塔を作れるかという研修も。園長・副園長は、研修では職員全員が発言してほしいという思いがありましたが、やはりベテランの保育者しか発言しないという状況があったので、ゲーム感覚で楽しく新聞紙の塔を作り、それを基にチームについて考える時間をもちました。グループ分けは、それぞれの保育者の長所や特性を基に決めておくことで、保育者同士も互いのよさや共通点などを認識することができました。

また、保育士試験の問題を使った研修は、試験で出た事例を基に、家庭の事情や子どもの状況を踏まえ、自分ならどういうふうに対応するかを、それぞれが考えた後にグループごとで話し合って、発表してもらうというものでした。

さくらこども園では、外部研修での気づきを園内研修に取り入れ、「子ども主体の保育」という共通したテーマを多角的に捉えて、日々の保育を創造していく試みを続けています。

どのチームがいちばん高い塔を作る？

アイスブレイク的な要素も取り入れながら、それぞれの保育者の特性やよいところ、自分との共通点などを知る研修。

特性を生かしたグループ分けを考える

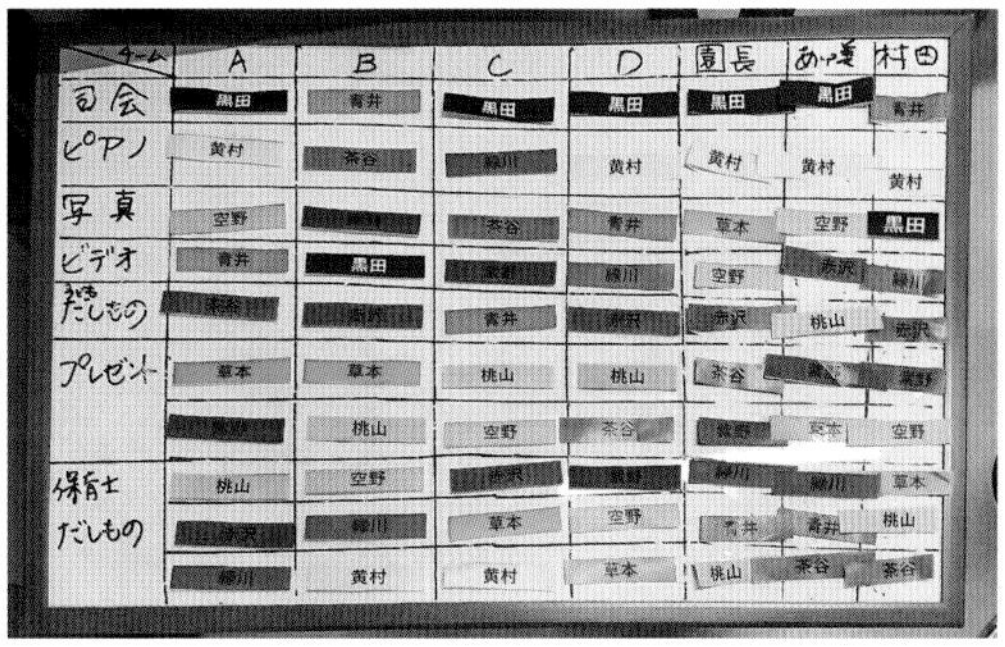

架空の保育者の名前と、性格、得意なことなどを書いたプロフィールを用意し、行事のときに、その人のよいところを生かして係を決める研修。

ドキュメンテーションを使って

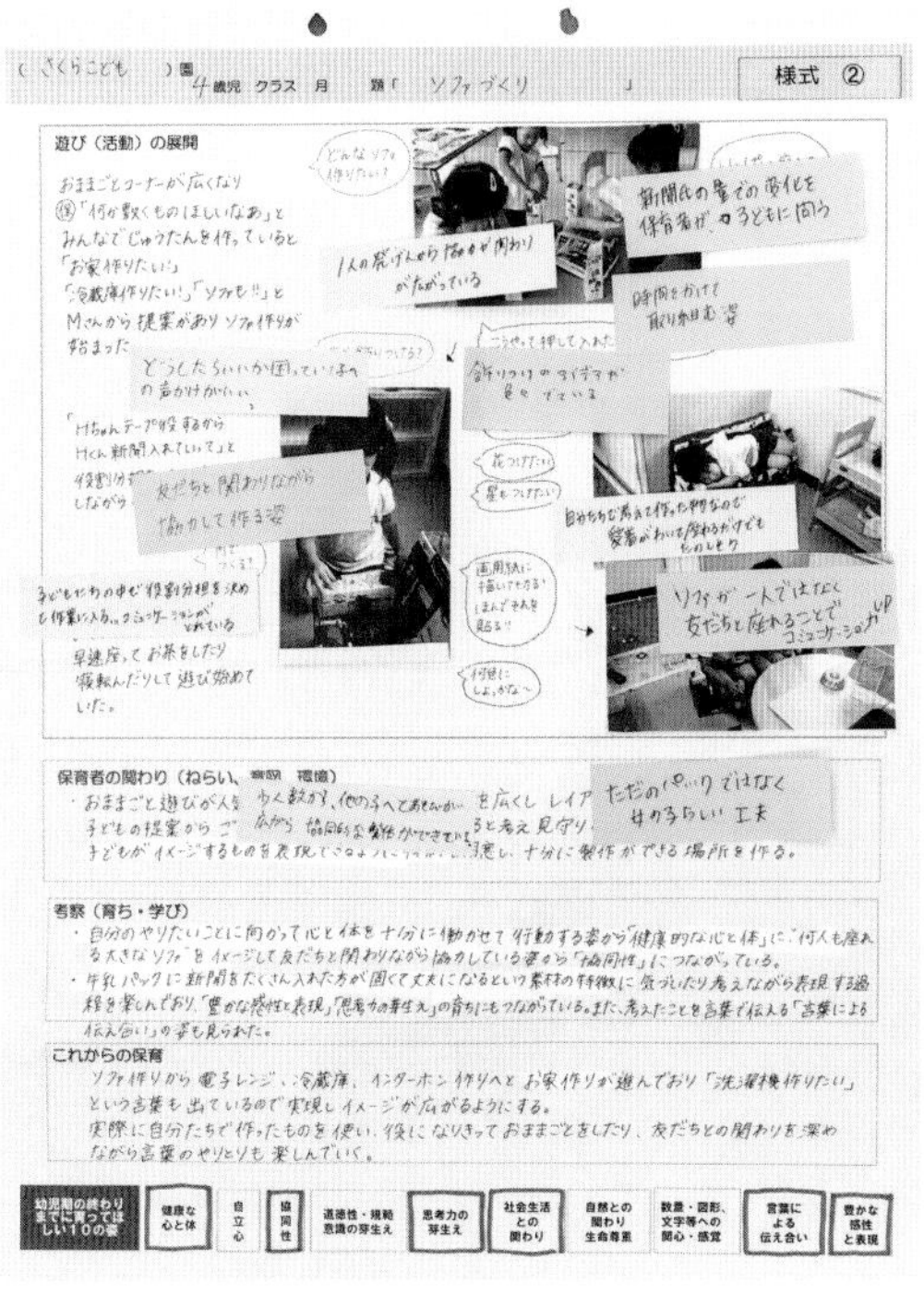

自園のドキュメンテーションを基に、読み取れる子どもの姿やかかわり方のよいところなどを考える研修。

2019年度 さくらこども園 園内研修

月	講師	内容
4	外部講師	丁寧な保育について。保育ウェブふう連想ゲーム　互いの共通点探し
5	副園長	グループ対抗　新聞紙タワー作り　振り返り（①役割、②どう意見したか、③共有したか、④よいチームとは）
6	外部講師	運動あそび、子どもの骨の発達
7	副園長	1週間でいちばん印象に残っている場面
8	外部講師	姿勢について
9	副園長	ドキュメンテーション
10	副園長	保育士試験の事例を使って、グループワーク
11	副園長	公開保育時のドキュメンテーションを使って、あなたならどうするか？

子ども主体の保育への転換

保育が、こんなに変わってきた！

さくらこども園での、子ども主体の保育への転換は、まず園にある玩具をすべて見直すことから始まりました。専門家の指導を仰ぎ、今まで園になかった並べる・積むなど自分で考えて物を作る構成あそびができる玩具や、数人であそぶカードゲームなどをたくさん取り入れました。

0・1・2歳児の保育を、担任全員が全部の子どもを見ることから、担当制に変えたのも大きな変化です。はじめは「全員の育ちが見られないのは……」とか、「後からご飯を食べる子どもがかわいそう」などという戸惑いもあったそうですが、いざ始めてみると、子どもとより深くかかわりをもて、子どもとの愛着関係も、保護者との信頼関係ももちやすくなったそうです。朝早くから園に来る子どもは早めに、遅く来る子どもはその後に昼食にするということも、おなかが空きすぎたり、まだ空いていないのに食事をしなければならなかったりすることがなくなり、自然だと思えるようになったとのこと。

3・4・5歳児では、保育者主導の保育をしていたときは、保護者に保育の成果を見せることも大切でした。しかし、発表会や運動会の練習時間が長く、行事前などは通常のあそびの時間があまりとれないこともありました。もちろん、そういうことが好きではない子もいます。

また、保護者参観なども、設定された内容の保育を子どもが受けるような感じだったといいます。

それを子どもの姿から、子どもの興味・関心に沿って保育を構築してみると、活動がどんどん広がっていきました。

例えば、3歳児のままごとあそびで、フライパンや食器をたたいてあそんでいる姿を見て、はじめはままごとあそびが広がらず、悩んだ担任ですが、楽器作りのコーナーを作ってみると、どんどん盛り上がっていきました。興味をもった数人で始まった楽器作りが、クラス全体に広がり、互いに教え合ったり、工夫し合ったりする姿が見られ、最終的には生活発表会で自分たちの作った楽器を演奏するまでになったそうです。

保育者主導の保育をしていたときより、子どもも保育者も楽しく、保育者は子どもの育ちが実感できるようになっていきました。

After

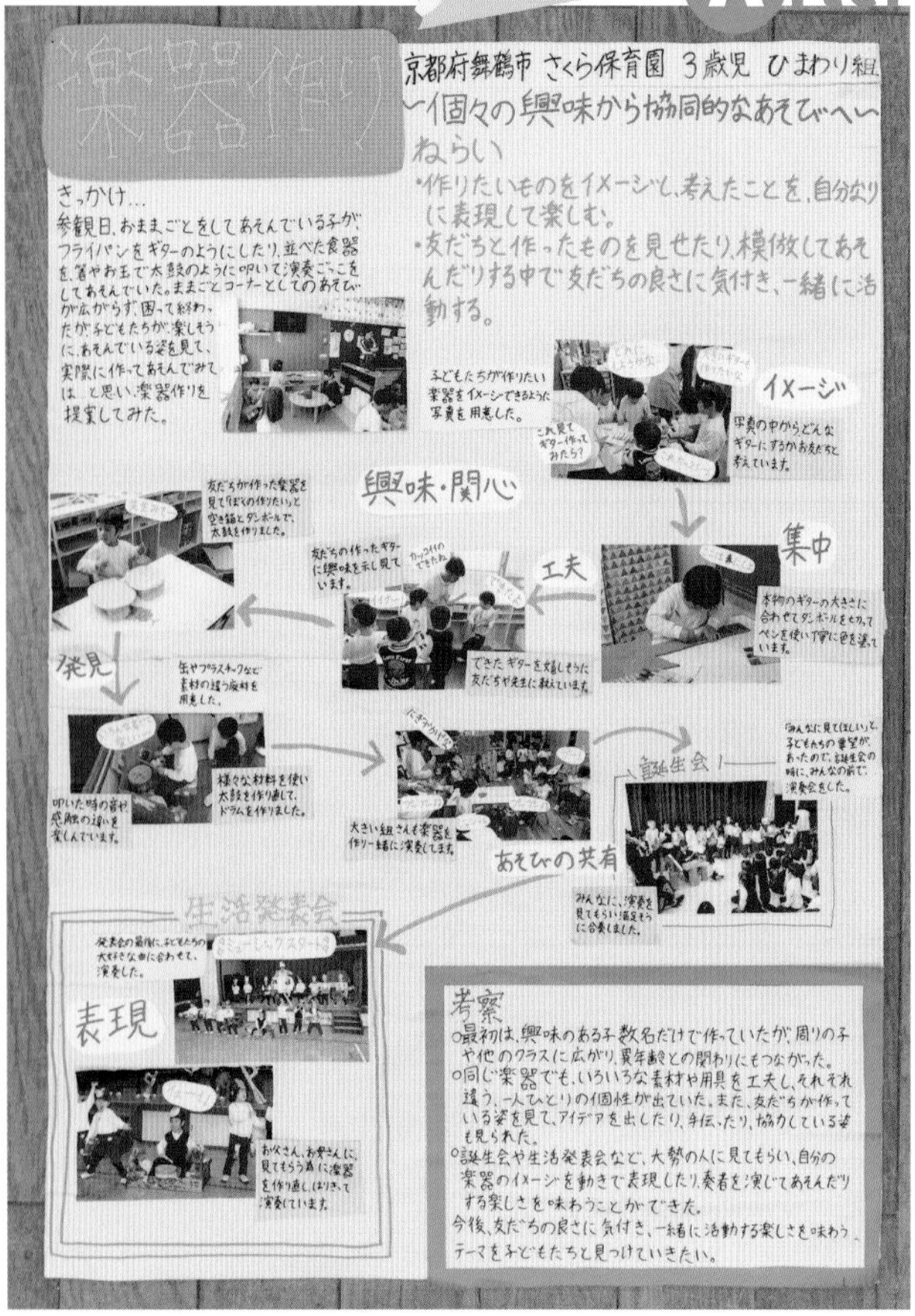

子どもたちの興味・関心が行事につながる

楽器作りの活動を１枚のドキュメンテーションにまとめた。

Before

保育者主導だったころの発表会

発表会などでは、保護者に子どもたちの成果を見てもらうような取り組みだったので、行事を迎えるまで練習が毎日続いた。

保護者への保育の可視化を大切に

　子ども主体の活動になってくると、発表会などの行事では、保育者が考えた衣装を作ったり、保育者が考えたことをさせる練習が減りました。ぱっと見たときは、何をしているのかわからなかったり、演出が地味になってしまうこともあります。そのため、保育の意味や行事の経過での子どもの育ちを保護者にわかりやすく伝えていく必要があります。

　そこで、さくらこども園では、２か月に一度、今のクラスのあそびを伝えるおたよりを発行したり、不定期にドキュメンテーションを掲示して、保護者に保育を伝えていくようにしています。また、それでは伝えきれないこともあるので、週に１回ほど、保育の様子をホワイトボードに書き、掲示もしています。

ホ　ワイトボードに近況を

週に２回ほど、ホワイトボードに写真とともに、文章で子どもの様子を紹介。

ク　ラスだよりも写真を使って

月に一度のクラスだよりは、写真を多用して、子どもたちの活動を伝える。

ド　キュメンテーションでは

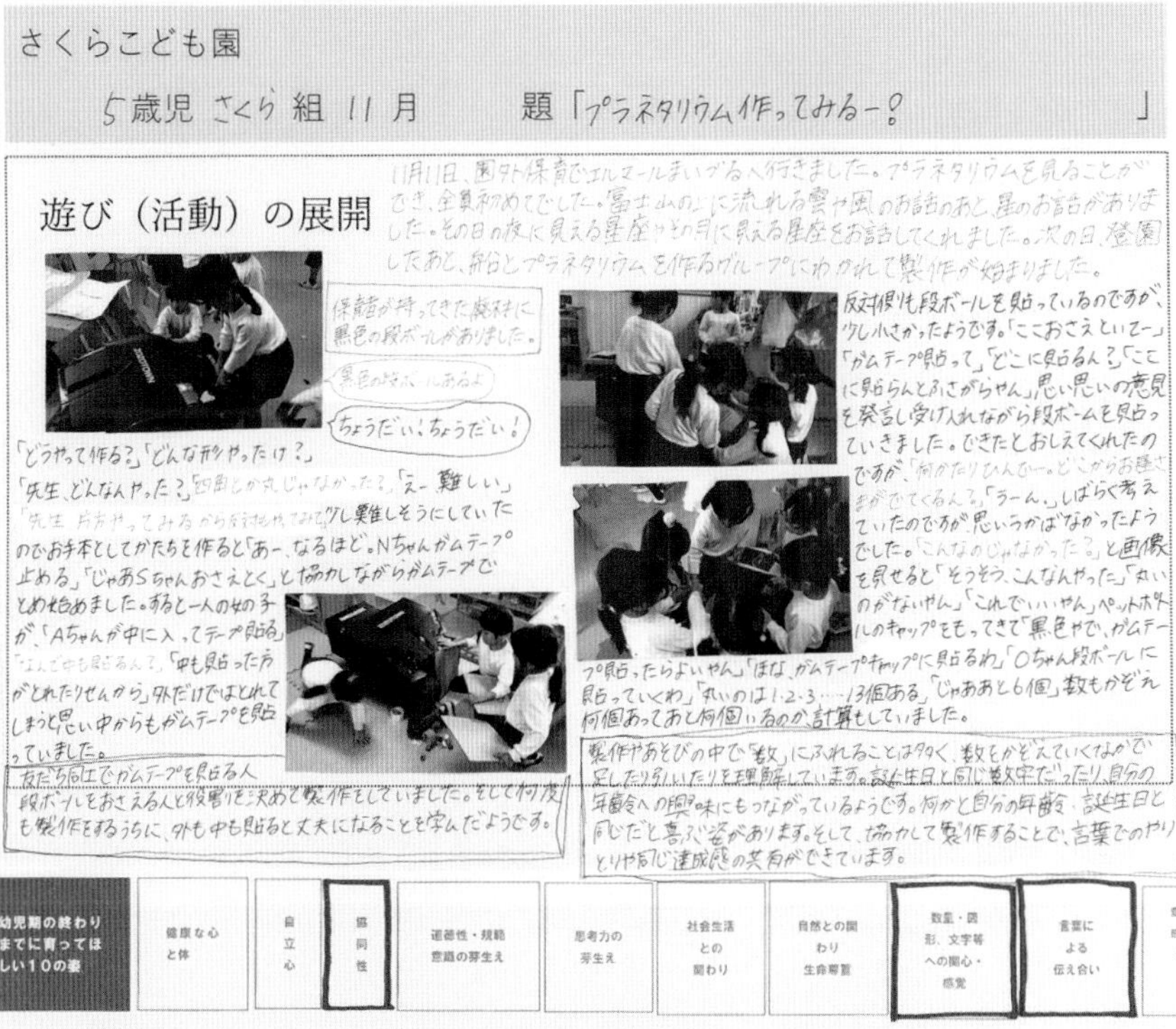

さくらこども園

5歳児 さくら 組 11 月　　題「プラネタリウム作ってみるー！　」

遊び（活動）の展開

11月11日、園外保育でエルマールまいづるへ行きました。プラネタリウムを見ることができ、全員初めてでした。富士山の上に流れる雲や風のお話のあと、星のお話がありました。その日の夜に見える星座やその月に見える星座をお話してくれました。次の日、登園したあと、船とプラネタリウムを作るグループにわかれて製作が始まりました。

保育者が持ってきた廃材に黒色の段ボールがありました。

黒色の段ボールあるよ

ちょうだい！ちょうだい！

「どうやって作る？」「どんな形やったけ？」「先生、どんなんやった？」「四角とか丸じゃなかった？」「えー難しい」「先生、片方やってみるから反対やってみて」少し難しそうにしていたのでお手本としてかたちを作ると「あー、なるほど。Nちゃんガムテープ止める」「じゃあSちゃんおさえとく」と協力しながらガムテープでとめ始めました。すると一人の女の子が、「Aちゃんが中に入ってテープ貼る」「なんで中も貼るんて？」「中も貼った方がとれたりせんから」外だけではとれてしまうと思い中からもガムテープを貼っていました。

友だち同士でガムテープを貼る人段ボールをおさえる人と役割を決めて製作をしていました。そして何度も製作をするうちに、外も中も貼ると丈夫になることを学んだようです。

反対側も段ボールを貼っているのですが、少し小さかったようです。「ここおさえといてー」「ガムテープ貼って」「どこに貼るん？」「ここに貼らんとふさがらやん」思い思いの意見を発言し受け入れながら段ボールを貼っていきました。できたとおしえてくれたのですが、「何かたりひんでー。どこからお星さまがでてくるん？」「うーん。」しばらく考えていたのですが思いうかばなかったようでした。「こんなのじゃなかった？」と画像を見せると「そうそう、こんなんやった」「丸いのがないやん」「これでいいやん」ペットボトルのキャップをもってきて「黒色やで、ガムテープ貼ったらよいやん」「ほな、ガムテープキャップに貼るわ」「Oちゃん段ボールに貼っていくわ」「丸いのは1・2・3……13個ある」「じゃああと6個」数もかぞえ何個あってあと何個いるのか計算もしていました。

製作やあそびの中で「数」にふれることは多く、数をかぞえていくなかで足したり引いたりを理解しています。誕生日と同じ数字だったり、自分の年齢への興味にもつながっているようです。何かと自分の年齢、誕生日と同じだと喜ぶ姿があります。そして、協力して製作することで、言葉でのやりとりや同じ達成感の共有ができています。

幼児期の終わりまでに育ってほしい10の姿	健康な心と体	自立心	協同性	道徳性・規範意識の芽生え	思考力の芽生え	社会生活との関わり	自然との関わり生命尊重	数量・図形、文字等への関心・感覚	言葉による伝え合い	豊かな感性と表現

ドキュメンテーション内の青い文字は、子どもの言葉、赤い文字は保育者の考察。その活動が「幼児期の終わりまでに育ってほしい姿（10の姿）」のうち、どの学びにつながっているかも記載。

青森認定こども園（あおいもり園　青森県・青森市）

保育の質の向上を目指して

2018年にこども園になった青森認定こども園は、鉄道弘済会の24園のうちの1つです。鉄道弘済会では、本部が主導して保育実践研究検討委員会を設置し、保育の質の向上に努めています。

子どもたちは毎日を楽しんでいるだろうか、という疑問

鉄道弘済会の保育実践研修の検討委員となったことで、さまざまな外部研修を受けるようになった主任の能代貴美子先生。はじめのうちは、外部研修で子ども主体の保育の発表を聞いても、「うちの園では無理だな」と思っていたそうです。一方、能代先生には、次のような気になっている子どもの姿がありました。

- **苦手な活動でも、みんなと一緒にやらなければいけない子どもの負担。**
- **保育者が主導しないと、あそびが始まらず、長続きしない。**
- **子どもからの提案がない。**

ちょうど三法令（保育所保育指針、幼稚園教育要領、幼保連携型認定こども園教育・保育要領）が改訂（定）され、法令を読み込んでいくうちに、「自園でも変えられるところがあるかもしれない」とも、考えるようになりました。そこで、「環境構成・振り返りシート」を作って保育の問題点を洗い出すことから始めたのです。同時に、鉄道弘済会では毎年2つの園で外部講師を招聘し、「公開保育」をすることになっていますが、その制度を利用し、公開保育に向けた研修を受けることにしました。

環境構成・振り返りシート

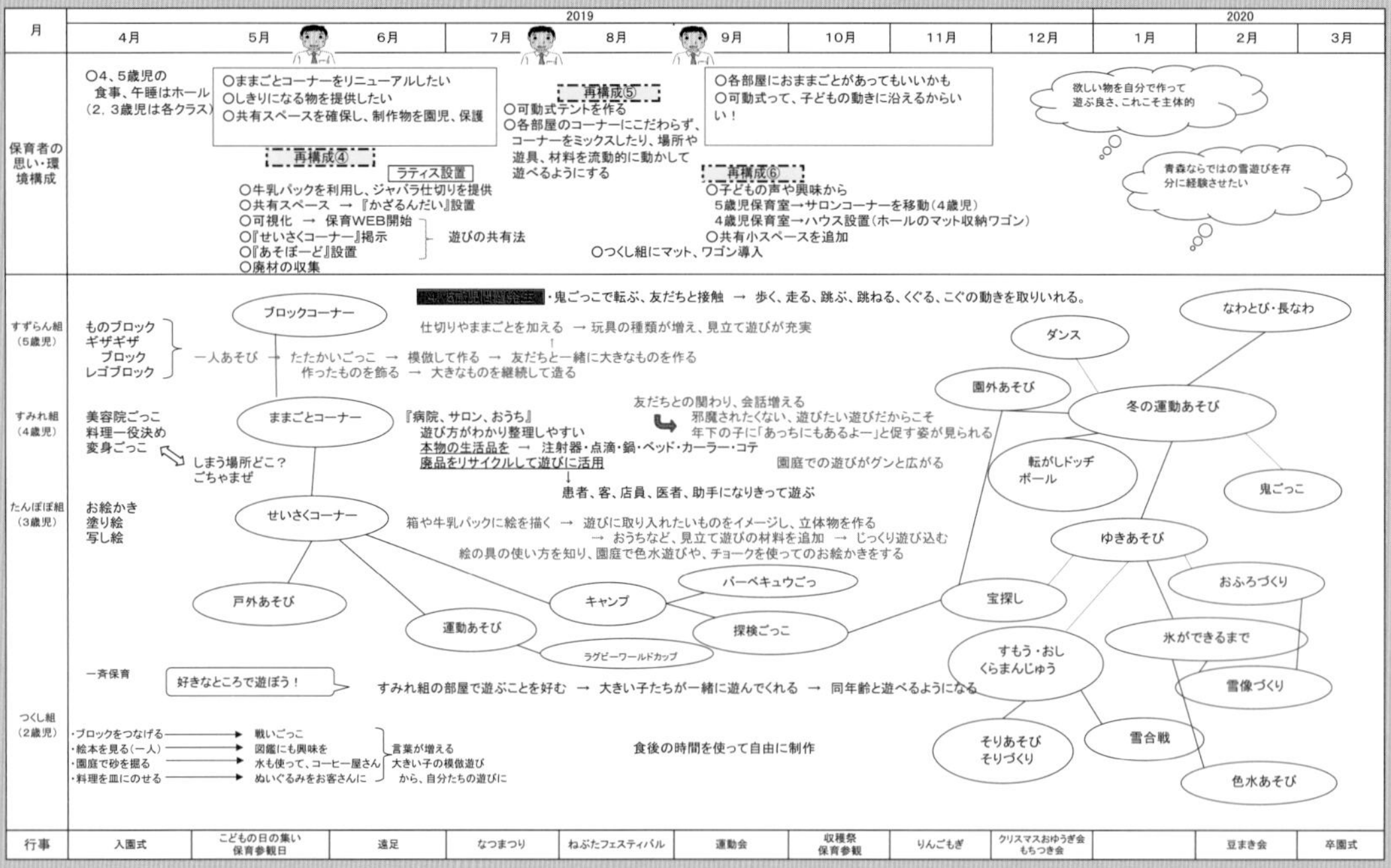

青森認定こども園で作成している「環境構成・振り返りシート」。子どもの姿からどのような環境の再構成をしたか、どんな問題点があるかなどを1枚のシートにまとめている。

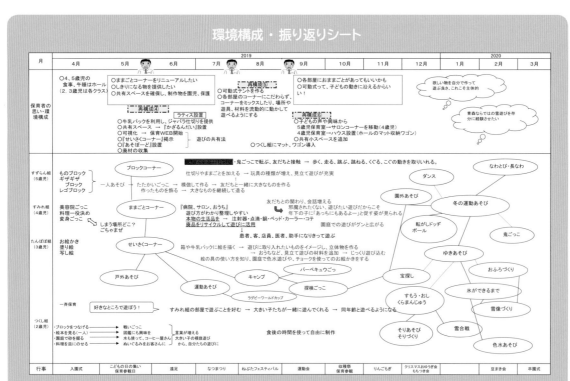

いろいろな研修の形

青森認定こども園では、公開保育に向けて1年間、3か月に一度、外部講師を招いての研修をしたほか、月に一度、園内研修を行っています。園内研修のほうは、安全や保健・衛生に関することだったり、虐待のことだったりと、テーマは多岐にわたります。環境構成などについても、この月に一度の職員みんなが集まる研修で話し合うほか、午睡の時間などを利用してのリーダー会議や、3～4人の保育者でフレキシブルに集まって話し合うことも多いそうです。

月に一度の園内研修では、保育そのもののことだけでなく、保健・衛生や虐待まで、さまざまなことについて話し合う。

公開保育当日は、午前中に保育を見てもらい、午後からは保育を見てどうだったかを参加者とともにKJ法（KJ法については17ページ参照）を使って討議。

外部研修を受け始めたころの5歳児保育室。クラス活動をした後は、きれいに片付けていたので、あそびが続かなかった。

Before

デイリープログラムを変える

青森認定こども園では、クラスみんなでする活動が多く、自由にあそべる時間が少ないことから、デイリープログラムの見直しをしました。以前は全員が登園してくるまでを、自由あそびの時間にしていました。しかし、一度すべてを片付けてから朝の会をして、その後にクラス別の活動をしていたため、あそびが単発的なものになっていました。そこで、午前中いっぱいを自由あそびの時間にし、片付けずにあそびを残しておくことで、あそびが継続するようになっていきました。

3・4・5歳児のデイリープログラム

Before		After	
7：15～	登園	7：15～	登園
9：00	自由あそび（1時間45分）		自由あそび（4時間15分）
9：15	片付け		
9：30	朝の会		
10：00	クラス別活動		
11：30	食事	11：30	食事
12：00	自由あそび	12：00	自由あそび
13：00	午睡	13：00	午睡
15：00	おやつ	15：00	おやつ
16：00	自由あそび	16：00	自由あそび
18：15	降園	18：15	降園

30分とっていた朝の会は、季節の歌をうたったり、体操をしたり、次の日の用意などの連絡事項を伝えたりする時間だった。現在は、連絡事項があるときは午睡の前などに伝えるなど、保育と保育の隙間時間を利用して、お集まりをしている。お集まりは、連絡事項だけでなく、「どんなあそびが楽しかった？」などとやり取りし、楽しかったあそびをほかの子どもと共有する時間になっている。

保育を変えたら、子どもが変わった！

以前は保育者が「次は、製作」などと時間を決めて環境を用意していましたが、子どもたちの今の姿から予想して、常にいろいろなあそびの環境を構成しておくようになりました。現在は、3歳児の保育室が構成あそび、4歳児がままごと、5歳児がサロン（美容院・ネイル）とクラスによって、違うあそびの場になっています。もちろん、どこであそぶかを決めるのは子どもたち。クラスを問わず、好きなあそびのある保育室であそびます。

その結果、年下の子どもたちは、上の子どもたちの様子を見て、「僕もはさみを使いたい」などと、さまざまな挑戦をし出しました。年上の子どもたちも、使い方を教えるなど、年下の子どもたちを思いやる姿が見られるようになりました。また、以前は、あそびに集中できずにウロウロしたり、保育室を急に飛び出して廊下にいる子どもとぶつかってけがをしたりということもありましたが、それぞれの子どもが好きなあそびに集中できるようになって、そのようなこともほとんどなくなりました。保育者も大きな声を出すことが減り、落ち着いた雰囲気になったといいます。

After

4歳児クラスの保育室

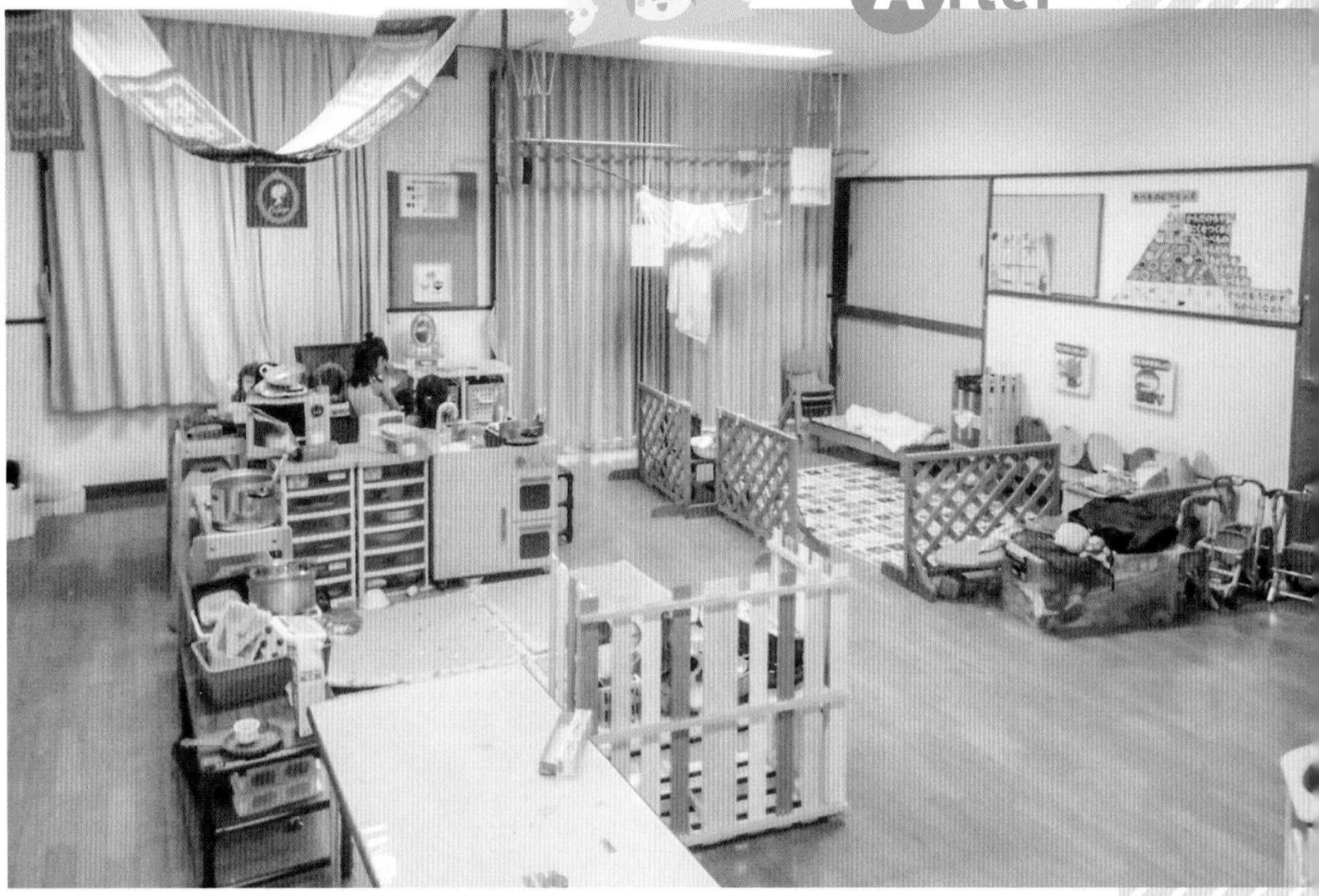

4歳児クラスはままごとの部屋。ひとくちにままごとと言っても、料理ごっこ、赤ちゃんのお世話ごっこ、ままごとから派生した占いコーナーや、お医者さんごっこの場もある。

ままごとを楽しむ子どもたち。

子どもたちの姿から、占いコーナーもできた。

製作の場は、それぞれの保育室に設置。あそびに必要な物をその場で作れるようにした。

ブロックで作ったピザ窯も。

以前は、何も置いていなかった広いエントランスもあそび場に。ここにテントを出したことで、いろいろな年齢の子どもが代わる代わるあそぶようになった。

エントランスも活用

子どもたちが継続してあそべるように、作りかけの物などを置いておける「かざるんだい」を作った。子どもたちから、「お迎えに来るお母さんやお父さんに、自分の作った物を見せたい！」との声が挙がり、エントランスに設置。台は、紙パックとプラスチックの板でできているので、移動も簡単。

ウェブも作成

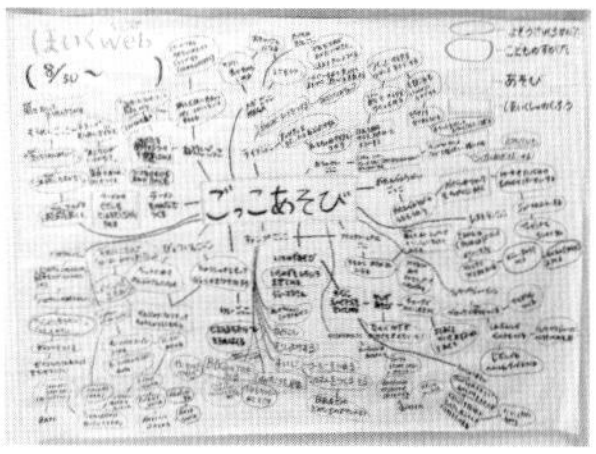

外部講師のアドバイスで始めたウェブ。はじめは、次の子どもの姿を予測するのが難しかったが、数人で作成することで、ほかの保育者の視点に気付いたり、保育観を共有することができた。環境の再構成にとても役立っている。

ドキュメンテーションにも変化が

以前は、「今日は、〇〇をしました」という報告だけで終わっていたドキュメンテーション。現在は、視点を変え、エピソードなどを中心に書くようになった。

マメ先生のチェックポイント

どこから保育を見直すか？

2園とも、これまで一斉・画一的、保育者主導型の保育の園でした。その園がどのように保育を変えてきたかという事例で、とてもすばらしい取り組みです。

さくらこども園の場合は、自治体の研修の活用と、園長が外部からの情報を園に取り込もうとしたリーダーシップがポイント。取りかかってみると、これまでできないと思っていた子ども主体の保育への手ごたえがあったことがわかります。保育の改革は、玩具の見直し、ゆるやかな担当制への転換、行事保育の見直し、コーナー作りなどが、特に大きなターニングポイントだったようです。ドキュメンテーションは、保護者に子ども主体の保育を、視覚的に理解してもらうことに役立っていますね。

青森認定こども園では、最初、「うちの園では子ども主体は無理」と思っていましたが、「苦手な活動でもみんな一緒にやらなければ」「保育者が主導しないと、あそびが始まらない」などの問題意識を感じていたとのこと。実はこうした思いをもっている園が意外と多いのではないでしょうか。

青森認定こども園の場合、公開保育が決まっていたこと、そしてそれを契機に子どもが自由にあそべる時間を多くとるデイリープログラムに変えたこと、そのための環境構成に変えたことが大きいでしょう。写真からも、視覚的に見て、とても子どもの活動が充実していることがわかります。

さあ、みなさんの園は、どこから保育の見直しを始めますか？

保育者も楽しめる保育

子どもを主体とした保育に転換したことで、子どもたちは自分の好きなあそびを見つけてあそび込むようになりました。それと並行して、子どもたちからの「今度はこういうあそびがしたい」という発信も増えてきました。保育者もそんな子どもの姿を見て、「環境をこう変えてみたら、もっとあそびが楽しくなるのでは？」「今度は、こういう素材を用意してみたら、あそびが広がるかも？」などと、さまざまな提案がされるようになってきました。「どうしようか迷ったら、自分が楽しいと思ったほうを選べばよい」との外部講師のアドバイスが心に響いたと、主任の能代先生。

好きなあそびだけをしていると、子どもによっては、体を動かすあそびをしなくなるなど、課題も次々に出てきますが、保育者間では「じゃあ、次はこうしよう」という対話がとても増えたといいます。一人一人を大事に見る保育は、大変かと思っていたけれど、かえって心に余裕ができたと能代先生は言います。何よりも、保育者自身が、保育をより楽しむようになったとのことです。

祖師谷保育園（東京都・世田谷区）

子どもの思いに寄り添って

祖師谷保育園の所属する社会福祉法人雲柱社は、東京都内および近郊に、16の保育園を運営しています。2017年、墨田区にある法人の園が区の研修に参加したのが、法人全体で研修を行うきっかけになりました。

課題を解決するために

墨田区の研修をきっかけに、法人全体での研修では、1年間に2園の公開保育をすることになりました。祖師谷保育園で、公開保育に向けた研修を受けることにし、外部講師を招いて、1歳児クラスの公開保育を中心に、園全体で室内環境を考えていきました。

それまでの1歳児クラスでは、子どもたちが1か所に集まってしまいやすく、また月齢の差が大きく、あそび込もうとしているのにあそびを邪魔されてしまうという姿が見られました。また、保育室中におもちゃが散乱してしまうことも多かったといいます。さらに、かみつきも見られ、注意していないとトラブルになったり、子ども同士の関係があまりよくなかったりということもありました。

公開保育をするにあたって、外部講師を招いて、2回の研修がありました。さらに、折にふれて1歳児クラスの担任同士で話し合いを行ったほか、他クラスの担任とも保育室を見せ合って意見を聞くようにしました。

After

1 グループはホールで運動あそび

1歳児クラスの子どもたちは、16名。保育室が広いとはいえ、16名が一緒の保育室だと、なかなか一人一人をよく見ることが難しくなる。そこで、月齢や子どもの様子を見ながら2つのグループに分け、1つのグループは、ホールで体を動かしてあそぶなど工夫している。

どんな保育室にしたいか？

職員間では、まずどんな保育室にしたいか、ということを話し合い、テーマを次のように決めました。

- **一人一人が自分で好きなあそびを見つけられる。**
- **子どもたちが1つの場所に固まってしまわないように、分散してあそべる。**
- **集中してあそび込める。**
- **1歳児は、高月齢・低月齢の差が大きいので、手指を使ってあそべるなど、発達に合った環境を作る。**

などが挙がりました。

入り口が見えない！

Before

「水槽が高いところにあるんですね」という講師のひと言に、子どもの目線ではなかったことに気づかされた。

子どもたちのあそびの場と受け入れの場との境は、高さのある棚で仕切られ、左側の仕切りを動かして通るようにしていた。高い棚で視界が遮られて、ドアを出入りする人の姿が見えないことが気になり、子どもたちはこの仕切り付近に集まってしまう。結果的にかみつきなどのトラブルも起こりやすくなっていた。

棚を低く、入り口が見えるように

After

棚を低くし、どこからでも保育室入り口のドアが見えるようになったことで、子どもが仕切り付近に集中しなくなり、結果的にかみつきなどのトラブルも減った。

子どもから要望があったときにその都度保育者が出していた絵本を棚に並べ、子どもたちが自由に取り出せるようにした。また、棚の奥は網にして、向こう側が見えるようにした。さらに、水槽も子どもが見やすい高さに置いた。

収納スペースだった棚

Before

紙パックで作った積み木などの収納スペースになっていた。

棚もあそびのスペースに

After

下の１段を、低月齢児があそべる感触あそびのスペースに。０歳児クラスの保育室を見せてもらったときに、感触あそびスペースがあることを知り、同じ環境があったほうが安心感につながると思い、このコーナーを作った。上２段は、今までその都度、保育者が出していた玩具を、自由に出してあそべるようにした。低月齢児があそべる場所を作ったことで、高月齢児のままごとあそびも邪魔されず、保障されるようになった。

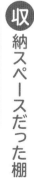

0・1・2歳児の室内環境

あそびが保障された場

After

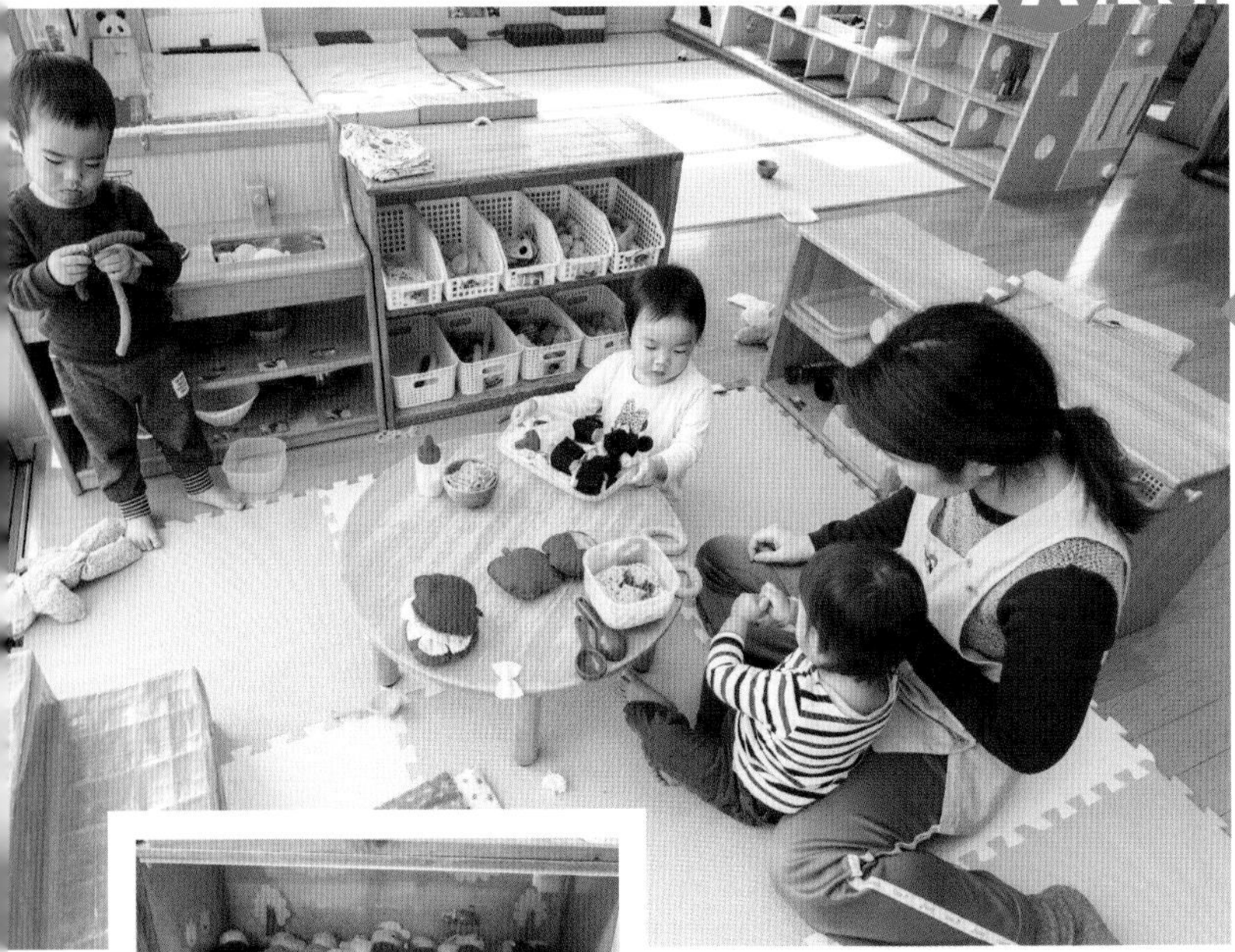

Before

あそび込めないままごとの場

ままごとスペースはあったが、普段テーブルは出しておらず、あそび込めなかった。

出入り口を2か所にし、床にマットを敷いたところ、高月齢の子どもたちが落ち着いてままごとあそびをするようになった。

ままごとあそびから発展して人形のお世話あそびも始まったが、人形の置いてある場所が遠く、保育室中がままごとあそびの場になってしまったので、棚を増やし、人形もままごとあそびの場に収納できるようにした。

好きなバッグなどを取り出したくて、すべて棚から出してしまい、グチャグチャになってしまうので、バッグは棚横のフックに掛けられるようにした。

フェルトなどで作った素材を置くようにしたところ、食材に見立ててあそび込むようになった。素材の数も増やしたので、取り合いによるトラブルも減った。

荷物置き場からあそびのスペースに

それまで荷物置き場になっていた小部屋の床に、水の入ったビニール袋を敷いたところ、感触を楽しむ場になった。くつろげるスペースになったことで、2～3人であそぶ姿が見られる。

試行錯誤をしながら、環境を再構成していくことが大切

環境を変える前は、保育者が一緒にいないとあそべなかった子どもたちですが、研修を通して室内環境を変えたことで、子どもたちが自分のあそびを見つけて、それぞれがあそび込めるようになっていきました。また、子どもたちが1か所に固まってしまうこともなくなり、かみつきなどのトラブルもほとんどなくなりました。

環境を変えることで、例えば「壁にはった電卓を子どもがはがしてしまうので、もう少しはり方を考えよう」などという新たな課題は出てきますが、その都度、保育者間で語り合いながら、環境を再構成していくようにしています。

After

壁面に、子どもたちがあそべる玩具を取り付けた。

壁面を手作りおもちゃの場に

Before

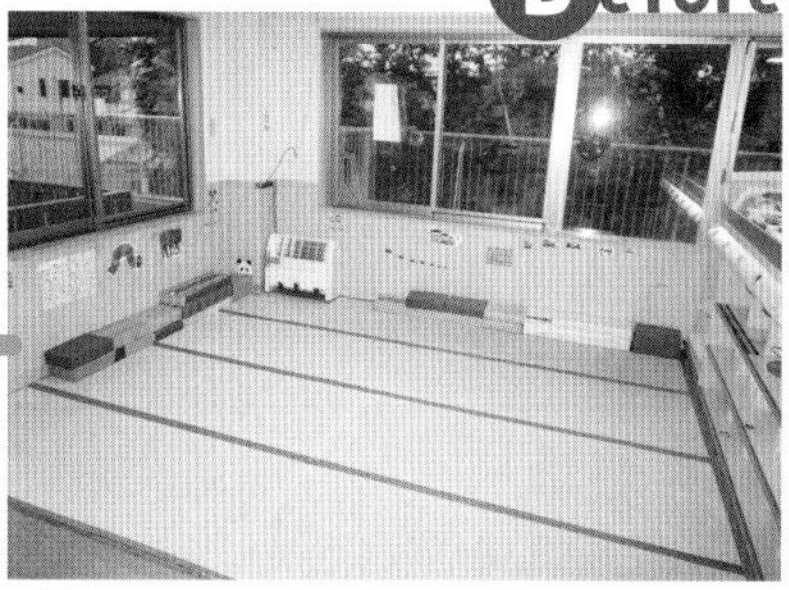

活用されていない壁面

それまで、壁面は子どもたちの好きな絵がはってあるくらいで、活用されていなかった。

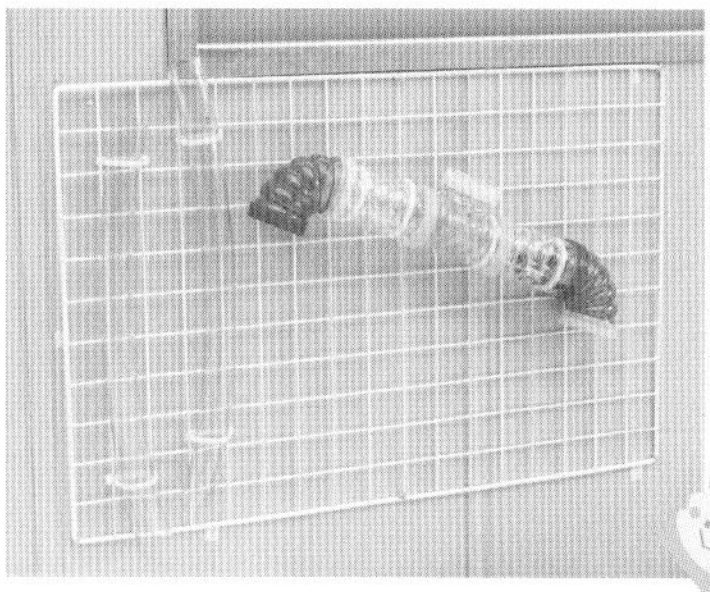

ペットボトルとホースで作った玉転がし。

はじめは何も描いていないホワイトボードに、車や自転車の磁石付き玩具などをはるようにしたが、子どもたちにあまり人気がなかった。そこで、ホワイトボードに絵を描いたところ、イメージが広がり、その上で車や自転車を走らせたりするようになった。

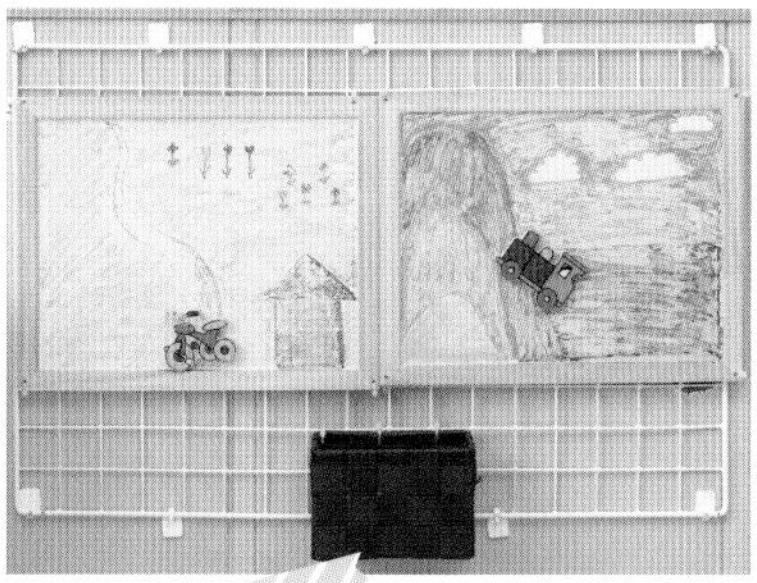

はったりはがしたりが好きな子どもたち用に、動物の絵カードの裏に面ファスナーを付けた玩具を設置。低月齢の子どもたちは、はったりはがしたりを楽しみ、高月齢の子どもたちは絵合わせを楽しんでいる。

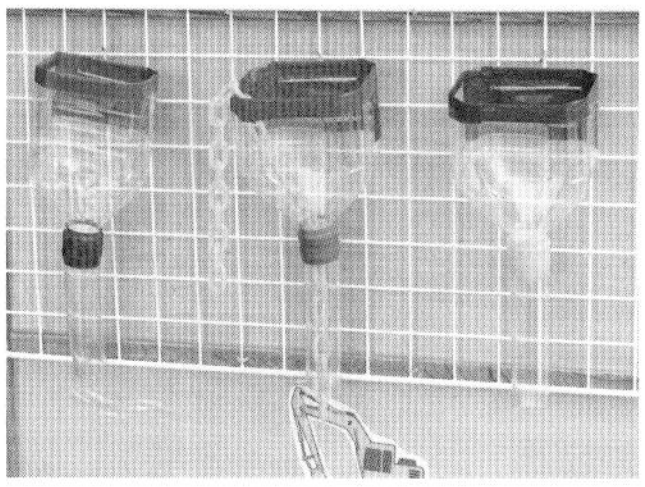

ペットボトルを利用して、チェーンを入れたり出したりするあそび。

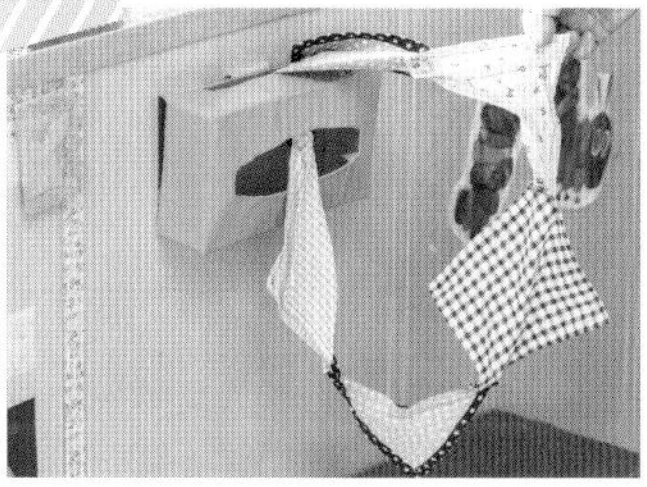

ティッシュペーパーの箱から布を引き出すあそび。

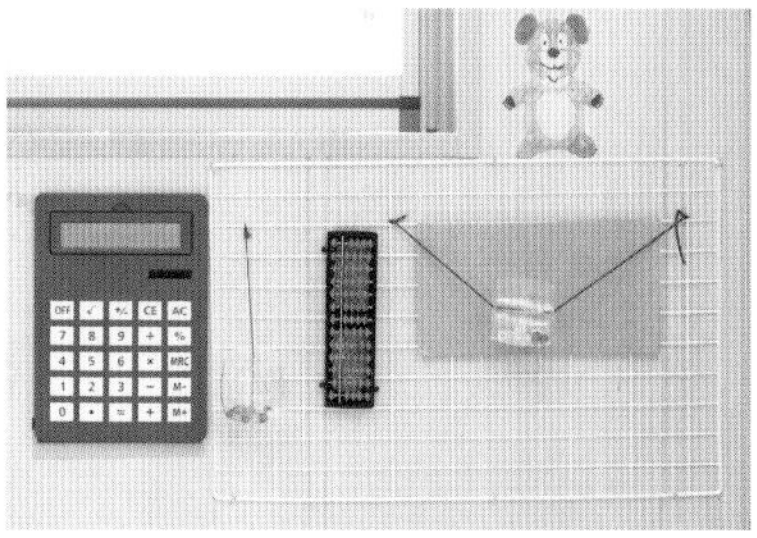

電卓に興味をもっている子どもたちのために、壁に電卓を取り付けた。

ひだまり保育園（東京都・世田谷区）

子どもの「やりたい！」をかなえる環境

ひだまり保育園では、2016年、まずは3・4・5歳児から子ども主体の保育を目指して、見直しを始めました。見直しを始めて1年たったころ、3・4・5歳児が自分たちであそびを創造し出す姿に刺激され、0・1・2歳児も改革を進めることになりました。1歳児の保育室が変わっていった様子をご紹介します。

自分で考えられる子どもになってほしい

開園時から、子ども中心の保育を大切にしていましたが、いつの間にか保育がマニュアル化してきていたと、園長の松原知朱先生。もっと子どもたちの声を聞き、姿をとらえ、子どもたちが自分で考えられる機会を増やしたいと感じるようになっていきました。

そこで、手始めに3・4・5歳児の保育をより子ども主体の保育に変えようと、環境構成や子どもへのかかわり方を見直していきました。保育を変えてみると、子どもたちの発想であそび込むことが増え、3・4・5歳児の姿がどんどん変わっていったそうです。

幼児クラスの変化と、それを楽しそうに話す保育者の姿を目の当たりにした、0・1・2歳児の担任たちは、言葉で表現することが少ない0・1・2歳児の保育をどのように変えていったらいいのか、試行錯誤を始めました。

それにつれて、職員の対話の時間は増えてきました。しかし、自分たちだけでいくら話し合ってもなかなか先が見えてこない中、外部講師に助言を受けながら模索していくことにしました。

すっきり片づいた1歳児保育室

Before

2016年ごろ、コーナーなどはもとからあったが、壁面はあまり活用していなかった。安全を第一に考えて、一日の終わりにはすっきりと片づけていた。

フワフワの大型積み木

登ったり降りたりするあそびが好きな子どもたち。しかし、当初は、安全を考えると、「怖くて置けない」と保育者は思っていたそう。しかし、外部講師の話を聞いて、スポンジの大型積み木を導入。子どもたちの楽しむ姿を見て、もう少し子どもたちの力を信じた環境を用意していくことにした。

子どもの興味・関心を広げる環境作り

　そのようなときに、見学に行った子ども主体の保育をしている園では、「１歳児の子どもたちが、全員大人を頼ることなく夢中になってあそんでいました。保育者が必要になると、そばに行って一緒に歌ったり、抱っこしてもらい、またあそび始める。こんな保育があったんだと衝撃を受けました」と松原先生。

　そこで学んだ「子どもを一人の人として見る」「子どもをよく見る」ということを基に、子どもの興味・関心を拾い、環境の中に落とし込んでいくようにしています。

　また、その見学に行った園では、子どもたちのあそびの姿や興味・関心のあることを、室内に写真で掲示していました。それまで車の好きな子どもがいたら車の写真をはるなどはしていましたが、それからは意識して壁面に「あそびの痕跡を残す」ということをしているそうです。

After

現在の１歳児保育室

細部にまで、子どもの思いが反映されている保育室。

くつろげる絵本コーナー

ほかの子に邪魔されずに、ゆったりと絵本が見られるコーナー。壁には、園庭や散歩で見かける虫が大好きな１歳児のために、写真の拡大コピーを掲示。

空きケースを使って

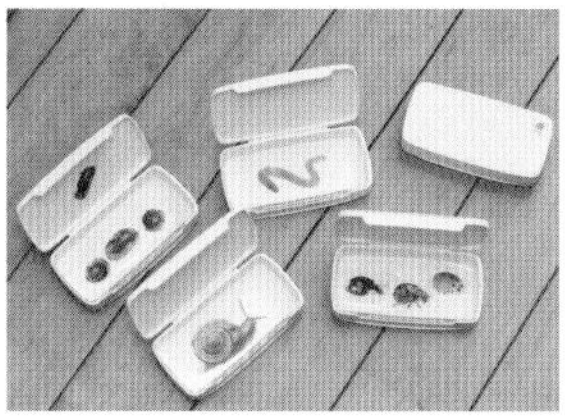

コンタクトレンズの空きケースの中には、子どもたちの好きな生き物の写真をはってある。手先を使うことも好きな子どもたちは、なんの写真がはってあるか、空けるのが楽しみ。

子どもたちの体験を写真に

子どもたちが氷に興味をもったことから、かき氷を作ってあそぶと、口に入れようとする姿が多かったので、実際にかき氷作りをした。果物の味と香りを感じられるよう、果汁を絞ったときの写真を掲示。すると、そのときのことを思い出してか、「〇〇食べたね」「〇〇したね」と話しかけてくることが多くなった。

手作りのドライヤー

お化粧するまねをしたり、ブーツやアクセサリーを身に着ける姿があったので、おしゃれに興味があるのかと、くしや鏡、お化粧道具などもある身だしなみコーナーを作った。写真は、手作りのドライヤー。

はったりはがしたりしてあそべるスペース

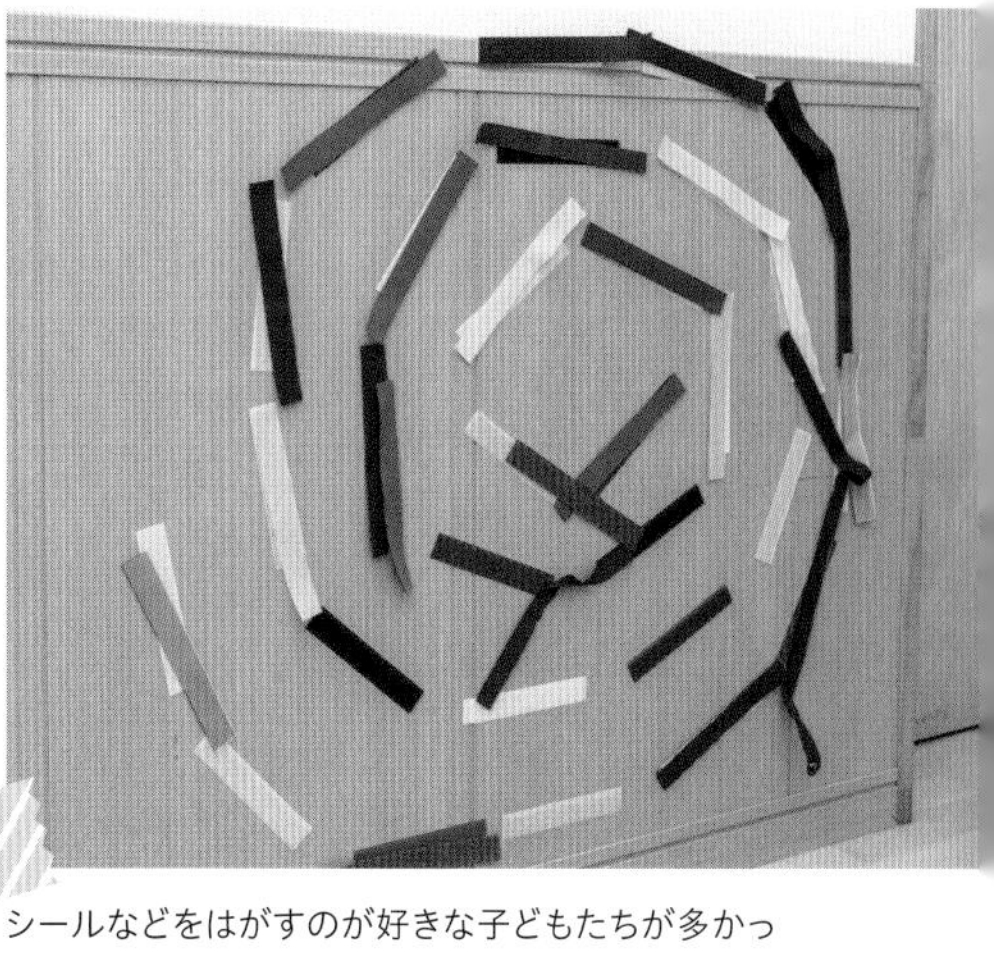

シールなどをはがすのが好きな子どもたちが多かったことから、面ファスナーを壁に設置。子どもたちは、はったりはがしたりを楽しんでいる。

0・1・2歳児の室内環境

五感に響く経験を大切に

豊かな感性が育まれていることが、さまざまなことに興味・関心のアンテナを伸ばす基礎と言われています。そこで、ひだまり保育園では、子どもたちが五感を使って楽しめるさまざまなコーナーを用意しています。

ままごとコーナー

ままごとコーナーの食べ物は、既製品ではなく、布製のお手玉ふうの物。それを子どもたちは、さまざまな料理に見立て、イマジネーションを膨らませている。

手触りを楽しむスペース

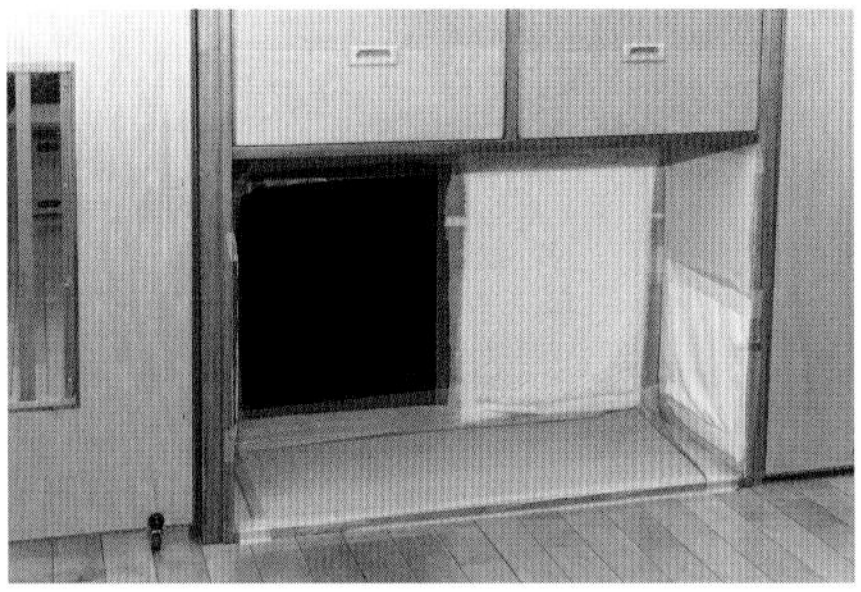

狭いスペースに入るのが好きな子どもたち。スペース内の壁や床には、ビロード、パイル生地、エアクッション、畳など、触り心地の違ういろいろな素材がはられている。

紙パックで作った靴

ままごとの皿に足を載せて歩いたり、大人のサンダルを履いて歩く姿から、紙パックの靴を作ってみた。靴には鈴が付いていて、歩くたびに音がすることも、子どもたちに人気。

音の出るおもちゃのコーナー

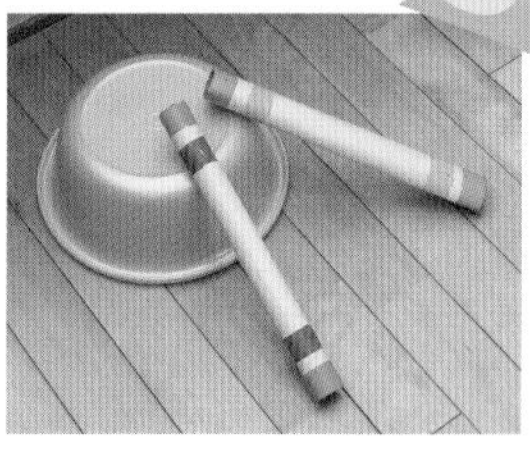

缶や棚、庭のあちこちをたたいて音色を確かめていた音への関心は、「荒馬座」の公演や、5歳児のたいこをたたく姿から、たいこへと広がっていった。そんな子どもたちのために作ったたいこなどのコーナー。

車と同じ色の車庫

車はもともと好きな子どもが多かったが、色に興味をもちだしたので、車庫と車の色を同じにしてみたところ、同じ色の車庫に車を入れるようになった。

子どもの主体性を大事にするには、保育者の主体性も大切

「保育を変えだしたころ、主体性を大切にするというのは、『子どもの力を信じて、手を出してはいけないのでは？』『求めていれば、アプローチすることも大切なのでは』などと、さまざまな意見が出ました。見守るか、アプローチするかの方法論にとらわれ、どちらのやり方が正解なのかと悩むことが増えてきたのです」と、主任の髙﨑温美先生。

何のために保育しているのか？　どのような子どもに育ってほしいのか？　を語り合いながらも、自分たちの力だけでは方向性を見出していくのが難しいと考え、外部講師に客観的に保育を見てもらい、話を聞くことを多くしました。その結果、それぞれの職員に気づきがたくさんあったそうです。また、それと同時に園内でも、なんのために保育を変えるかを考えていき、徐々にかかわり方などの方法論ではなく、子どもの姿をベースに考えるという方向に、みんなが変わっていったということです。

マメ先生の**チェックポイント**

環境を変えることで課題解決を

０・１・２歳児の室内環境を変える場合、何が大切なのでしょうか。２つの園は、ともに０・１・２歳児の室内環境に課題を感じていたようです。このように、まずは、課題をもち、それを解決しようとするところからスタートすることが大切ですね。

祖師谷保育園の場合、１歳児クラスでは子どもが一か所に集まってしまい、かみつきなどのトラブルが生じることなどを課題と感じていました。かみつきなどは、多くの園で課題となっていますね。そこで、この園ではどんな保育室にしたいかを職員で話し合いました。こうした職員同士の話し合いで問題解決するということが、とても大切なのです。

棚を低くする、ままごとスペースにマットを敷く、壁面を活用するなど、一つ一つの取り組みは素朴ですが、かみつきがとても少なくなるなど、大きな変化をもたらしています。

ひだまり保育園では、安全第一に考えすぎて、子どもの主体性が十分発揮できていないことが課題だったそうです。３歳以上児の保育の変化からや、他園の見学から刺激を受けているのもいいですね。子どもがもっとあそび込めるような、五感を使って楽しめるコーナー作りがとても特徴的です。

廃材などを活用し、コンタクトレンズの空きケース、ドライヤー、靴、音の出る玩具、車庫など、この時期の子どもが興味をもつような環境が工夫されていることがわかります。また、子どもがしているあそびの写真の掲示もいいですね。

保育を語り合うときに使うウェブ

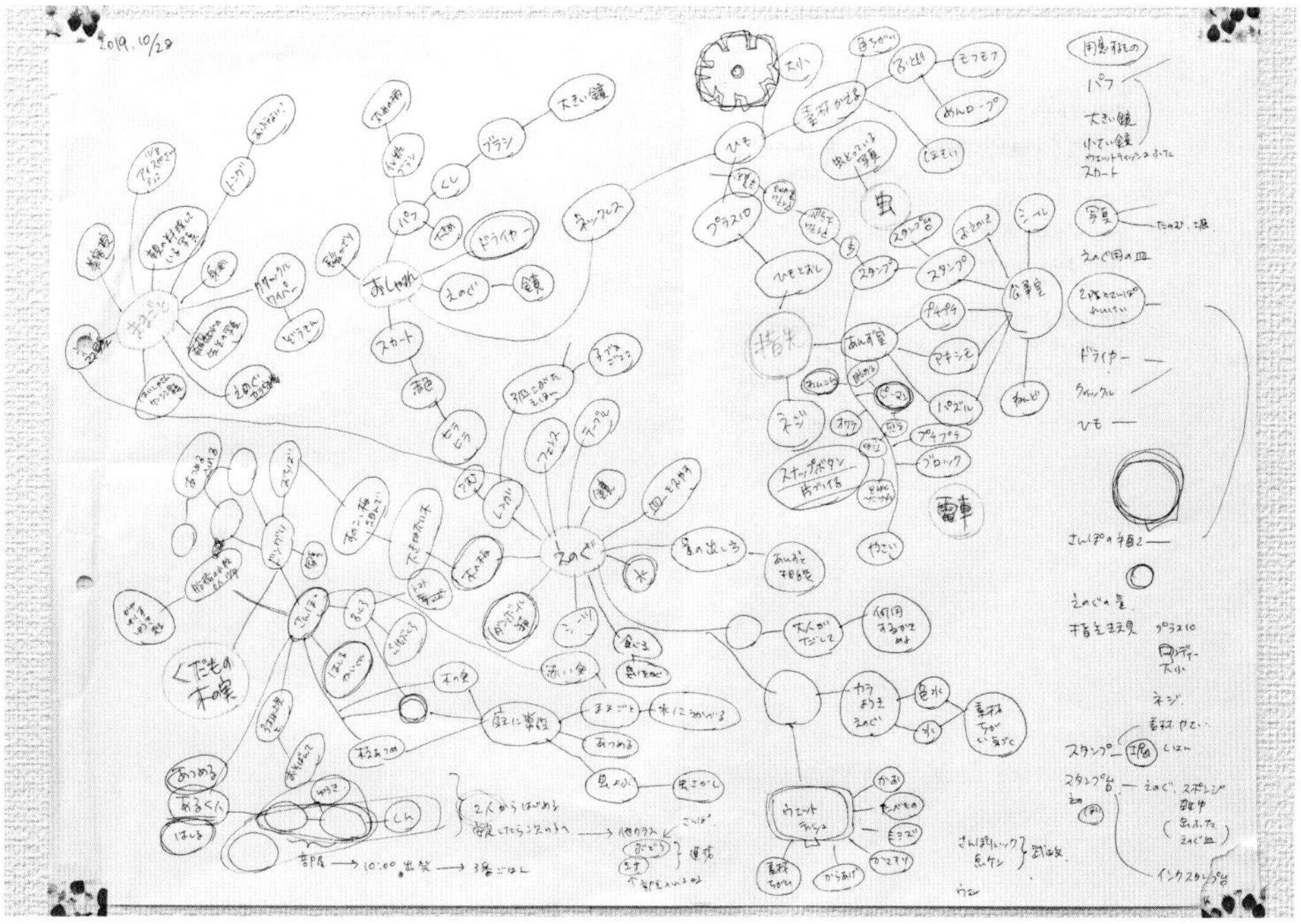

ひだまり保育園では、環境構成を考えたり、カリキュラムを作成するときに、ウェブを使用している。保育室に掲示してあり、気がついた子どもの姿から、その都度書き込むようにもしている。

3・4・5歳児の室内環境

さくらこども園（京都府・舞鶴市）

あそびが広がる環境構成

京都府舞鶴市の乳幼児教育ビジョン推進事業を受け、さくらこども園では、2016年度から、保育者主導の保育から子ども主体の保育への転換を図りました。子ども主体の保育を実現するため、どのように環境をデザインしていったのでしょうか。

玩具をすべて見直すことから

子ども主体の保育へと転換を図ったとき、最初に変えていこうとしたのが、保育室の環境構成でした。

まず、外部講師として玩具の専門家を招いて環境を見てもらい、年齢に合った玩具の選び方、コーナー作りなどについて学びました。

それまでは、毎日保育者が「今日は、〇〇のあそびをしよう」と提案し、玩具やあそびに関する素材などを提供するようにしていました。玩具自体も、家庭にあるような、キャラクター物などの玩具も多く、みんなが同じ物であそんでいました。

この研修を契機に、玩具そのものについても、子どもの年齢や発達、今の姿を基に、より深く考え、子ども自身の想像力を発揮できる物へと見直していったそうです。

また、同時に、ロッカーは入り口付近に配置し、あそびの空間と分け、新たに導入した玩具を使い、集中してあそび込めるようなコーナー作りも始めました。

とはいえ、最初からうまくいったわけではありません。最初のころは、子どもたちの集中する時間も短く、「うまくあそべていないのでは？」「活動するための空間の作り方に問題があるのでは？」などと、さまざまな課題がありました。そのために、保育者間で何度も話し合い、環境を再構成していく中で、子どもたちも少しずつ落ち着いてあそび込めるようになってきたそうです。

「今でも、保育者間の語り合いは続いていて、これでいいということはありません。子どもの姿も刻々と変わっていくので、月に一度は環境の再構成をしています」と、副園長の森田あゆ美先生は、語ってくれました。

保育者が提案したあそびで

Before

以前は、「今日は〇〇しよう！」という、保育者の提案で、みんなで決まったあそびをすることが多かった。

盛り上がる構成あそび

　環境の見直しとともに、玩具も見直したさくらこども園では、積み木や、パズル、以前の物より精密な物が作れる小さなパズルブロックなど、子どもが想像して作れる玩具を、たくさん取り入れ、それぞれにコーナーを作りました。そうしてみると、以前は、積むだけだった積み木で創造的におうちを作る、ブロックでより具体的で精密な物を作るなど、子どもたちのあそびも変わってきました。

　ただ走り回ったりする姿だけでなく、一つのことであそび込む姿も増えてきました。

　さらに、発達に合わせて5歳児に導入した細かいブロックで、5歳児が楽しむ姿を見て、3歳児もそのパズルを見よう見まねでするようになるなど、子ども同士が刺激し合う場面も見られるようになってきました。

After

少人数でブロックあそびができるように環境を整え、横には作った作品を展示する場所を作るとともに、作品例の写真も掲示した。

3 歳児も細かいパズルブロックであそび込む

パズルブロックの収納

十分な量のパズルブロックを色別に仕分けして、いつでも取り出せるようにした。（4歳児クラス）

作品の展示

作品や作りかけの物は、名前のはってある自分専用のスペースに飾っておけるようにした。（4歳児クラス）

さまざまな形のパズルブロック

ブロックは、1種類だけでなく、数種類を用意。（4歳児クラス）

ジグソーパズルのスペース

ほかの子に邪魔されず、少人数であそび込めるよう、壁に向かって配置されたジグソーパズルのコーナー。（4歳児クラス）

3・4・5歳児の室内環境

製作あそびも盛り上がる

以前から、さくらこども園では、描画や製作などの造形活動に力を入れていました。しかし、秋の行事と決まっていたので、盛り上がるのは、作品展の前の一時期ということが多く、普段のあそびにつながらなかったそうです。

しかし、環境を見直して、常に素材や道具を使えるようにしたところ、それぞれのクラスでさまざまな物を製作し、それを使ってあそぶ姿が増えていきました。

「子どもが『明日もあそびの続きがしたいから、園に行くのが楽しみ！』と言うようになった」と、保護者からも言われるようになったそうです。

ステージごっこ

以前は、保育者が衣装などを作って用意していたが、材料を用意することで、自分たちでイメージをした衣装やマイクなどを作って、ごっこあそびが始まった。（3歳児クラス）

ケーキ屋さんが開店

4歳児クラスでは、自分たちの作ったケーキを商品に、お店屋さんごっこが始まった。

手作りのピザ窯

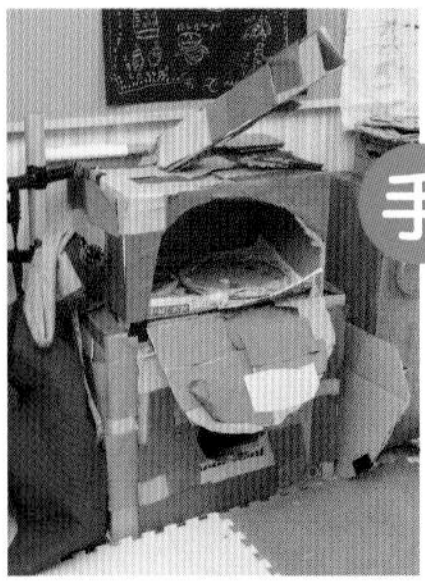

ピザ作りから、ピザ窯も作り、ピザ屋さんごっこ。（5歳児クラス）

素材や道具のスペース

どんぐりや木の枝などの自然物、色紙やストローなどの素材を、子どもが取りやすく配置。はさみなどの道具も使いやすく。（4歳児クラス）

大きな製作物

保育室の中に、新聞紙を敷き、大きな製作物を作るスペースを用意。（5歳児クラス）

リサイクル材置き場

リサイクル材も、種類別に写真をはって仕分けしてある。（4歳児クラス）

あそびの幅も広がってきた！

環境を見直し始めたころは、以前と同じように、1日の保育が終わると、きれいに元に戻して、次の日はまた最初からあそぶということをしていました。しかし、子どもがあそびの続きを次の日に楽しみにしている様子が見えてくるようになったころから、作品を残しておける棚を用意したり、段ボールの大きな製作物は次の日も継続してあそべるように崩さず、そのまま残しておくようになりました。

はじめは、保育者主導のときと、ずいぶん環境が変わって子どもと一緒にルールや使い方から考えていきましたが、すぐに環境になじんで、「今度は、こういうことをしたい」という、子ども発信のあそびが増えていったそうです。また、製作物をごっこあそびに使うなど、あそびとあそびが融合して、新しいあそびが生まれてくることも増えていきました。

こたつで製作

「こたつであそびたい！」と製作したこたつの上で、違う製作をする子どもたち。（5歳児クラス）

手作りの将棋

将棋盤とこまを手作りして、将棋をする子どもたち。こういうゲームも、今までにはなかったあそび。（5歳児クラス）

どのクラスにも絵本コーナー

どのクラスにも、落ち着いて本を読める絵本コーナーが。絵本棚には、子ども向けの本だけでなく、今子どもたちが興味・関心をもっているさまざまな本が置いてある。（5歳児クラス）

美容院ごっこ

女の子たちが始めた美容院ごっこ。今日のモデルは、担任の保育者。（5歳児クラス）

あそびの様子を掲示

各クラスには、子どもたちのそれぞれのあそびについて、保護者向けに写真入りで紹介したコーナーがある。（5歳児クラス）

順正寺こども園（広島県・広島市）

「共に育ち合う」ことを大切にして

2005年に園長になったときから、保育者主導の保育から、子ども主体の保育へと転換したい思っていたという伊藤唯道先生。ここ数年で急速に変わってきた室内環境について、ご紹介します。

きっかけは、バイキング給食

それまでも研修を続けるなどして、子ども主体の保育への転換を図ろうとしていた順正寺こども園でしたが、なかなかその考え方が職員すべてに浸透していきませんでした。

2018年ごろ、職員の産休などが重なったこともあり、指導保育教諭の本田智秋先生は「自分のクラスの子どもたちだけを見るのではなく、職員みんなでこの園の子どもたちを見ていく体制をとれないだろうか」と、職員に投げかけたそうです。そのときに、給食の先生が「バイキング給食をしてみたい」と、意見を出してくれました。

それまでは、保育者が給食室からクラスの給食を受け取って、保育室に運び、クラスごとに食事をしていました。給食の先生からの提案を受けて、4・5歳児が一緒のバイキング給食を始めてみたそうです。

そうしたところ、子どもたちは今までになくいきいきとした様子で、食が進むようになったと言います。「自分で選んで食事をすることで、こんなに子どもが意欲的になるんだということを実感しました。食事でこうなのだから、あそびだったら、なおさらじゃないかと、職員の気持ちが子ども主体の保育に一気に動き出しました」と本田先生。

そこから、以前にも増して研修を行い、語り合い、試行錯誤をしながら、徐々に保育を変えていったそうです。

Before

クラスごとに保育をしていたころ

製作も、保育者主導で、同じ物を同じように描いたり、作ったりしていた。

バイキング給食で、みんないきいき

「自分で選ぶ」ことで、子どもたちがいきいきと意欲的になることを実感し、職員の気持ちが変わっていった。

大きなホールで、異年齢で過ごす

最初のころは、年齢別に仕切りを作っていたという保育室。「コーナーを作るスペースも限られていたし、5歳児にはこの玩具、4歳児にはこれというふうに、保育者が決めていました。しかし、職員間で話し合い、『みんなのおうち』という感覚で、やりたいことをできる環境にしようと模索しているうちに、今の環境になっていきました」と、本田先生。

異年齢保育を意図していたわけではなく、やりたいことができる環境を突き詰めていったところ、異年齢保育になったのですが、結果的には、年齢に関係なく、あそびでつながるという関係ができていったそうです。

ただし、すべてをこの保育室内ですませるわけではなく、臨機応変に、段ボールを使って大型のおうちなどを作りたい子どもたちは、別室で専念したり、同年齢の子だけで活動することもあります。

After　現在の保育室

広々とした保育室には、さまざまなコーナーがあり、年齢に関係なく、子どもたちはあそびでつながっていく。

朝のミーティング

3・4・5歳児全員で集まって、それぞれが今日はどこで何をしてあそぶか、予定を確認。

ブロックのコーナー

ブロックコーナーの背後には、作った物を飾る棚。数人で大きな作品を作る姿も見られる。

ままごとコーナー

少人数でままごとができるコーナーで、お食事会。

ゆったり過ごせる絵本コーナー

カーペットを敷き、ソファを置いたことで、ゆったりと本を読めるスペースに。

こま回しコーナー

こま作りの上手な子どもが、みんなに作り方を教えてくれたところから、こま回しがブームに。

3・4・5歳児の室内環境

広い製作コーナー

さまざまな製作が盛り上がってきたので、製作コーナーを広めにとった。

製作物を取っておく棚

みんなの作品や作りかけの物を取っておく棚。

どこでも使える素材や道具

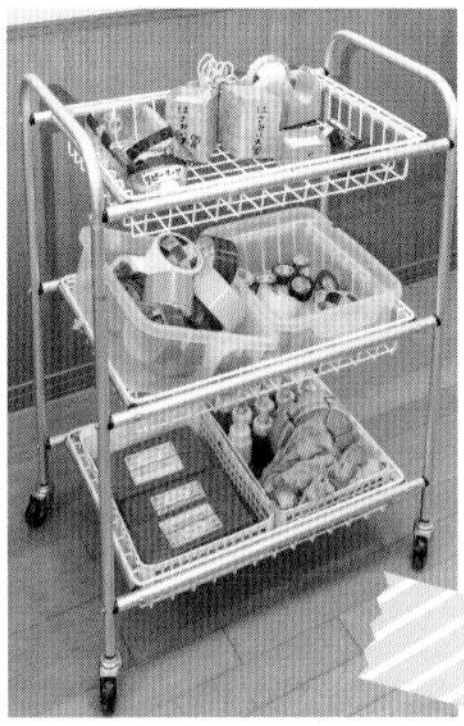

ビニールテープや絵の具、はさみなどは、ワゴンに用意し、好きなところに移動させて、使うことができる。

リサイクル材は、わかりやすく

ガムテープの芯、広告紙なども仕分けして、使いやすく。

秘密基地作り

4歳児クラスの男の子が始めた基地作りに、年齢の違う子たちも集まってきた。

お姫様のお城を作りたい

男の子たちが作っている秘密基地に触発されて、女の子たちはお城を作り始めたが、イメージ通りにならない。すると、隣で秘密基地を作っている男の子たちが「はじめに設計図を描くといいよ」とアドバイス。そこで、みんなでデザインを決めるところからもう一度始めた。

大きめの製作物は、別室で

みんながあそんでいる広い保育室の向かいの保育室では、少人数の子どもたちがあそんでいます。大きな段ボールを使ったあそびなどは、ここでほかの子どもに邪魔されずにあそび込めるようにしています。

4歳児クラスの男の子が「秘密基地作りをしたい！」というのを聞いて、仲間の男の子たちが集まってきました。はじめは、天井を頭で支えていた子どもたちでしたが、そのうち支柱を立てることを考えつきました。みんなで1か月以上もアイディアを出しながら、あそびが続いています。

それを見ていた3歳児クラスの女の子が、「お姫様のお城を作りたい！」。これには、年上の女の子たちが加わってきました。しかし、なかなか自分たちのイメージするお城ができません。すると、秘密基地を作っていた男の子から「先に設計図を描くといいよ」と、アドバイスがあったそうです。そこで、作りかけのお城を壊して、もう一度デザイン画を描くところから始めた女の子たち。

このように、素材や道具、そしてあそびのスペースが保障されていることで、異年齢の子どもたちがつながり、あそびが継続していきます。

毎日のドキュメンテーションは、絵日記ふう

順正寺こども園では、3・4・5歳児は1枚、0・1・2歳児はクラス別に、毎日玄関ホールにドキュメンテーションを掲示しています。ドキュメンテーションでは、はやっているあそび、子どもの成長などが、短い文章の中に、写真とともに丁寧に綴られています。

子ども主体の保育に転換しようとしたとき、保護者に向けて園長による説明会も開かれましたが、ドキュメンテーションなどで日々の保育を可視化して伝えていたせいか、保護者から保育室の環境構成や結果的に異年齢保育になっていることなどに、異論は出なかったそうです。

また、続いているあそびに関しては、あそびがどう変化していったか、子どもたちがそのあそびを通して、どんなことを学んでいるのかが、保護者にもわかりやすいように、日々のドキュメンテーションから抜き出してまとめ、時系列に沿って、保育ウェブのように掲示しています。

マメ先生の**チェックポイント**

あそびのコーナー作りから、豊かな活動が生まれる

子ども主体の保育への転換を行っていく際、3歳以上児の室内環境をどのように見直していくかは、どこの園でも共通したテーマとなるようです。紹介した2つの園でも、室内環境を大きく変えていることがわかります。

さくらこども園の場合、最初の見直しは玩具からでした。パズルブロックなどの玩具の見直しを行い、じっくりあそび込めるようなコーナーを設けたことなどが、子どもの姿を大きく変えていったようです。しかも、一斉保育の形態を見直して、子どもがいつでも素材や道具を使えるようにしたことで、あそびが明日に続く意欲的な姿が生まれてきました。事例の写真からもわかるように、いくつかのあそびが並行して盛り上がっているだけでなく、それぞれのあそびが影響を及ぼし合い、相乗的に豊かな活動となっている様子がうかがえます。

順正寺こども園では、自分のクラスの子どもだけでなく、みんなで子どもを見ていこうとする思いから、異年齢でホールを使って保育を行うという環境の転換が出発点だというのがユニークです。ホールの環境の使い方を見直した結果、異年齢のあそびのコーナーが生まれたということです。

この園でもコーナー作りがカギとなっています。しかも、「秘密基地作りがしたい」という子どもの声が生かされて素材や材料が出されているので、活動がより豊かになっていくのですね。そのあそび環境の発展の様子が「見える化」されていることも、大切な点です。

あそびを紹介するドキュメンテーション

現在、どんなあそびがはやっているか、子どもたちの成長などは、玄関前のホールに掲示。

ウェブふうドキュメンテーションの掲示

入り口を入ったところには、ドキュメンテーションを時系列に並べてウェブふうに。

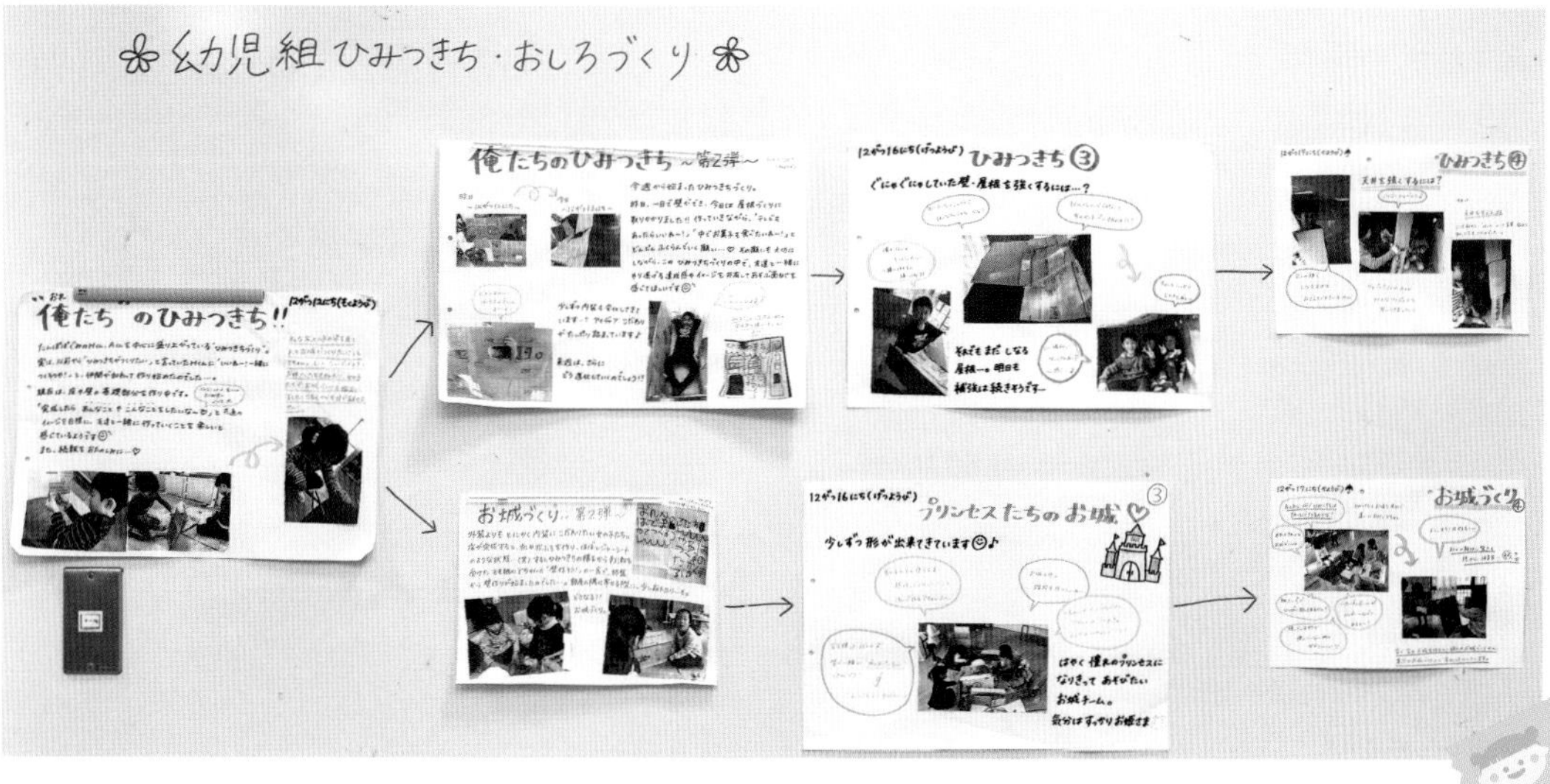

白梅学園大学附属白梅幼稚園（東京都・小平市）

語り合いから見えてきた子どもの姿

2017年度から保育の見直しを始めた白梅幼稚園。その中で浮かんできた課題の一つが、園庭環境でした。そこで、2018年度の研修テーマを「園庭環境」にして取り組んだところ、園庭に「あそびの拠点」ができ、子どもたちのあそびが深まっていきました。

園庭のあり方を見直そう

大学の附属である白梅幼稚園では、それまでも多くの研修をしており、しっかりしたカリキュラムもありました。しかし、子どもを主体とした保育の今後の方向性を考え、他園に見学に行ったところ、その園の保育から刺激を受け、自園の保育を見直す研修を始めることにしました。他園に行って気付いたのは、自園では保育室に多くの遊具や素材がありますが、園庭には保育者が意識して置いてある物が少ないことでした。そこで、子どもが夢中になってあそび込む園庭環境を作りたいと考え始めました。

同じころ、4歳児クラスが園庭であそんでいるときに、「外でおうちを作りたい」と、子どもたちから声が挙がりました。4歳児の保育室は園舎の2階です。毎回、園庭まで段ボールやござなどの用具や道具を持ち運ぶのは大変な作業。そこで、担任が用具や道具の置き場所を園庭に作ってみると、子どもたちは自分たちで工夫してさまざまなおうちを作り、あそびが広がっていきました。

何もない中から手探りで出発した園庭改造でしたが、まずは子どもの姿をよく見て園庭でやれることを探していくことで、保育者自身も保育がよりおもしろくなってきました。

環境を変え始めたころ

Before

学校の校庭のように広く平坦な園庭だったが、子どもたちが自由に使えるように段ボールや机、椅子などを取り出しやすく置いてみることにした。

After

子どもたちが作ったおうち

おうちを作ることから始まったあそびが、お店屋さんごっこに。

外部講師を招いてのワークショップ

2018年度から園内研修として始めた園庭環境の見直しでしたが、2019年度になると保育者からもっと大きく園庭を改造したいという声が挙がってきました。でも、大きく変えるには、費用がかかります。そこで、職員や保護者の手作りで遊具や築山を作る指導をしてくれる外部の講師（一級建築士・井上寿先生）にワークショップを依頼しました。

ワークショップは、7月に1回、9月、11月、それぞれ土日連続で2回。

7月にはまず、「こういう物があったらいいよね」と、テーブルやベンチ、ボール入れなどの小物を作りました。そのとき参加した保護者は、15名ほど。保護者も保育者も電動のこぎりなどの使い方に慣れていなかったので、まずは道具に慣れるところから始めました。このときは、子どもは危ないからと参加しませんでしたが、保育者から「子どもも園庭が変わっていく過程を見たほうがいいのではないか」という意見が出て、9月のときは子どもも参加ＯＫにしたところ、30名ほどの子どもと20名ほどの保護者の参加がありました。そのときは、今まで園庭の隅にあった築山を壊して、園庭にたくさんの土を入れ、新しい築山を作ることにしました。危ないので、子どもたちは園舎の上の階からの見学でしたが、ブルドーザーが土をザザーッと下ろすと、歓声が挙がります。

5歳児クラスの担任だった西井宏之先生は、「実際に園庭に山ができたときから、子どもたちも保育者も大きく変わりました。子どもたちは、実際に土に触ってあそぶうちにいろいろ考えるようになったし、保育者も園庭を具体的にどういうふうにしたいかというイメージがもてたように思います」と、言います。

11月のワークショップでは、保育者がもった具体的なイメージに沿って、足りない物を作っていきました。

もとからあった築山

子どもたちが園庭に段ボールなどでおうちを作るようになると、築山までの道を作ってあそぶ姿も出てきた。

新たに土を入れた

「冷たくて気持ちいい！」。以前は、「どこまで裸足にして大丈夫？」という保育者もいて議論になったが、子どもたちが土と戯れる姿に、保育者みんながおもしろさの広がりを感じるようになっていった。

After

築山が２つに

最終的に築山は２つになった。１つのほうは、板状の滑り台やタイヤの階段を設置。タイヤに土を詰めるのは、子どもたちも手伝った。

もう１つの山は、子どもたちが掘ったり、水を流したり自由にできるようにした。

築山に作った滑り台

After

他園に見学に行ってみて、手作りした滑り台。設置してみると、斜面を下から登りたい子、上から滑りたい子が出てきて危ない場面も。一部の保育者から「下から登るのは禁止にしたほうがいいのでは？」という意見が出たことが、設置した意味をもう一度考える契機になった。そこで、子どもたちにも意見を聞いてみると、子どもたちなりに「ぶつかりそうになって危なかった」などの体験談のほかに、「降りる人は右、登る人は左からにすれば？」などの建設的な意見が出て、子どもたちの意見を取り入れることになった。それでも、わざわざぶつかって楽しむ子どもの姿もある。

自然木のジャングルジム

築山の反対側は、自然木を組んで登れるようにした。

舞台付きのおうち

ワークショップで作った舞台付きのおうち。新たなあそびの拠点になっていった。

砂場にといやヒューム管を置いてみた

砂場の近くには、素材や道具を置いておく台も作った。短いヒューム管は立てかけるように、長いといは横に置けるよう棚を工夫したことで、子どもたちだけでも片付けるのが容易になった。

砂場にといやヒューム管を用意したことで、冬場でも水を流してあそび込む姿が見られるようになった。

綱渡り

もっと、子どもが挑戦するあそびが取り入れられないかと考えて作った綱渡りだったが、慣れていないこともあり、落下する子どもも。そこで、下にマットを敷いたが、あえてそこを目がけて飛び降りる子どもも出てきたので、マットを厚くするなどの方策を検討中。保育をしながら、子どもたちの意見を聞きながら、課題が出てくるたびに保育者同士が語り合うようになった。

子どもたちも物作りに挑戦!

自分たちで焼き芋を作りたい!

園庭でのあそびが広がっていく中、自分たちで火をおこして焼き芋を作りたいという姿も出てきた。まずは火をおこすことからと、火おこしに挑戦中(保護者が提供してくれた火おこしの道具)。

保護者や保育者が園庭の物作りに挑戦している姿を見た子どもたち。「自分たちもやりたい!」と、かなづちやのこぎりを使って、物作りに挑戦する姿が出てきた。

焼き芋を焼くための枯れ葉を集める子どもの姿も。

語り合いが語り合いを生む文化

園庭環境をテーマに研修をはじめ、ワークショップを経て、試行錯誤をしながら園庭を変えていきました。使い慣れない遊具もあり、保育者から見て「ちょっと危ないかな?」と思う場面もありましたが、「危ないから禁止」ではなく、そのたびに、より安全にあそびを広げるための話し合いが行われ、前にも増して保育者間の語り合いが増えていきました。また、「子どもの姿をよく見る」「子どもの意見を聞く」という保育者の姿勢が、より子どもたちの主体性を育むようになっていきました。

さらに、この経験を通して保護者にも変化が見られました。ワークショップに参加した父親は、その後、自分が作った遊具で子どもたちがあそんでいる姿を見に、たびたび園を訪れるようになりました。また、母親の一人は、自分の作った物で子どもたちがあそんでいる姿を見るのがうれしいと語っていました。

このように、園にかかわる子ども、保護者を巻き込んだ研修は、保育者の語り合いだけではなく、さまざまな相乗効果を生んでいます。

さくらい幼稚園（神奈川県・海老名市）

あそび込める園庭作り

「保育を語る」「子どもを語る」ということを通して、徐々に「語り合い」の風土ができてきたというさくらい幼稚園では、語り合いから見えてきた課題に向き合って生活を見直していく中で、園庭（生活）環境も見直していくことになりました。4年前からは、より理論と実践の理解を深めるため外部講師（以降、講師）の助けを借り、また保護者も巻き込んでの園庭の見直しが始まりました。

子どものあそびが落ち着かない園庭

研修以前の園庭でも、子どもたちがあそぶ姿はありましたが、外部の先生に「子どもがあそび込めていないね……」と指摘を受けました。確かに、子どもがじっとあそんでいるのは、泥団子を作るときくらい。園庭で、一つのあそびにじっくりと取り組む姿は少なく、遊具から遊具へ渡り歩く子ども、ただ園庭を走り回る子どもの姿が目立ちました。「笑顔で走り回っているのを見て、あそんでいると思っていたでしょ?」という話もありました。講師の助言もあり、まず砂場の近くにテーブルと椅子を置いたところ、そこでままごとなどをする子どもたちの姿がすぐに見られるようになったのが始まりでした。

また、砂場の道具を使っても、ストライダー（二輪の乗用玩具）を使っても、片付けるのは保育者の仕事のようになっていました。これらの姿を見て、保育者たちは、もっと子どもたちがあそび込め、使った道具は子どもたち自身で片付け、自身であそびを終わりにできるような園庭にしたいと願うようになっていきました。

Before

校庭のような園庭

研修以前の園庭。砂場などはあるが、じっくりとあそべる場所がなかった。

狭くて、あそび込めなかった砂場

子どもたちの人数に比して、狭かった砂場。かごに入れた砂場の道具も、外あそびのたびに保育者が用意していた。

保護者も巻き込み、園庭環境の見直し

園庭の見直しに関しては、講師を招いて継続的に研修を行いました。

研修では、まず環境の見直しをした他園の様子を写真や動画で見て、子どもの姿や育ち、園生活を通してどのような力が育って欲しいのか、子どもが主体的にあそべるようにするには、どのような園庭環境が望ましいかなどが話し合われました。講師による保護者講演会も開催し、幼稚園、保育者の考えを保護者と共有する時間も設けました。講師の指導も受けながら、保護者、職員によるワークショップを重ねる中、保護者にも呼びかけをし、園庭に必要な遊具、環境作りのワークショップを実施。保護者にも参加してもらったワークショップは、ここ3年で8回ほどになります。

ワークショップで作られた物が効果的に配置されるにつれ、子どもたちのあそびも変わっていきました。その様子が保育者のモチベーションとなり、より研修に熱が入るようになって、今では環境に関する園内研修を2か月に1回程度開いたり、日常的に課題などを洗い出して改善しています。

講師を招いての研修

どんな園庭にしたいか、保護者の手も借りることなどが話し合われた。

保護者とともに、ワークショップ

保護者も参加してのワークショップを開催。何回かに分けて、ままごとの小屋やブランコ、ストライダーが走るコースや駐輪場などを作っていった。保護者や保育者も楽しみながら参加した。

園庭を変えてからの研修

子どもたちのあそびがどう変わったかを、撮った写真を基に話し合い。

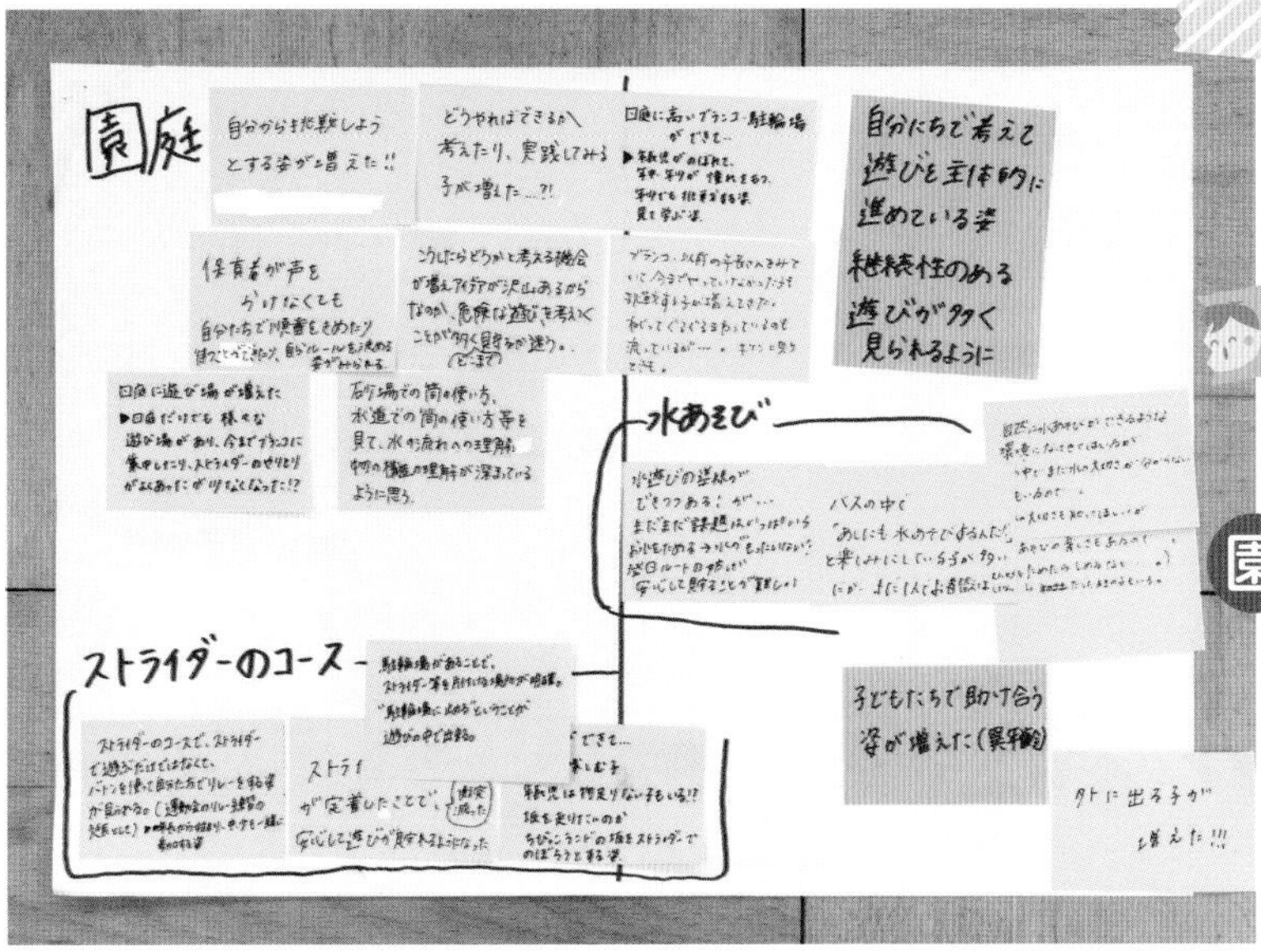

研修で出された意見をまとめたもの。子どもたちのあそびが変わった様子がわかりやすく、今後の課題も見つかった。

園庭環境

園庭が変わると、子どもたちが変わる！

さくらい幼稚園がここ数年間で見直し、手を加えた所は、大きく分けて次のようになります。

- **砂場を広くし、砂場の砂を見直し、屋根や用具置き場を作った。（あそび込みたい）**
- **ストライダーの周回コースと駐輪場を作った。（あそびの区分け）**
- **鉄製のブランコから、木製のブランコに変更（ブランコ柵の撤去）**
- **屋台、テーブルや椅子、プランターなどを設置。（保育者自身がいつでも環境に手を加えられる）**
- **裏山の整備。（ハザードの除去）**

これらの環境の改良に伴って、砂場やままごとをする場所など、園庭にあそびの拠点ができ、子どもたち自身があそび方を考えたり、工夫をする姿が見られるようになり、保育者が安心して見守れる環境作りができ始めました。

園庭の全景 After

ストライダーのコースを設置。手作りのブランコやままごとの小屋は、すべて可動式なので、あそびに合わせて場所を変えられる。

砂場を広く、子どもたち自身で片付けやすく

砂場で使う道具置き場やダンプカーの置き場を設置、何を入れるかわかりやすいよう、イラストを掲示。これによって、子どもが自分たちで片付けやすくなったように思っていたが、新たな課題が見えてきている。

それまでのプラスチックフレームを外し、木枠で広々とした砂場を作り、よしずをはれるパーゴラも設置したことで、子どもたちが砂場であそび込めるようになった。

プランターも手作り

ストライダーのコースなど、あそびとあそびの仕切りにも使える。

ストライダーの駐輪場

駐輪場を作ったことで、あそび終わった後に、子どもたちが自分でストライダーを片付けるようになった。

テーブルや椅子

テーブルや椅子を用意したことで、落ち着いてままごとあそびをする姿が見られるようになった。

マメ先生の**チェックポイント**

園庭を変えると、子どもも、保育者も、保護者も変わる

園庭はクラスの室内環境とは違い、園全体で見直しを行わないと、変えられないものです。労力も資金も必要となることが多いです。だからこそ、園庭環境の見直しは園全体の保育のあり方を変える重要な取り組みとなることが、2園の取り組みから見えてきます。

白梅幼稚園の場合、園庭に物が少なく、運動あそびが中心であそび込む姿があまり見られなかったという問題意識から、外部講師を招いてのワークショップを始めました。

外部の人材を活用する、ただし、それは外部講師にお任せするだけではなく、研修としてみんなで考えるワークショップにしていることがよい効果を生み出しています。それが、保育者の語り合いや、保護者の意識の変化へと影響を与えていることがわかります。また、築山滑り台、舞台付きのおうちなど、明らかに園庭で子どもがあそび込める拠点が生まれていますね。

同様に、さくらい幼稚園でも外部講師を招いての研修として、職員だけでなく保護者も巻き込んで園庭作りに取り組んでいます。

この園では、校庭のような園庭でただ走り回る姿が目立ち、あそび込めてない、片付けられないという課題があったようです。ままごと用の小屋やブランコを作ったことで、子どものあそびに明らかな変化が生まれ、その手ごたえが保育者のモチベーションとなったということが重要だと思いました。それが、この事例のような、保育そのものの変化を生み出すのですね。

コンクリートのベンチを木に

園には、春には桜が咲き、秋には山全体が紅葉し、頂上に立つと街全体が見渡せる裏山がある。今までは活用しきれていなかったその環境を十分に生かすための見直しもした。頂上付近には、階段状のコンクリートのベンチがあったが、コンクリートのベンチでつまずく姿が見られたため、ハザード除去の一環で保護者の協力も得て木の板で覆った。天気のよい日には、ここで絵本の読み聞かせをしたり、子どもたちが踊りを披露する舞台と客席になったりする。

裏山の洞くつ

Before

昔から裏山にある防空壕。中で忍者ごっこをしたり、洞くつの上に登る子どももいた。滑って危なかったが、あそぶのを禁止にしたくはなかったので、環境を整えることにした。

洞くつの周りを整備

上に登っても地面まで落ちないよう、洞くつの入り口に屋根を設置。

入り口には、懐中電灯も用意。子どもたちの格好の隠れ家になった。

幼保連携型認定こども園あそびの森あきわ園（長野県・上田市）

子どもがあそび込む時間を保障する工夫

2015年から、行事の見直しを始めた幼保連携型認定こども園あそびの森あきわ。普段あそびの時間を保障するために、行事をどのように変えていったのでしょうか。

もともと行事の多い園だった

「子どもたちにさまざまなことを経験してもらいたいという思いから、行事は多いほうだったと思います」と、園長の竹内勝哉先生。

あそびの森あきわでは、運動会や作品展、発表会など、子どもたちが練習を重ねて参加する行事のほかに、地元の消防音楽隊の演奏や、プロのマウンテンバイクのライダーに来園してもらって技を見せてもらうなど、体験型の行事もたくさんありました。

園では、子ども主体の保育に取り組みだしてから、子どもたちが自らの興味・関心に基づいて、自由にあそび込むことを大切にしたいと思うようになりました。しかし、そうなると行事やその準備に時間を取られ、子どもがあそび込める時間が少なくなってしまうのではないかという課題が生まれました。

行事に時間は取られたくないが、子どもたちには本物を見せることで、さまざまな刺激を受け、興味・関心の幅を広げてもらいたい……。行事をどう整理するか、どう見直しをするかと、職員全体で何度も話し合いが行われました。

行事の変遷

月	行事	変更点
毎月	**誕生会**	全園児が集まって毎月開催していたのを、クラスごとに変更。クラスに誕生月の子どもがいないときは行わない。
5月	**親子バス遠足**	廃止。
5月	**こどもの日**	誕生会と同日開催。
6月	**保護者参観**	年齢別に参観日を設定していたのを、どのクラスも１週間のうち、どの日に来てもいいことにした。
6月	**ピアノコンサート**	誕生会と同日開催。
8月	**七夕**	スイカ割りと同日開催。
8月	**夏祭り・夕涼みコンサート**	別々の日を設定していたが、同日開催に。
9月	**運動会**	鼓笛隊、組み体操など、保育者が設定した内容だったが、子どものやりたいことを競技に。
10月	**マウンテンバイクのプロのライダーによる実演**	誕生会と同日開催。
11月	**作品展**	テーマを決めて製作をしていたが、あそびの中から生まれた物を展示するように。
12月	**クリスマス会**	誕生会と同日開催。
12月	**お楽しみ会（発表会）**	脚本や衣装など、保育者が製作していた物を、子どもが自分たちで製作。
2月	**節分**	誕生会と同日開催。
3月	**おひなさま**	誕生会と同日開催。
3月	**遠足**	あえて日取りや場所を設定せず、そのときの子どもの興味・関心から行く場所・日取りを決める。
3月	**お店屋さんごっこ**	あえて日取りを設定せず、そのときの子どもの興味・関心から日常の保育の中で行う。

行事を同日開催にして、日数を削減

以前は、毎月1回、全園児が一堂に集まって、誕生会をしていました。誕生会の際には、職員がゲームを提案したり、歌をうたったりなどのお楽しみ企画を用意して過ごすのが通例でした。

保育者は、毎月どんな出し物をするか企画をするのが負担でしたし、0歳児から誕生会に参加していたので、子どもたちにも負担感がありました。そこで、この誕生会を見直し、同じ日に体験型の行事を行って、それをお楽しみ企画の代替としました。このことで、行事の日数も減らすことができました。

例えば、6月にプロのピアニストに来てもらい、演奏を聞くピアノコンサートがあります。まずクラス別に誕生児を祝い、その後にピアノコンサートをするようにしました。2～5歳児クラスについては、誕生会にその誕生月の保護者も来ますが、一緒にコンサートに参加することもできます。このコンサートは、地域の人たちにも開放しています。近隣の小学校の運動会の代休日に行うので、毎年小学生なども参加します。

また、全園児が集まっての誕生会より、クラス別で行う誕生会のほうが、準備も少なくてすみます。クラスに誕生月の子どもがいなければ、誕生会は行いません。

そうすることによって、保育者は誕生会のお楽しみ企画を年に3～4回用意するだけになり、子どもも負担が軽くなり、保護者からも行事で園に来る回数が減ったと好評です。

さらに、夏祭りと消防音楽隊による夕涼みコンサート、七夕とスイカ割りなど、それぞれ違う日に行っていた行事を同じ日にするようにしました。

誕生会お楽しみ企画

ほかの行事と共催しない、ときの誕生会では、保育者がお楽しみ企画を考える。このときは、音楽指導担当職員、主幹保育教諭、担任による音楽会が催された。

ピアノコンサート

プロのピアニストによるコンサート。

自転車・ストライダーの指導

10月には、プロのマウンテンバイクのライダーが来園し、模範演技を見せ、子どもたちに正しい自転車の乗り方などを指導してくれる。

運動会も大きく変化

あそびの森あきわでは、行事の日数だけでなく、内容も見直しをしました。

毎年9月に行われる運動会。以前は、鼓笛隊、組み体操など、練習が必要な競技がたくさんありました。リレーやパラバルーンは、子どもたちの希望もあって存続していますが、組み体操はなくし、鼓笛隊は完成度より子どもたちが楽器に触ることや音楽を楽しむ方向に変わっていきました。また、普段やっているあそびを、子どもたちが自分たちで考えて競技に取り入れるようにもなりました。

今までは保育者が決めていたダンスも、ヒップホップや和風の曲など4種類を用意して、3～5歳児は好きなダンスを2つ選んで参加するようにしました。振り付けも子どもたちと一緒に考えます。ダンスは異年齢ですることもあり、4種類のダンスも難易度を少しずつ変えていますが、3歳児でも難しいヒップホップに挑戦する子もいます。

その結果、今までだと本番で緊張して動けなくなってしまう子がいることもありましたが、そういう姿がなくなり、みんなが楽しんで運動会に参加するようになったのです。

5歳児の競技

映画に興味をもっている子どもたちが考えた競技は、ストライダーの競争をカメラマンが撮影して回るという設定。最後は自分たちが作ったスクリーンの中で、ポーズを取って終了。

異年齢で、好きなダンスに参加

4種類のダンスから好きなダンスを2種類選ぶことにしたら、緊張して踊れなくなってしまう子どもがいなくなった。

子どもたちが考えたかき氷屋さん

以前は保育者の設定でやっていたが、今は子どもたちのあそびから、自然発生的にお店屋さんが開かれる。

行事から普段のあそびへ

以前は、お店屋さんごっこという行事があったあそびの森あきわ。今は、あえて行事の日とせず、保育者が「今年は、〇〇のお店屋さんごっこをしよう」などと提案もしないで、普段のあそびの中から自然発生的にお店屋さんごっこをするようにしています。

また、行事の中で唯一廃止したのが、親子でのバス遠足。これは、親子で出かけるのに、わざわざ園みんなで行くこともないのではという理由からです。年度末には、子どもたちだけの遠足も日取りを決めて行っていましたが、こちらはそのときの子どもの興味・関心から行く場所や日取りを決めています。

子どもたちの中で相撲がブームになれば、隣町にある江戸時代の力士「雷電」の生家へ行くといった具合です。

行事

あそびがつながり、行事へと発展

大河ドラマで真田幸村の話が放映されたとき、地元であるあそびの森あきわの子どもたちの中にも、一大ブームが起こりました。そこで、その年の作品展やお楽しみ会（発表会）は、子どもたちの「やりたい！」を基に、真田幸村一色に。歴史を調べ、物語を読み、自分たちで作品を作り、劇も作りました。この年は、遠足も上田城へ。

保育者主導の保育では考えつかないほど、「真田」に対する興味・関心は尽きず、子どもたちは真田幸村や真田の歴史を通して、自分たちの郷土のことを深く学んでいきました。

以前の発表会

Before

保育者が演じる劇を決め、脚本や衣装作りもしていた。

子どもたちが自分で作る発表会

After

自分たちで作ったよろいを衣装にして、真田幸村の物語を劇に。脚本も保育者と一緒に考えた。

真田十勇士

作品展で、子どもたちが描いた真田十勇士。

子どもたちが作った上田城

普段のあそびの中で子どもたちが作った上田城も、作品展に展示された。

忍者の道具

真田幸村の家来には、忍者が多い。子どもたちが製作した忍者の道具。

よろいや武器も製作

作品展では、自分たちでいろいろ調べて、真田の武器やよろいも製作した。展示物の後ろには、子どもたちが製作した背景や思いが掲示されている。

ひだまり保育園（東京都・世田谷区）

日常のあそびを深める行事のあり方

もともと行事が少なく、日常のあそびや生活を大事にしていたひだまり保育園。現在、メインの行事は、9月の「親子であそぼうフェスティバル」と1月の「生活発表会」の2つです。どんなコンセプトで、どんな行事が行われているのでしょうか。

異年齢保育への切り替えとともに行事も見直し

2016年から子ども主体の保育への転換を図ったひだまり保育園では、2017年、より子どもが主体性を発揮できるように、保育形態や行事の見直しも行いました。

まず、それまでの年齢別クラスを、議論を重ねて、3・4・5歳児を異年齢の3クラスとしました。そうすると、今まで年齢別にしていた行事への取り組みも、見直していこうということになりました。

ひだまり保育園は、子どもが発信する小さなあそびの盛り上りを大切にしているので、もともと行事が少なく、こどもの日やひな祭りなどの伝統行事は行事食を食べ、行事の由来を知ったりする日にしています。

入園式は4月1日にしていましたが、新入園児、在園児・保護者の負担を考え、廃止にしました。

また、大きな行事としては、10年前の開園以来行われていた夏祭りも廃止しました。開園当初は子どもの「やりたい！」から始まり、地域や保護者も巻き込んでの行事でしたが、だんだんに形骸化し、子どもたちからやりたいという声が挙がらなくなってきていました。そこで、何度もの話し合いの末、思い切って夏祭りをやめることにしたのです。

Before

以前、行っていた夏祭り

子どもたちの「やりたい！」から始まり、保護者や地域も巻き込んでの夏祭りだったが、だんだんと形骸化してしまったので、やめることになった。

行事の変遷

月	行事	変更点
毎月	クラスでの誕生会	変更なし
4月	入園式	廃止
9月	夏祭り	廃止
10月	親子で運動会	「親子であそぼうフェスティバル」に。
12月	生活発表会	1月に、興味・関心のあることを子どもがそれぞれ発表する形に。
3月	卒園を祝う会	変更なし

「親子であそぼうフェスティバル」とは？

もともとひだまり保育園では、子どもの競技を保護者が見る、いわゆる運動会ではなく、親子で運動を楽しむ日を10月に設けていました。しかし、行事の見直しで、この内容が大きく変わりました。

見学に行った他園の行事を参考にして、親子での運動会の代わりに、運動だけでなく、子どもの興味・関心の一歩先を行くさまざまなコーナーを設け、親子で楽しむ「親子であそぼうフェスティバル」を開くことにしました。日常の生活が安定してきたところに、子どもたちや保育者とで広げたり深めたりしてきたあそびを、保護者の力も借りて、より深くおもしろく、広げたいという思いからです。

まず、職員全員にアンケートを取り、それぞれのクラスの子どもたちの今の興味・関心を探り、それを基に何度もコーナーの内容を話し合いました。

そうして、風が見えるおもちゃ作りのコーナー、いろいろな音を体験するコーナー、植物をオイルに入れて長く飾っておけるようにするハーバリウムのコーナーなど、9つのコーナーに絞ったそうです。

「親子であそぼうフェスティバル」のプログラム

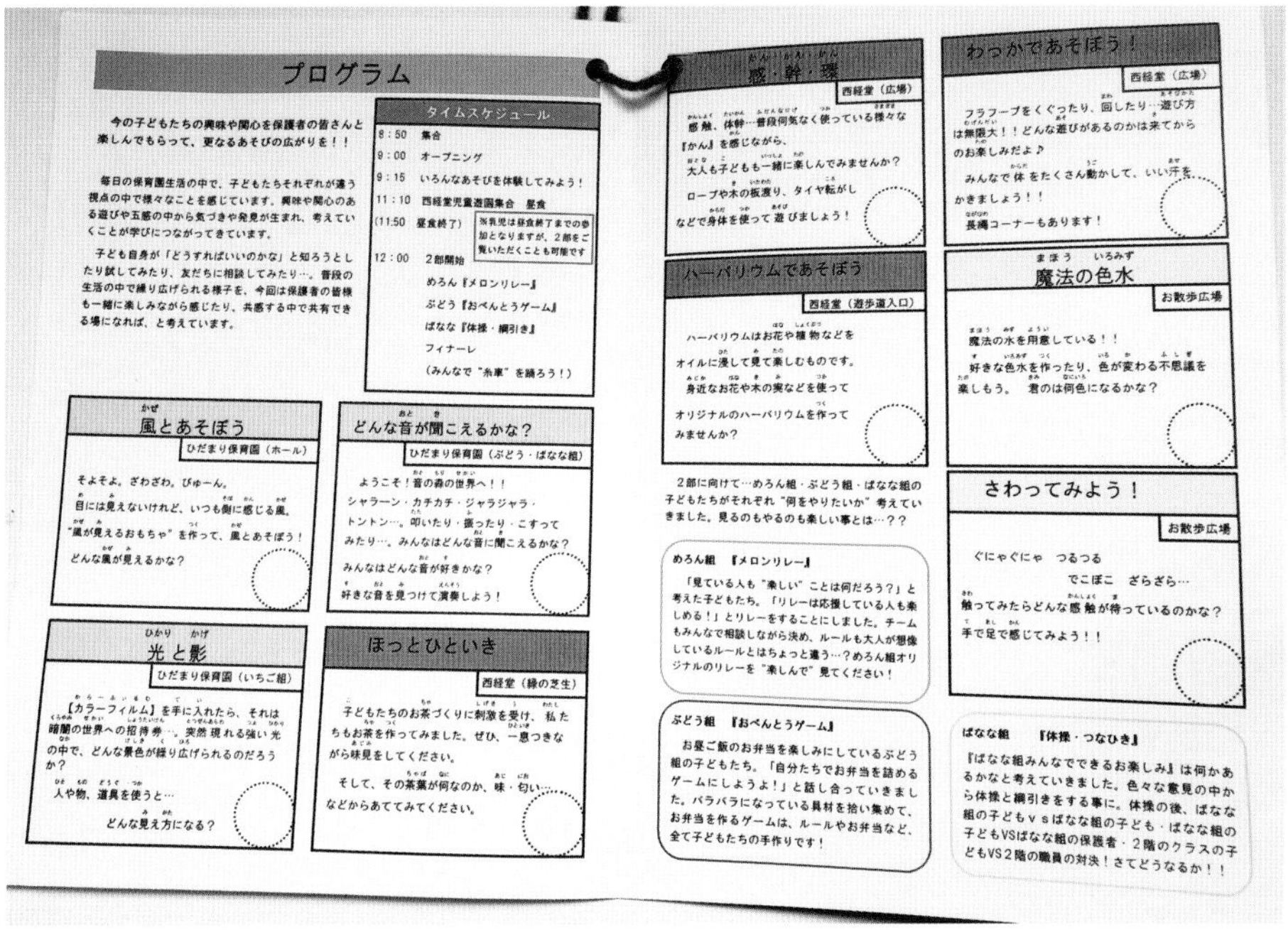
プログラム

今の子どもたちの興味や関心を保護者の皆さんと楽しんでもらって、更なるあそびの広がりを！！

毎日の保育園生活の中で、子どもたちそれぞれが違う視点の中で様々なことを感じています。興味や関心のある遊びや五感の中から気づきや発見が生まれ、考えていくことが学びにつながってきています。

子ども自身が「どうすればいいのかな」と知ろうとしたり試してみたり、友だちに相談してみたり…。普段の生活の中で繰り広げられる様子を、今回は保護者の皆様も一緒に楽しみながら感じたり、共感する中で共有できる場になれば、と考えています。

タイムスケジュール

8:50　集合
9:00　オープニング
9:15　いろんなあそびを体験してみよう！
11:10　西経堂児童遊園集合　昼食
(11:50　昼食終了)　※乳児は昼食終了までの参加となりますが、2部をご覧いただくことも可能です
12:00　2部開始
めろん『メロンリレー』
ぶどう『おべんとうゲーム』
ばなな『体操・綱引き』
フィナーレ
（みんなで“糸車”を踊ろう！）

風《かぜ》とあそぼう
ひだまり保育園（ホール）
そよそよ。ざわざわ。びゅーん。
目《め》には見《み》えないけれど、いつも側《そば》に感《かん》じる風《かぜ》。
“風《かぜ》が見《み》えるおもちゃ”を作《つく》って、風《かぜ》とあそぼう！
どんな風《かぜ》が見《み》えるかな？

どんな音《おと》が聞《き》こえるかな？
ひだまり保育園（ぶどう・ばなな組）
ようこそ！音《おと》の森《もり》の世界《せかい》へ！！
シャラーン・カチカチ・ジャラジャラ・トントン…。叩《たた》いたり・振《ふ》ったり・こすってみたり…。みんなはどんな音《おと》に聞《き》こえるかな？
みんなはどんな音《おと》が好《す》きかな？
好《す》きな音《おと》を見《み》つけて演奏《えんそう》しよう！

光《ひかり》と影《かげ》
ひだまり保育園（いちご組）
【カラーフィルム《からーふぃるむ》】を手《て》に入《い》れたら、それは暗闇《くらやみ》の世界《せかい》への招待券《しょうたいけん》…。突然《とつぜん》現《あらわ》れる強《つよ》い光《ひかり》の中《なか》で、どんな景色《けしき》が繰《く》り広《ひろ》げられるのだろうか？
人《ひと》や物《もの》、道具《どうぐ》を使《つか》うと…
どんな見《み》え方《かた》になる？

ほっとひといき
西経堂（緑の芝生）
子どもたちのお茶《ちゃ》づくりに刺激《しげき》を受《う》け、私《わたし》たちもお茶《ちゃ》を作《つく》ってみました。ぜひ、一息《ひといき》つきながら味見《あじみ》をしてください。
そして、その茶葉《ちゃば》が何《なに》なのか、味《あじ》・匂《にお》い…などからあててみてください。

感《かん》・幹《かん》・環《かん》
西経堂（広場）
感触《かんしょく》、体幹《たいかん》…普段何気《ふだんなにげ》なく使《つか》っている様々《さまざま》な『かん《かん》』を感じながら、
大人《おとな》も子《こ》どもも一緒《いっしょ》に楽《たの》しんでみませんか？
ロープや木《き》の板渡《いたわた》り、タイヤ転《ころ》がし
などで身体《からだ》を使《つか》って遊《あそ》びましょう！

わっかであそぼう！
西経堂（広場）
フラフープをくぐったり、回《まわ》したり…遊び方《あそびかた》は無限大《むげんだい》！！どんな遊《あそ》びがあるのかは来《き》てからのお楽《たの》しみだよ♪
みんなで体《からだ》をたくさん動《うご》かして、いい汗《あせ》をかきましょう！！
長縄《ながなわ》コーナーもあります！

ハーバリウムであそぼう
西経堂（遊歩道入口）
ハーバリウムはお花《はな》や植物《しょくぶつ》などをオイルに浸《ひた》して見《み》て楽《たの》しむものです。
身近《みぢか》なお花《はな》や木《き》の実《み》などを使《つか》って
オリジナルのハーバリウムを作《つく》ってみませんか？

魔法《まほう》の色水《いろみず》
お散歩広場
魔法《まほう》の水《みず》を用意《ようい》している！！
好《す》きな色水《いろみず》を作《つく》ったり、色《いろ》が変《か》わる不思議《ふしぎ》を楽《たの》しもう。　君《きみ》のは何色《なにいろ》になるかな？

さわってみよう！
お散歩広場
ぐにゃぐにゃ　つるつる
でこぼこ　ざらざら…
触《さわ》ってみたらどんな感触《かんしょく》が待《ま》っているのかな？
手《て》で足《あし》で感《かん》じてみよう！！

2部に向けて…めろん組・ぶどう組・ばなな組の子どもたちがそれぞれ“何をやりたいか”考えていきました。見るのもやるのも楽しい事とは…？？

めろん組　『メロンリレー』
「見ている人も“楽しい”ことは何だろう？」と考えた子どもたち。「リレーは応援している人も楽しめる！」とリレーをすることにしました。チームもみんなで相談しながら決め、ルールも大人が想像しているルールとはちょっと違う…？めろん組オリジナルのリレーを“楽しんで”見てください！

ぶどう組　『おべんとうゲーム』
お昼ご飯のお弁当を楽しみにしているぶどう組の子どもたち。「自分たちでお弁当を詰めるゲームにしようよ！」と話し合っていきました。バラバラになっている具材を拾い集めて、お弁当を作るゲームは、ルールやお弁当など、全て子どもたちの手作りです！

ばなな組　『体操・つなひき』
『ばなな組みんなでできるお楽しみ』は何かあるかなと考えていきました。色々な意見の中から体操と綱引きをする事に。体操の後、ばなな組の子どもｖｓばなな組の子ども・ばなな組の子どもVSばなな組の保護者・2階のクラスの子どもVS2階の職員の対決！さてどうなるか！！

2018年度のプログラム。0～5歳児までの子どもたちの、興味・関心の一歩先をいくコーナーが設けられた。2019年度からは、午後の部は廃止され、午前中だけの催しになった。

「風とあそぼう」のコーナー

風船や紙飛行機などを使って、風を目で見えるようにしたコーナー。

「光と影」のコーナー

さまざまな物に光を当てて、壁に投影し、色や形、光と影の不思議さを感じるコーナー。

子どもたちの興味・関心をさらに広げるための行事

当日は、近くの公園と園内を使い、スタンプラリー方式で、子どもたちの興味・関心を深めるコーナーが作られました。

例えば、5歳の女の子が、生けて数日たった花を見て、「なんでお花がくさるんだろう?」とつぶやいたことをきっかけに、担任がハーバリウムの瓶を置いてみました。

すると、水ではなく、油が入っているとくさらないことを知った子どもたち。このことをきっかけに、クラスの中でハーバリウム作りがブームになっていきました。

また、職員が家からいろいろな油をもってきて「入れる油の種類は?」と聞いたことから、子どもたちの興味がさらに広がっていきました。

そこで、実際にハーバリウム作りをしている子ども以外や保護者にも、どういう物かを知ってもらうためにコーナーを作りました。

このように、子どもたちの興味・関心を多くの人に知ってもらうことで、より深く広く興味・関心が広がり、あそびが発展していきます。

また、子どもたちの姿はドキュメンテーションなどで、日々伝えてはいますが、保護者が自分で体験することで、「家庭でもやってみた」などという声も挙がり、より園でのあそびや保育観が保護者にも伝わりやすくなったとのことです。

公園でのオープニングは龍の踊り

子どもたちが保護者に披露したいと、自分たちで作った「龍の踊り」を演じた。

ハーバリウムであそぼう

植物をオイルに浸けて保存し、インテリアなどにするハーバリウムのコーナー。

「さわってみよう!」のコーナー

水で溶いた片栗粉や、寒天など、さまざまな物を触って、感触を楽しむ。写真は、寒天を固めて砕いた物。

「感・幹・環」のコーナー

感触、体幹、環境など、普段何気なく使っている「かん」を体験するコーナー。

行事

自分の興味・関心を披露する生活発表会

生活発表会も、以前はクラスごとに劇や合奏などを行っていましたが、現在は、その1年でそれぞれが夢中になったこと、おもしろかったこと、発見したことを発表し、子どもと保護者が成長を喜ぶ会になりました。数人で演奏を披露する子もいれば、一人でその年にあそび込んだことを発表する子どももいます。

今までしていた劇などでは、どうしても出たくないという子もいましたが、この形の発表会にしてからは、自分の興味・関心をもったことを発表するので、みんなが楽しんで参加するようになりました。

また、以前は、12月にしていた生活発表会の時期も、子どもたちのあそびが、ある程度、形をなしてくる1月に変更しました。

さらに、今までは1歳児から参加していた生活発表会を、3・4・5歳児だけの会にしました。

このように、より日常のあそびを大事にし、あそび込むことをサポートする形の行事に変えたことで、以前にも増して子どもたちが主体的に活動するようになっていったそうです。

エイサーを演じる

家族との沖縄旅行で、沖縄の伝統芸能エイサーと三線（さんしん）に興味をもった子どもを中心に、演奏を披露した。

オセロ必勝法

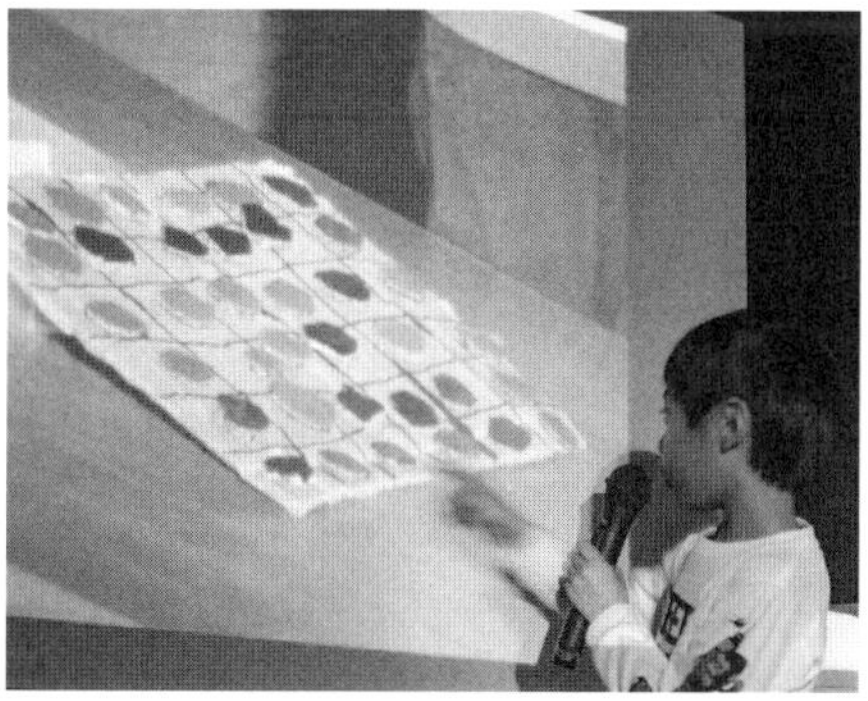

オセロがマイブームの子どもは、オセロの必勝法を解説。

みそ汁作りに挑戦！

大豆に興味をもった子どもは、みんなの前でみそ汁作り。

マメ先生のチェックポイント

行事は、少しの工夫で変えることができる

子ども主体の保育への転換を図ろうとするときに、大きなネックとなるのが行事だといわれます。年間予定が行事を中心に組まれており、保護者もそれを楽しみにしているという実態もあるからです。しかし、それは子どもにとってだけでなく、保育者や保護者にとっても負担になっていることが少なくありません。2つの園の取り組みは、行事のあり方を考える上で、とても参考になる事例です。

行事が多い園だったこどもの森あきわでは、いくつかの行事を同日開催にすることで、行事の日数や子どもと保育者の負担を大きく軽減することに成功しています。

また、日数だけでなく、運動会などでは、決まったプログラムの「練習型」から、ふだんのあそびや子どもが楽しめる「子ども主体型」の内容へと転換し、行事後のあそびの発展、あそびから行事につながるといった「循環」が生まれ、行事を変えてもそれ以上に保護者にも説得力がある内容となっていることがすごい点です。

一方、ひだまり保育園は、もとから行事が多い園ではありません。しかし、より日常の子どものあそびを重視する観点から、運動会をやめて運動だけではない親子のフェスティバルに変えているのです。たしかに、その時期の子どものあそびの興味・関心に添えば、運動的なあそびにしぼる必要はないのだと思います。「当たり前」を問い直す園の風土を生み出していることに脱帽です。また、上手に保護者も巻き込んでいるのはさすがです。

与野本町駅前保育所（おひさま保育園　埼玉県・さいたま市）

子どもを見る目を育てるドキュメンテーション

鉄道弘済会の園の一つである与野本町駅前保育所。2016年に法人研修の一環として、公開保育とそれに向けた外部講師の研修を受け、子ども主体の保育へと動き出しました。

研修で上がったモチベーション

2016年に「子どもが自らあそべる環境」をテーマに、公開保育を行い、それに先だって外部講師による研修を受けました。研修を受ける前は、ロッカーの位置などはいちばん安全だと思える場所から動かしてはいけないなどという固定観念がありましたが、子どもの姿を基に環境構成を考えると、どうしても位置を変えたほうがいいという場面も出てきました。使い勝手や楽しさを第一に考えて恐る恐る環境を変えてみると、子どもたちは大人以上に状況を把握していて、危ない場面はほとんどなかったといいます。

また、それまでは、保育者が「製作をするよ」と声をかけて、素材などを出していたのですが、子どもたちは保育者に「作って！」と言うばかりで、なかなか自分たちの手で製作を始めようとはしませんでした。手始めに製作コーナーを作ってみると、子どもたちが自分たちで製作を楽しむ姿が見られるようになりました。子どもの姿に励まされ、「作品を飾って！」という声に作品を飾る場所を作ったり、ままごとなどほかのあそびのコーナーを作ったりと、保育者も環境構成を楽しんで考えるようになりました。

保育が楽しくなってくると、その思いや子どもの様子をほかの保育者や保護者に伝えたくなってきます。そこで、そのころからドキュメンテーションを始めました。

Before

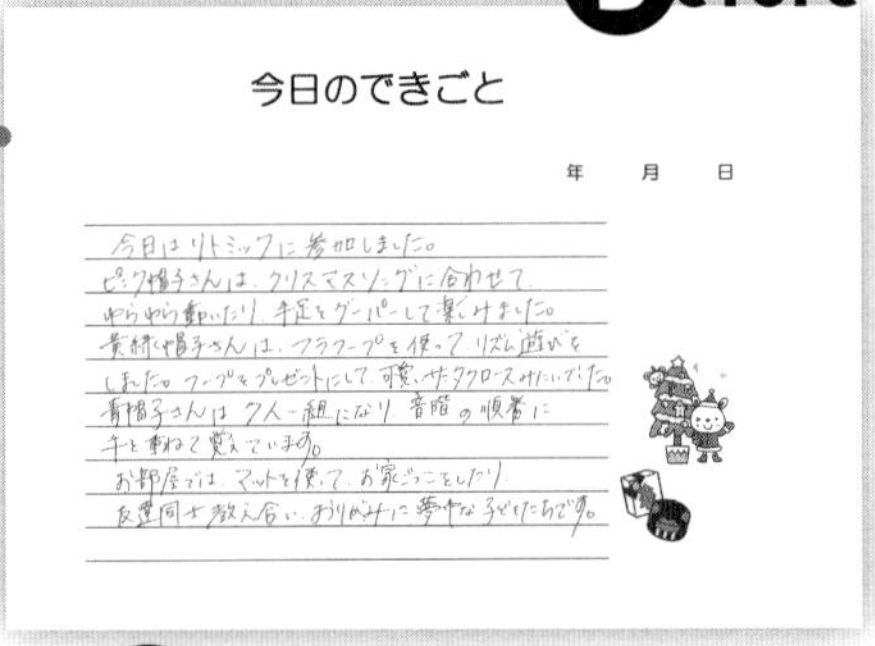
今日のできごと

年　月　日

今日はリトミックに参加しました。
ピンク帽子さんは、クリスマスソングに合わせて
ゆらゆら動いたり、手足をグーパーして楽しみました。
黄緑帽子さんは、フラフープを使ってリズム遊びを
しました。フープをプレゼントにして、可愛いサンタクロースみたいでした。
青帽子さんは2人一組になり、音階の順番に
手を重ねて覚えています。
お部屋では、マットを使って、お家ごっこをしたり
友達同士教え合い、おりがみに夢中な子どもたちです。

最初のころの保護者へのメッセージ

はじめのころは、文字だけのことも多く、内容もその日の保育で何をしたかを書いていた。

職員間で、文字だけより写真をメインにしたほうが伝わりやすいという声が挙がったが、内容的には、イベント的な出来事を掲示することが多かった。また、クラス全員が写っているように気をつかって選ぶため、集合写真的なものになりがちだった。

子どものことを語り合う時間を作る

子どもたちが主体的にあそび始め、「次はこれがしたい！」などという積極的な言葉が出るようになると、保育者はさらにやりがいを感じるようになってきました。それまでは、午睡時に連絡会として、毎日の様子を報告し合うだけでしたが、毎週金曜日の午睡の時間には、担任同士でその週の保育を振り返り、次週の保育を考える時間をとるようになりました。これによって、次週の保育に共通認識をもてるようになっただけではなく、保育観についても共通の意識がもてるようになっていきました。

また、職員全員が集まるのはシフトの関係などで難しいのですが、第5水曜日の午睡の時間には、全体の職員会議を開き、保育に関する悩みなどを共有するようにもなり、職員間の風通しがよくなっていきました。

保育を語り合う

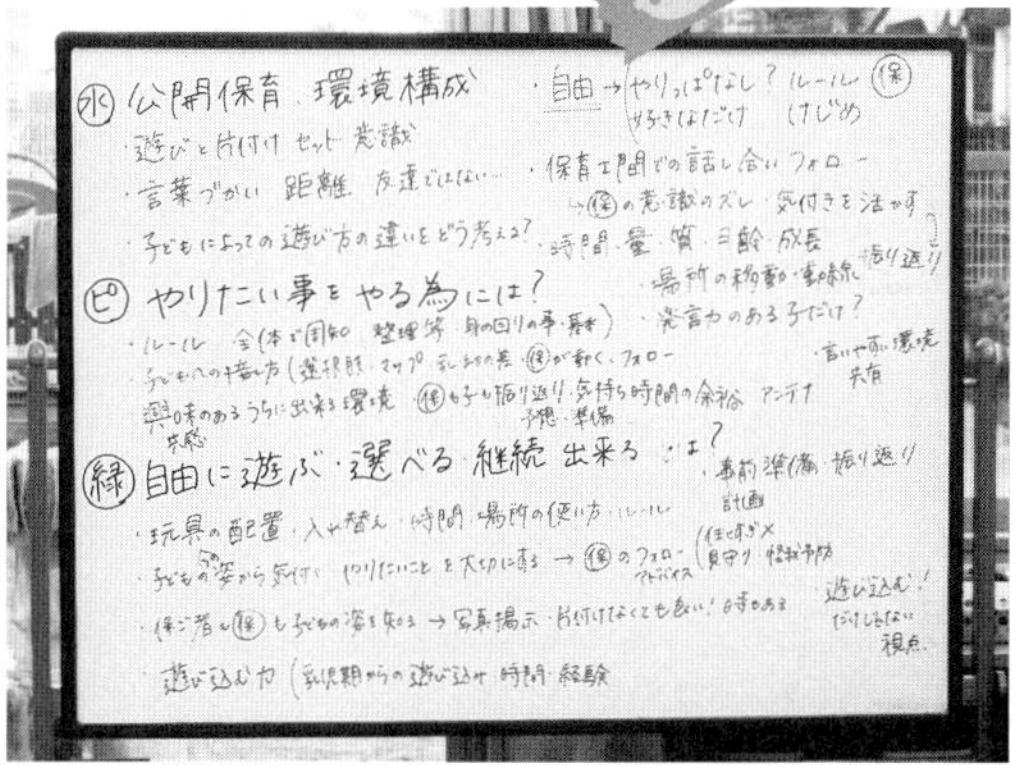

子どものことを語り合おうと、職員が主体的に語り合いの時間を設けるようになった。

法人の研修で発表

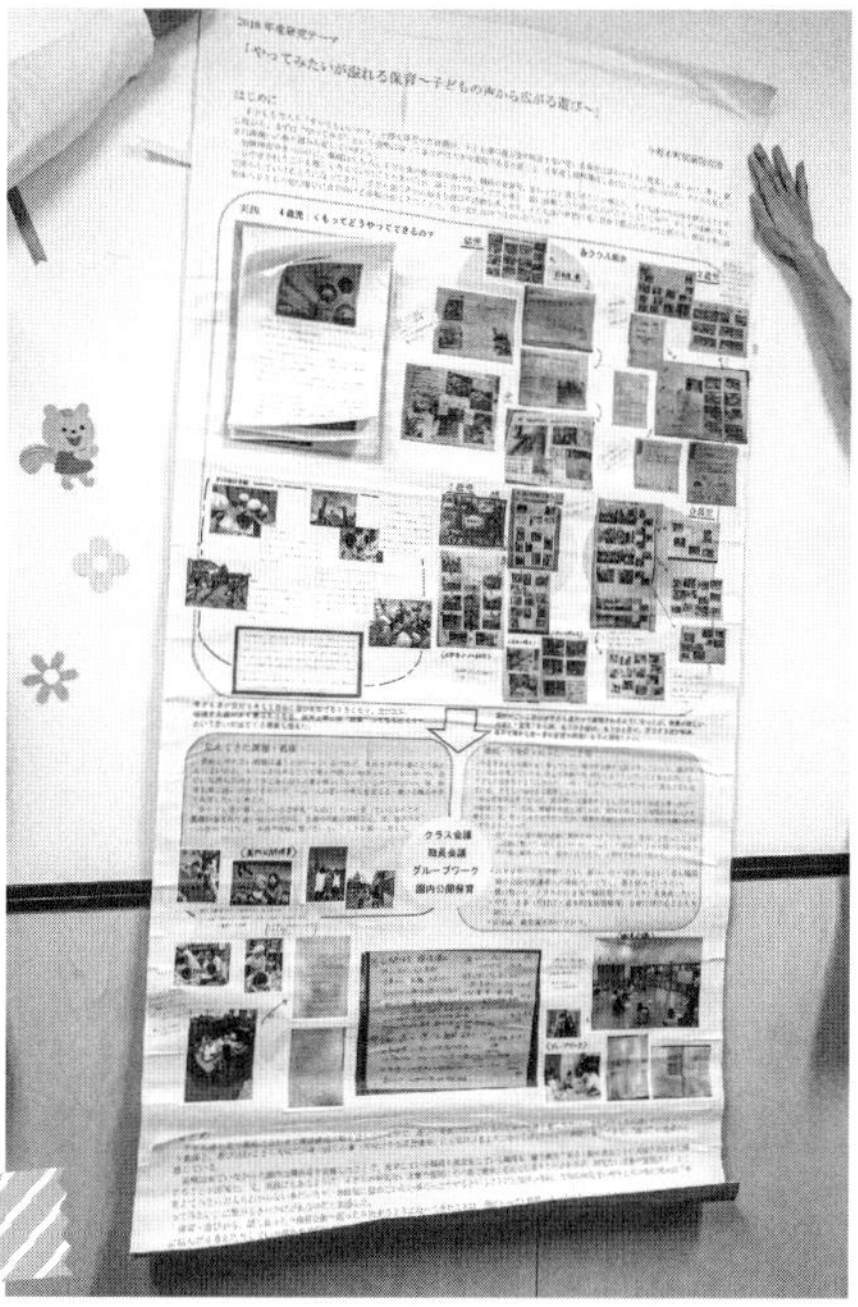

法人内の研修で、自分たちの取り組んでいることについて、ポスター発表をした。

ドキュメンテーションへの思いが「語り合い」の中で変化

そのころ、ドキュメンテーションを毎日書き出したものの、保育中に写真を撮ることに抵抗感のある保育者もいました。また、たくさん写真を撮りすぎて、選ぶのが大変という職員もいました。

職員会議では、外部で研修を受けた保育者が報告し、それを基にみんなで話し合う研修もします。

あるとき、ドキュメンテーションについての研修を受けてきた職員が、報告をしました。研修に行ってきた保育者によれば、「カメラは、保育室に1台ずつは置いておきたい。1枚のドキュメンテーションには必ずしもクラス全員の写真が入っていなければいけないということはない。子どものちょっとした成長とか、どうして今その子がそういうことをやっているのかがわかるようにすることが大切」ということでした。

その後の話し合いで、「確かに、イベントなどは、事前にお知らせをしているので、保護者も何をするかわかっている。それをわざわざ『〇〇をしました』と報告するよりも、子どもたちのうれしかったこと、楽しかったこと、成長したことを掲示していこう」ということになりました。

記録・ドキュメンテーション

「ニヤリホット」を探して

今までは、楽しくあそんでいる姿や、ままごとをしている写真、記念写真のようなものが多かったドキュメンテーション。語り合いを経て、最近のドキュメンテーションは、今まで保護者に伝えるのはマイナスと考えていた、子どもが泣いている写真など、「トラブルになりましたが、子どもたち同士で解決しようとしている姿があるので、見守っています」というようなコメントとともに載せるようになりました。そうすることで、保護者からも「前よりも保育の意図が伝わる」と言われるそうです。

語り合いの中でも、「ヒヤリハット」ならぬ、子どもたちのちょっとしたいい話「ニヤリホット」が話題に上ることが多くなりました。子どもの姿を以前より肯定的に見られるようになり、子どもの姿や成長を捉えるそれぞれの保育者のアンテナが広がってきたといいます。そのおかげで、むやみに写真を撮るのではなく、ここぞというシーンを選んで撮影できるようになり、写真を撮ることも負担ではなくなりました。また、保育中に写真を撮ることに否定的だった人も、1枚の写真で伝わることの多さに納得するようになったそうです。

After

今日のできごと　2019.9.20(金)
～青帽子さんは『あとはまかせた！』と元気にお泊り保育へ出発しました～
←車ごっこをしています。
右折レーンがあったり、パーキングがあったりと、普段からよく標識を見ていることがわかります。
スピード違反、逆走にご注意下さい。
ハンドルや車を自分で作ってみよう！と材料を探して試しています。→
紙ひこうき、ハートなどの折り紙を友達同士で教え合っています。それぞれ「これは折れるよ！」というものが増えています
（右上写真）
道路ができました。車道なので左側通行です。

現在のドキュメンテーション

子どもたちのちょっとした成長や、おもしろかったこと、楽しんでいることなど、1シーンを切り取った写真と文章を載せるようになった。

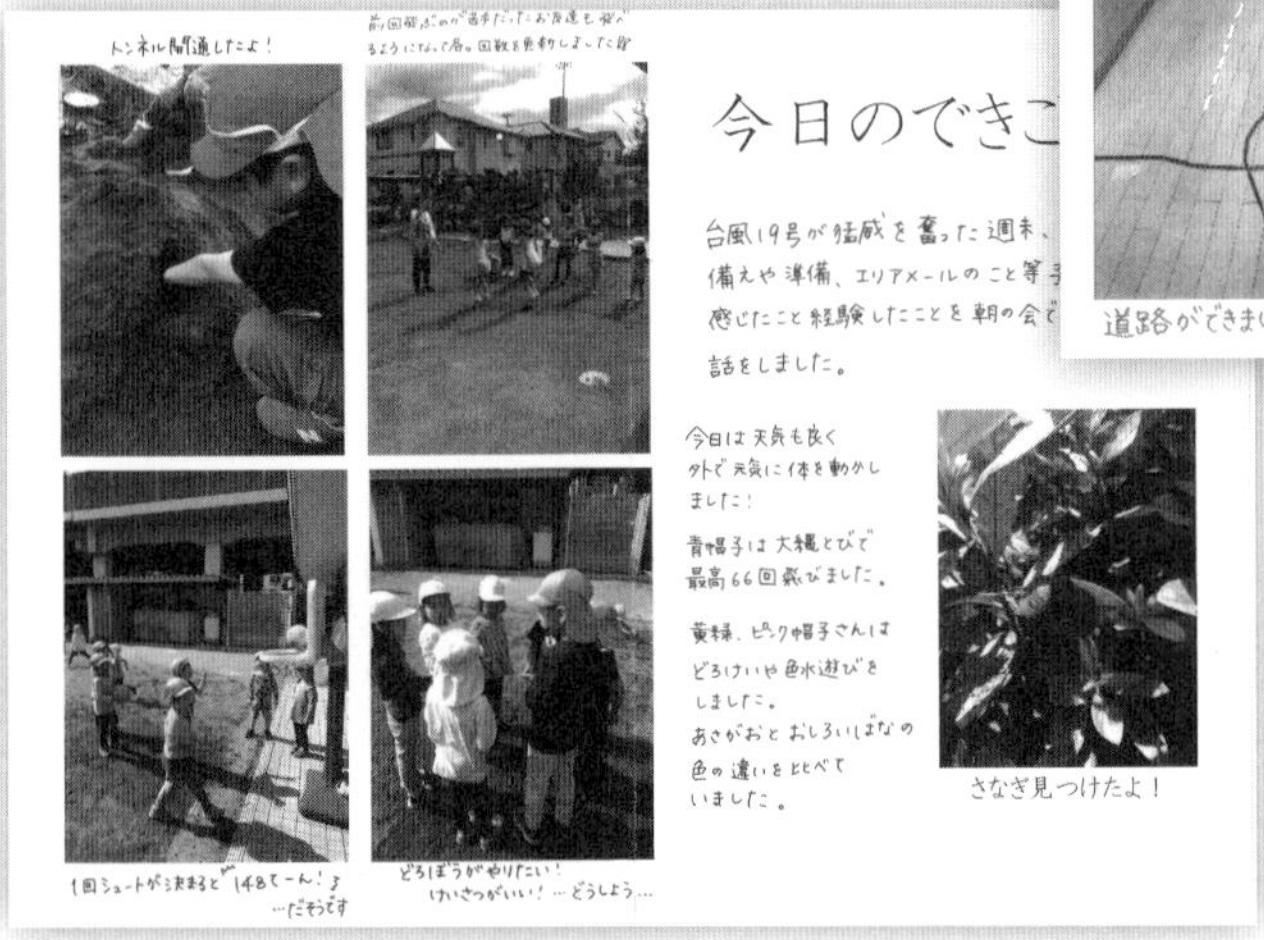
トンネル開通したよ！
今日のでき
台風19号が猛威を奮った週末、
備えや準備、エリアメールのこと等
感じたこと経験したことを朝の会で
話をしました。
今日は天気も良く外で元気に体を動かしました！
青帽子は大縄とびで最高66回跳びました。
黄緑、ピンク帽子さんはどろけいや色水遊びをしました。
あさがおとおしろいばなの色の違いをくらべていました。
さなぎ見つけたよ！
1回シュートが決まると「148てーん！」…だそうです
どろぼうがやりたい！けいさつがいい！…どうしよう…

以前は各保育室に掲示していたドキュメンテーションだが、現在はエントランスを入ってすぐの廊下に全クラス分を掲示している。自分の担当していないクラスが何をしているかがわかり、休憩時間にも「今日の〇〇組のドキュメンテーション、おもしろいね」などと会話が広がる。また、保護者からも「上のクラスになると、こんなこともできるようになるのね」などと、育ちの見通しがわかると好評。

過去のドキュメンテーションもファイルして廊下に置き、いつでも誰でも見られるようにしてある。

クラスだよりにも変化が

ドキュメンテーションに写真が多用されるようになると、今まで文字だけだったクラスだよりも写真を入れたほうが伝わりやすいのではないかという意見が出て、写真を使った形に変更していきました。

クラスだよりは、写真を入れるようになったことを機に、手書きではなく、パソコンで入力し、携帯アプリを使って保護者に配信するようになりました。通勤途中の電車の中でも読める、自分の子どものクラスだよりだけではなく、全年齢のクラスだよりが読めるということで、保護者にも好評です。0～2歳児クラスは園での様子も携帯アプリで配信するようになりました。今後は、ドキュメンテーションも配信できるようにしていく予定です。

このように、「子どもが自らあそべる環境」にしようと取り組んだ研修が契機となって、子どもを見る目や保育者同士の語り合い、保護者への可視化など、さまざまな保育の改革へとつながっていきました。

Before

以前のクラスだより

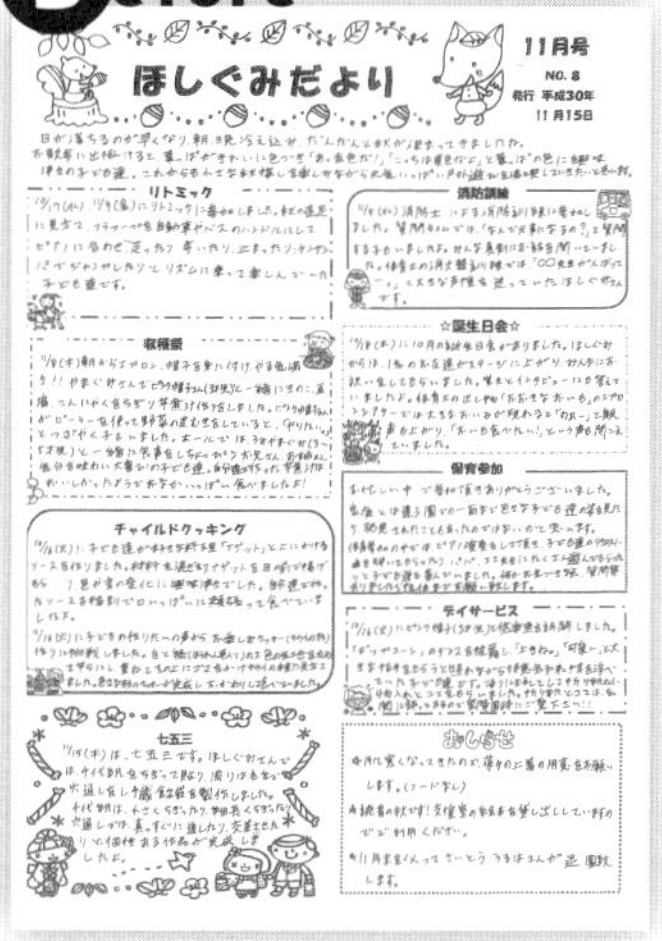
ほしぐみだより
11月号
NO. 8
発行 平成30年
11月15日

文字だけで構成されていた。

現在のクラスだより

After

ほしぐみだより
11月号
2019・11・15・NO.8

木枯らしが冬の訪れを知らせてくれましたね。子ども達は長袖の生活が久しぶりで袖まくりや、脱ぎ方に苦戦している毎日ですが、以前よりも習得が早くなったように思います！！

今年も後ひと月半となりました。進級に向けて少しずつレベルアップした生活習慣や身の回りの支度を心がけていきます。

保育参加にお越しいただきありがとうございました！アンケートや懇談での貴重なお話は今後の保育に活かしていきたいと思います！

ガラガラうがいの練習
① 口に含んで上下左右顔を動かしてみる
② 口に含んで上を向き口を開けてみる
③ 「あ～」と言う
④ 下を向いてから吐き出す
※感染症が流行る前に身につけたいですね！
① が出来たら2、 ②が出来たら③、 ③が出来たら④

はさみ
自由遊びの中で時々登場するチョキチョキ屋さん。一人一人ハサミの上達に向けてマンツーマンで紙を切って切って好きなだけ切ります！　POINT！・刃の先端は前を向けて切る！
※どうしてもハサミを反対の自分の手に向けて横向きに切ろうとする方が切りやすいみたいですが、まずはこの一つの注意を身につけられるようにしていきたいです！！

月末の荷物まとめや衣服畳み、タオルを畳んでしまう等自分の支度や後始末は自分で行なっています！出来ることにはどんどん挑戦していきます！！お当番活動も張り切って配膳や挨拶等先生の右腕として自信満々の表情です！！

ほしぐみ日記
登園時の遊ぶ場所が変わり少しずつ自分の居場所を見つけられるようになってきました！年上のお友達について廻り同じ遊びに混ざって嬉しそうにしているのが女の子です！男の子は自分の好きな玩具を見つけて年上のお友達に遠慮しながらも楽しんでいます！同じほしぐみのお友達が楽しんでいるのを見ることで「自分も一緒に」「あれ、使ってみたい」と気持ちが芽生え勇気が出て積極的に遊び始める、なんて姿もありました！来年の４月には縦の繋がりでしか味わえない楽しさや面白さ、悔しさ、更に悩みも出てきます。ただ嫌なことを排除するのではなく、是非！人生の先輩として人間関係の付き合い方や乗り越え方をアドバイスしてほしいのです。今のほしぐみでも、友達の関わりを重視し、どうしたらお友達の気持ちが動くのか、どうしたからお友達が気分を変えてしまうのか（怒る、悲しい等）一緒に考えていきながら過ごしています。友達と気持ちを通じ合わせられた喜びは悩んだ分倍になります★

お知らせ
※お子さまをお引き取り頂いた後はできるだけ速やかな降園をお願いします。廊下や保育室、病児駐車場で遊ぶことは、思わぬ事故に繋がりかねません。ご協力お願いします。
・園庭や園外で使用する上着（フード不可）の用意をお願します。黄色いかごの横に入れて置いて下さい！汚れが酷い時には随時持ち帰りますが通常は月末に持ち帰ります。
・衣服や持ち物の記名は薄くなったら書き直しをお願いします！！
お下がりの洋服の場合は着ているお子様の記名をお願いします！
・パンツが安定してきたらおねしょシーツを敷いてパンツで午睡しますのでご用意をお願い致します。

11月生まれのお友達
お誕生日おめでとう！
10日　さん
13日　さん
16日　さん

写真が多くて見やすく、文字だけより伝わりやすい。

2019年5月15日　おひさま保育園　NO. 2
うみやまだより5月号

平成から令和へ時代の節目となった5月は、みんなが楽しみにしている親子遠足があります。
戸外の自然に触れながら、お友達や保護者の方同士、交流を深める良い機会になればと思います！

5/22　親子遠足　情報！
○緑の多い公園です、気になる方は虫よけ対策をお願いします。
○『水の広場』で水遊びができます。
※お着替えやタオルがあると安心です
噴水稼働時間：開館から午後4時まで
みんなで一緒にお弁当タイム！
おやつ交換もお楽しみに♪

ミュージアムパーク
茨城県自然博物館
IBARAKI NATURE MUSEUM

子どもたちの様子

恐竜ブーム到来中です。レゴブロックや折り紙などで好きな恐竜を作ったり、フィギュアで戦いごっこをしたりしています。「スピノサウルス」「トリケラトプス」「パキケファ…??」などなど保育士がわからない難しい名前も覚えています。今から遠足を心待ちにしています！

かぶとむしのお世話始めました。現在幼虫が１０匹います。幼虫のごはんは？なにが好きなの？と調べながら成長を楽しみにしています。テラスで育てているので、お時間のある時にぜひご覧になってみてください。

5月の生まれのお友達
2日　さん　6歳
8日　さん　5歳
18日　さん　5歳
おたんじょうび
おめでとう！

こいのぼり製作
↓さてどちらがアタマでどちらがシッポでしょうか？
毎年こいのぼり製作では子どもたちが迷うところです。切り込みを入れている方が尾なのですが、口をあけてるようにも見えるようで逆になってしまう子も！そこに個性が光ります。

おしらせ
・保護者会、クラス懇談会へのご参加ありがとうございました
・キッズリークラスフォトに多数の「いいね」ありがとうございます。「いいね」「コメント」頂けると、もれなく誠也先生が喜びます…♪

5/7　リトミック
→この楽器、なーんだ？！
今回のリトミックで使用した楽器です。ヒントはきれいなチャイムの音色です。お子さんに聞いてみて下さいね。

こたえ：バーチャイム

ゆうゆうのもり幼保園（神奈川県・横浜市）

語り合いを生む記録とドキュメンテーション

ゆうゆうのもり幼保園では、2014年にドキュメンテーションを掲示することが始まりました。写真を多用したドキュメンテーションを作るうちに、記録も写真を多用して、語り合いながら作る文化が生まれていきました。

ドキュメンテーションを書くことで、保育が変わる

ドキュメンテーションには、子どもたちが楽しんでいる姿を書くようにしている、というゆうゆうのもり幼保園。

あるとき、1年目の保育者が書いたドキュメンテーションがとてもよいものだったそうです。その保育者は、毎回、ドキュメンテーション作りに悩んでいました。「どうして、今回のドキュメンテーションは子どもの様子がいつにも増していきいきと書かれているんだろう?」。雑談の中でそんな話題が出てみんなで考えてみると、そのときのあそびには、保育者自身があそびの中に入り込んでいたことに気がつきました。見ていただけのあそびは「こういうあそびをしました」という紹介になってしまうのに、自分も子どもたちと楽しんだあそびは、一人一人の子の発見や興味が直に書かれていたのです。それからは、その保育者も、子どもたちのあそびの中に自分も入った視点でドキュメンテーションを書こうと、意識するようになりました。

このように、ドキュメンテーションを仲立ちとして、保育者同士の語り合いや、会話からの気付きが生まれることが増えていったといいます。

ゆうゆうのもり幼保園のドキュメンテーション

左が0・1・2歳児、右が3・4・5歳児のドキュメンテーション。週に一度は、発行するようにしている。

ドキュメンテーションをさまざまな書類に応用

ドキュメンテーションに取り組みだした当初は、仕事が一つ増えたと感じていた保育者たち。しかし、やっているうちに、文字だけより情報量の多い写真で振り返ることのよさに、徐々に気付き始めました。そこで、「もしかしたら、日々の日誌にも応用できるのでは？」と、園長の渡邊英則先生に相談してみると、「ぜひ、やってみなさい」と、ＯＫが出たのです。

ドキュメンテーションを日誌という視点で見ると、そのほかのさまざまな書類にも応用できると気づきました。まず、０・１・２歳児の連絡帳には、毎日の食事や睡眠のこと以外にも、その子がその日楽しんでいたあそびなども書いていましたが、あそびなどについては、ドキュメンテーションを見てもらうことにしました。もし、その子の様子がドキュメンテーションに書かれていないときは、今までどおり連絡帳に書くようにしています。

また、子どもの姿を同僚と語り合いながら書くことで、今の子どもの姿や保育観を共有できることもドキュメンテーションを作る大きな意義の一つです。このころから、今までは月に一度だったカリキュラム会議のほかに、０・１・２歳児クラスで午睡時にしていた10分間会議をヒントに、３・４・５歳児でも、その日の様子を共有するために10分間会議を始めました。

「10分間と短い時間ですが、もともと基本的な情報は共有している担任同士なので、その日の様子を話すだけ。10分で十分です。みんなで楽しくやっています」と、主任の木村彩絵先生は言います。

その10分間の話し合いをメモし、１週間に一度、ドキュメンテーションにまとめるとともに、次の週の週案としても活用しています。

10 分間会議の記録ノート

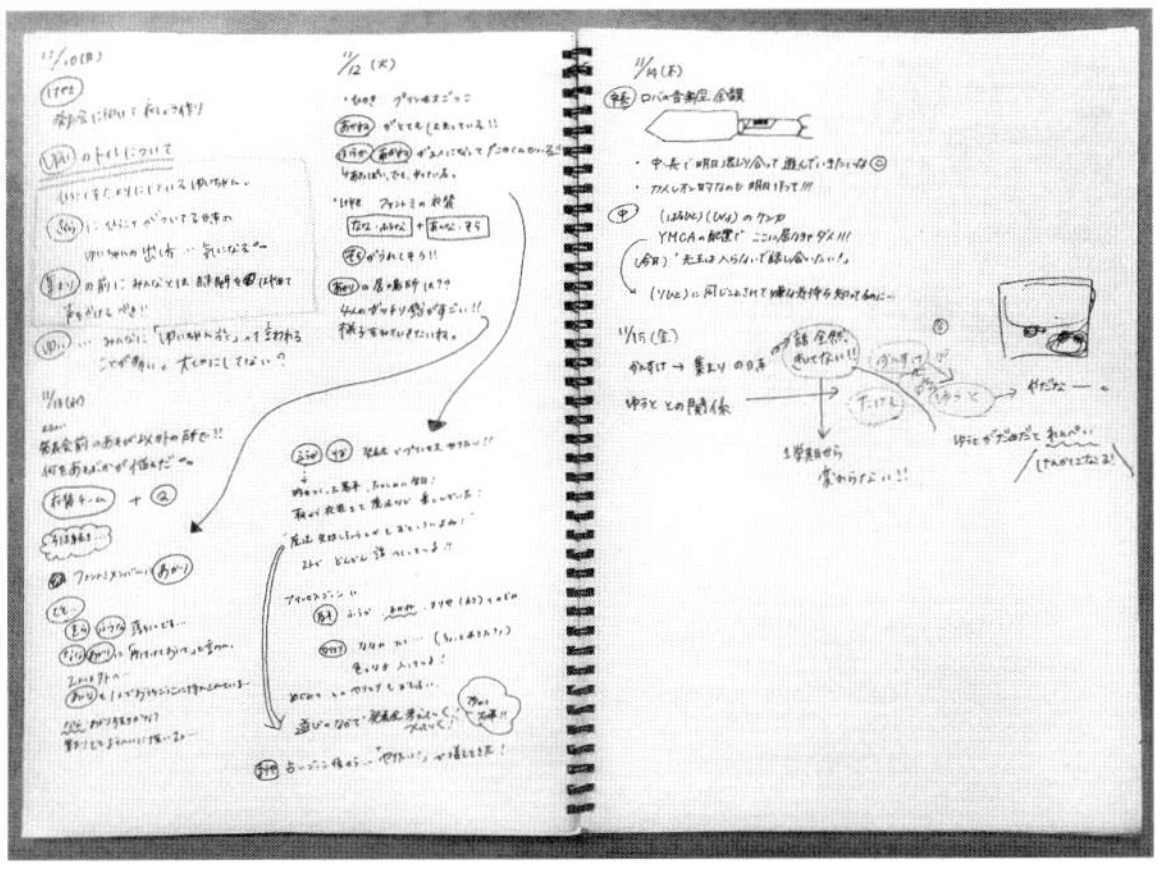

毎日10分間、担任同士が子どもの姿を話し合い、週末に振り返り、ドキュメンテーション（週案を兼ねる）にまとめる。そうすることで、次の週の週案は、今の子どもの姿を反映したものになる。

ドキュメンテーションを活用した週案

左側にねらいや活動を書き込み、実際の子どもの姿は、ドキュメンテーションを応用している。横浜市では、この形で監査もＯＫ。

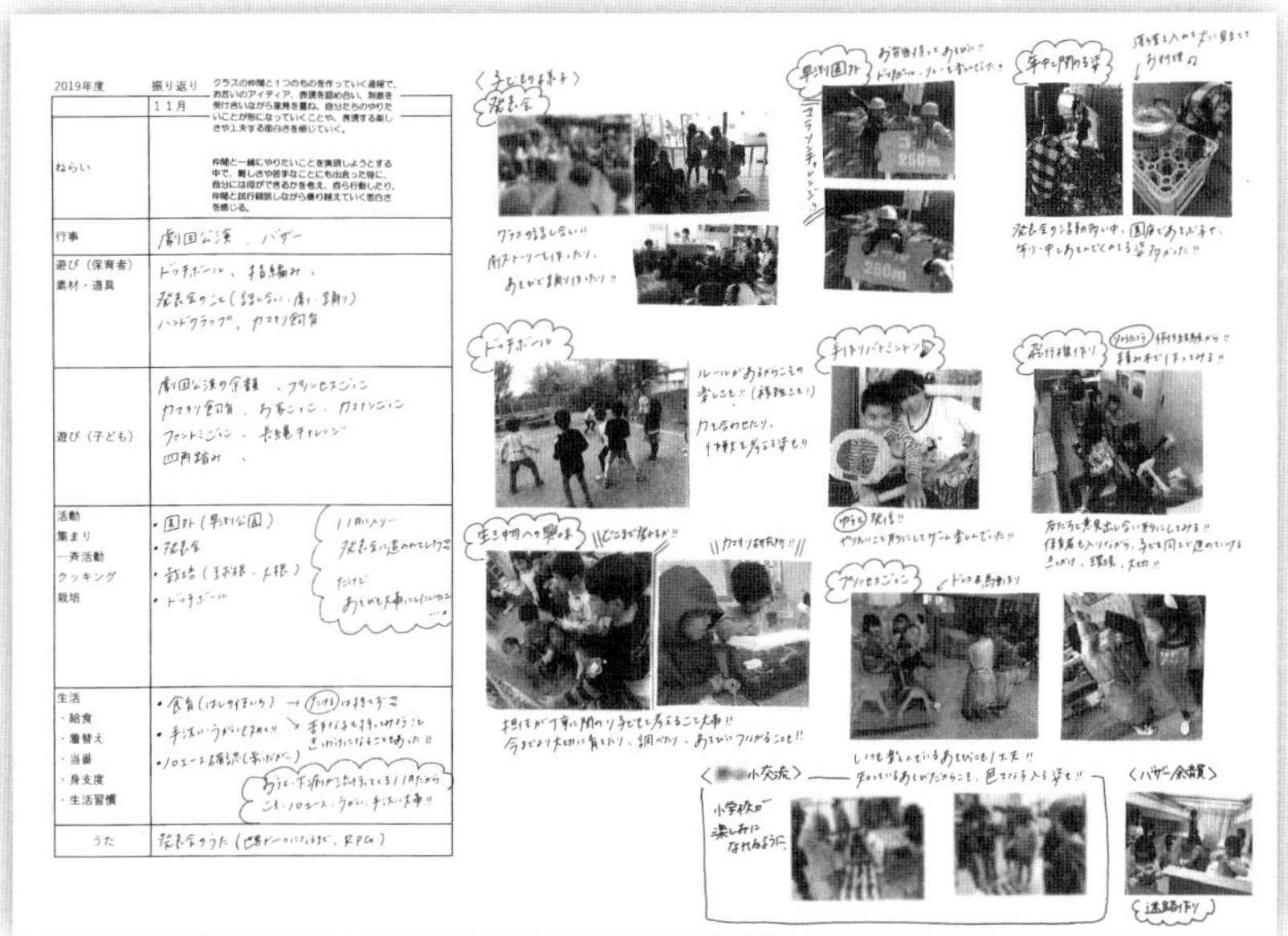

ドキュメンテーション作りから始まった園内研修

それぞれのクラスがドキュメンテーションを作るようになっても、なかなかほかのクラスのドキュメンテーションをじっくり見る機会がなかったといいます。そこで、ゆうゆうのもり幼保園では園の廊下に掲示するようにしました。すると、意外なほど他クラスの様子を知らないことに気付きました。特に、0・1・2歳児と3・4・5歳児クラスは、カリキュラム会議も別にしていたせいか、互いに担任が誰だかわからないということも。

もともと年に一度、夏に、0・1・2歳児と3・4・5歳児クラスの担任が混ざったグループを作って、語り合うという研修会を開いていましたが、それが互いにとって、とても刺激になったこともあり、月に一度の0・1・2歳児のカリキュラム会議の前に、全員が集まって時間を決めてドキュメンテーション会議をすることになりました。

ゆうゆうのもり幼保園はこども園なので、3歳児クラスでは、それまで家庭で過ごしてきた子どもと、0歳児から集団で過ごしてきた子どもが一緒になります。研修をしてみると、2歳児クラスから3歳児クラスへ上がった子どもには、今まで積み重ねてきた集団の中での育ちがあるのに、3歳児クラスの担任にはそれがあまり見えていなかったこと、0・1・2歳児クラスの間でも遠慮が壁となって、互いの保育の様子をあまり知ろうとしなかったことなどが見えてきました。

0・1・2歳児と3・4・5歳児クラスの担任が語り合うことで、0歳児から5歳児までの育ちの見通しが立ち、互いにとてもよい刺激になっています。

ドキュメンテーションを誰もが見られるように

事務室の一角に掲示された各クラスのドキュメンテーション。これによって、互いのクラスの様子がわかりやすくなった。

1 歳児の月案はウェブふう

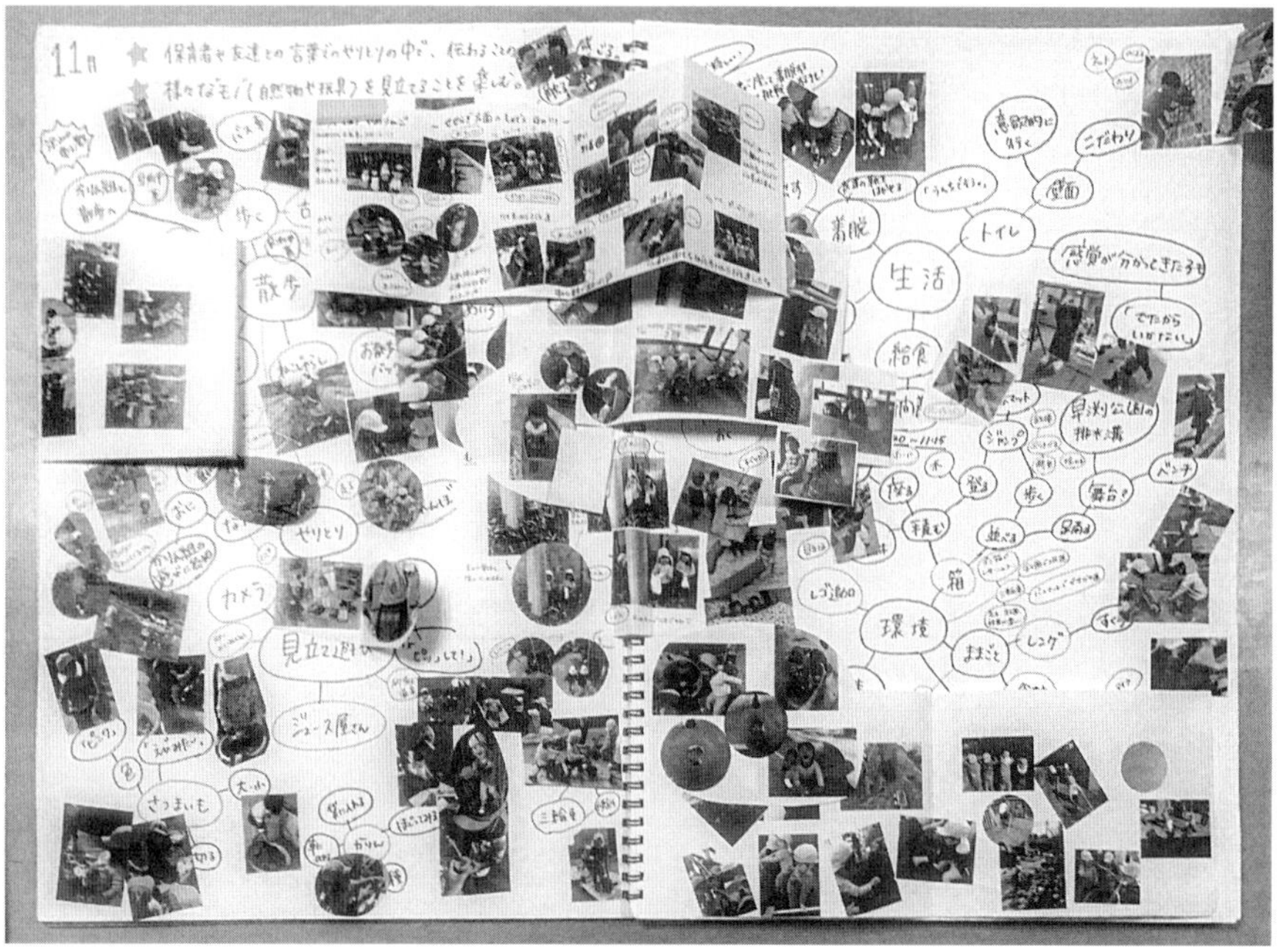

研修を経て作るようになった1歳児クラスの月案。前月の子どもの写真をスケッチブックにはっていき、ウェブのように次の活動を予測していく。

ICT化で作業がスムーズに

各クラスがドキュメンテーションを作るようになると、ドキュメンテーションの発行前に「パソコンの順番待ちがあって、思うように作れない」という問題が発生しました。そこで、2019年4月から、ドキュメンテーション用に写真を撮ることからレイアウトまでをこなせるフラッシュメモリを内蔵したポータブルメディアプレーヤーを、保育者が1台ずつ持つようにしました。

今までは、デジタルカメラで撮影をし、データをパソコンに移してレイアウトをするという流れでしたが、園で採用したポータブルメディアプレーヤーは電話機能こそないものの、

- **デジタルカメラより、写真がぶれない。**
- **写真を撮ってレイアウトし、文字を入力するまでを、1台でできる。**
- **Wi-Fi（無線で端末同士が通信できるようにする機能）を使ってプリンターにデータを送り、印刷できる。**
- **携帯電話と同じくらいのサイズ。**

などの利点があります。

これによって、パソコンが空くのを待つ時間もなくなり、作業がスムーズに、時間も短縮することができました。

マメ先生の**チェックポイント**

ドキュメンテーションで変わる保育者の語り合い

2020年3月、「保育における自己評価のガイドライン」が改定され、ますます自分の保育、自分たちの保育を日々、振り返ることが重要だといわれる時代です。そこでは、記録と語り合いが大切になります。

記録やドキュメンテーションを積極的に行うとなると、とても負担に感じる保育者も少なくないようです。しかし、この2園の事例からは、ドキュメンテーション作成で保育が楽しくなり、豊かな対話が生まれ、ICT活用（日誌としての位置づけ）などによって省力化にもつながる可能性があることがわかります。

与野本町駅前保育所の事例では、固定観念を変えたことから子どもの姿がおもしろいと気づき始め、保育が楽しいからそれを保護者にも伝えたいというモチベーションにつながり、ドキュメンテーションを書きたいという原動力につながっていることが大切なポイントです。「これからの記録はドキュメンテーションにするように」というトップダウンだけでは、こうした意欲的で豊かな職員間の対話や、クラスだよりの変化につながらなかったのだと思います。

また、ゆうゆうのもり幼保園では、ドキュメンテーションの手ごたえを感じてはいたものの、仕事が増えたと負担を感じていた保育者もいました。しかし、ICTを活用し、日誌や連絡帳も変えていく工夫がなされたことがとても大切です。それが、保育者の仕事量の軽減につながると同時に、園全体の対話の機会につながっていったのはすばらしいことです。

保護者用のドキュメンテーション

保護者用のドキュメンテーションは、玄関前に掲示し、持ち帰ることができるようになっている。保護者にはじっくり見てほしいので、あえて配信はしていない。

データをプリンターに送る

Wi-Fiが届く距離なら、どこからでもプリンターにデータを転送できる。

幼保連携型認定こども園あそびの森あきわ（長野県・上田市）

「今」の子どもの姿を基に予測する「保育デザインマップ」

2015年ごろからカリキュラムの見直しを始めたあそびの森あきわ。2018年の三法令改訂（改定）を受け、本格的にカリキュラムの形も変えていきました。

今の子どもの姿を、いかにカリキュラムに反映させるか

以前は、年間指導計画、月案、運動計画、活動計画と、さまざまな計画を綿密に立てていたというあそびの森あきわ。

しかし、子ども主体の保育ということを考えると、年間指導計画や月案などで、子どもの姿を予測して書いていっても、実際の子どもの姿とどんどんずれていってしまうという悩みがあったそうです。

そこで、三法令の主旨を職員間で何度も話し合い、カリキュラムを整理していきました。

「職員間で、指導計画のどこを削ってどこを残していくかという話し合いを重ねました。その結果、月案を兼ねた年間指導計画にして、文章量も減らしました」と、園長の竹内勝哉先生は言います。

子どもの姿は、年単位、月単位ではなく、毎日・毎週振り返れるようにし、計画は「保育デザインマップ」（詳しくは、76ページで紹介）を中心に考え、年間指導計画は項目から変えていくことにしました。

それに伴い、今まで毎週あった全職員での職員会議をやめて、クラス担任同士の語り合いを増やし、園内研修を充実させることにしました。

Before

過去の年間指導計画

予想される子どもの姿を基に、ぎっしりと書かれた年間指導計画。

年間指導計画　5歳児（ふじ組）

平成１７年度　　秋和保育園

年間目標		友だちとのつながりを深めながらいろいろな活動をとおして自律と協調性を高め就学についての基礎を確立していく			
期		1期（4・5月）	2期（6・7・8月）	3期（9・10・11・12月）	4期（1・2・3月）
単元		楽しい保育園 元気な子ども 自然に楽しむ	丈夫なからだ 夏のあそび 夏の自然	やさしい心　体をきたえよう のびる子ども 創作あそび	春をまつ お正月遊び　冬のあそび 春の自然　もうすぐ1年生
子どもの姿		・年長になった喜びや自覚をもち自分たちでできることを考えたり進めたりしながらあそぼうとする。 ・小さい子へ関心をもち優しくしてあげる気持ちをもつ。	・友だち同士の関係やあそびに対する考えの違いからケンカも多くなるが自分たちで解決しようとする姿が見られるようになる。 ・季節ならではのあそびを楽しんだりプールあそびにも積極的に挑戦していくようになる。	・友だちと共通の目的に向かって自分の力を十分発揮しながら、いろいろな活動に積極的に取り組もうとする。 ・自分の経験したことや考えのイメージを大きくふくらませながらあそびを広げていく。	・就学への期待が膨らみ生活やあそびに意欲的に取り組むようになる。 ・仲間意識が高まり友だちと相談したり工夫したりしてあそびを発展させる。
養護	ねらい	・新しい環境の中で個人差を配慮し、子どもたちの気持ちを受容し情緒の安定を図る。	・梅雨、夏の暑さによる心身の疲れを癒したり環境や衛生に留意し快適に生活できるようにする。	・さまざまな場で活発に話したり聞いたりして意欲的な生活ができるようにする。	・就学前の一人ひとりの気持ちを受容し情緒の安定した生活ができるようにしながら満足感や成就感を味わえるようにする。
養護	内容	・一人ひとりの平常の健康状態を把握し異常に気づき速やかに対応する。またその状態を子どもたちが話すことができるようにする。	・休息や午睡をとったり衣服の調節や手洗いなどにも十分気を配り健康にすごせるようにする。	・仲間意識が高まる中で子どもの葛藤や欲求を察して共感したり励ましたりする。 ・共通の目的をもって意欲的に活動できるように援助したり環境を整えていく。	・一人ひとりの活動や集団でのあそびを見守りながら子どもたちの好奇心や探究心が満足できるようにする。
教育	ねらい	・年長児としての自覚をもち生活に必要な決まりを守り、生活習慣や態度を身につける。 ・友だちとのかかわりを広げながら一人ひとり満足のいくあそびを楽しむ。	・友だちとかかわりながら夏のあそびを十分に楽しむ ・異年齢児とのかかわりを広げ思いやりの気持ちをもつ	・共通の目的に向かって友だちと協力して活動をすすめていく楽しさを味わう。	・身についた生活習慣を確認しながら就学への期待をもって生活する。 ・友だちと協力して最後までやり遂げようとしやり遂げた満足感を味わう。
教育	健康	・戸外で体を動かしてあそぶことを楽しむ ・遊具や用具に使い慣れて正しく使う。	・進んで戸外あそびをし適切な休息をとったり衣服の調節、体や身の回りの清潔など夏の生活の仕方を身につける。また病気の予防に関心をもつ。	・いろいろな運動に関心をもち進んで行い体を十分動かしてあそぶ ・保育士が仕事している姿を見て自分から進んで手伝いなどしようとする。	・寒さに負けず十分に体を動かし、いろいろな運動やあそびを楽しむ ・衣服の調節をしたり身の回りの持ち物などきちんと始末する。
教育	人間関係	・保育士や友だちなど安定した関係の中で意欲的にあそぶ ・生活やあそびの中で小さい子と関わり優しさや親しみの気持ちをもつ。	・水あそびなどダイナミックなあそびをみんなで楽しむ。また簡単なルールを作り、友だちと一緒に工夫してあそびを発展させる。 ・地域の方やお年よりや身近な人に親しみの気持ちをもつ。	・目的に向かってお互いの力を出し合ってあそんだり役割を受け持ち励まし合い認め合いながら協力してやりとげる楽しさを味わう。 ・自分とは異った文化をもつさまざまな人に関心をもつ。	・友だちとのかかわりの中で良いこと悪いことがわかり自分で判断して行動する。 ・相手の気持ちを考えたり受け入れたり思いやりの気持ちをもつ。
教育	環境	・共同で使う物や身近かな物を大切に扱い自分の物を区別し整理する。 ・自然に関心をもちその美しさ不思議さに気づく	・目的に応じて遊具や用具などを選び、あそびを楽しくする。 ・生活の様々な面を通して自然や社会自象と興味や関心をもつ	・身近かな自然に関心をもち季節の変化に気づき生活やあそびの中に取り入れて作ったり工夫する。 ・園内外の行事に進んで参加し自分なりの役割を果たす。	・自然物に関心をもちそれらを生かしてあそぶ
教育	言葉	・保育士や友だちの話を注意して聞いたり自分の思っていることや要求を相手に伝える。 ・親しみをもって明るく元気よくあいさつする。	・人の話を静かに注意して聞き相手にもわかるように話をする。 ・発見したこと、考えたこと、感じたこと経験したことなどを話して会話を楽しむ。	・絵本や物語など親しみ、内容に興味をもち、さまざまに想像して楽しむ。 ・共通の話題について話し合うことを楽しむ。	・経験したことや考えたことを相手にわかるように筋道をたてて話をする。 ・生活に必要な簡単な文字や数字に興味や関心をもつ。
教育	表現	・考えたこと感じたことを自由に描いたり作ったりして表現を楽しむ ・保育士や友だちと一緒に楽しくうたったり体を動かしてあそぶ。	・様々な素材を使って描いたり作ったりすることを工夫して楽しむ。 ・音楽に親しみ一緒に聞いたりうたったり身体を動かしたりしてリズムの楽しさを味わう。	・経験したことや感じたこと想像したことなどを言葉や身体、音楽、造形などで表現することを楽しむ ・役割を分担して描いたり作ったりして、ひとつの物を完成させる喜びを味わう。	・自分の作品など大切に扱う。 ・自分や友だちが表現したものをお互いに見せ合ったり聞かせあったりして楽しむ。

語り合いの時間を大切に

「計画をぎっしり書き込んでしまうと、どうしてもその通りに保育をしたくなりますが、そうすると、保育者主導になってしまいます。また、年間指導計画や月案を立てる時間があれば、今の子どもの姿を話し合う時間にあてたいと思いました」と、竹内先生。

全体の職員会議では、行事のこと、その週の連絡事項などを話していましたが、行事については、係が文書にして配ればよいということにし、連絡事項は毎日の終礼で行うようにしました。

その代わり、週末には担任同士で「保育デザインマップ」を作成して、その週の保育を振り返り、次の週の子どもの姿を予測して環境や保育者の援助を考えていきます。また、このときに、あそびがどのように進んでいくか、大きな予想を立てるため、ウェブも作成しています。

さらに、全体の職員会議がなくなって、全職員が語り合う機会が少なくなったことを考慮して、園内研修では、任意のクラスの公開保育を行って、語り合う時間を設けています。

After　現在の年間・月間指導計画

令和元年度　年間・月間指導計画　幼保連携型認定こども園 あそびの森あきわ　４歳児

期	月	予想される子どもの姿	ねらい（成長への願い◎）	内容（具体的に経験したいこと○）	援助（環境構成（■）と保育者の配慮（★））	家庭・地域との連携	行事・予定
3期	12月	● 寒さから厚着をしたり、手洗い・うがいを簡単に済ませたりしている。 ● 歌のイメージを自分なりに表現しようとする。 ● リトミックなどを通して楽器に親しみ、さらにいろいろな楽器に興味を持ち始めている。	◎ 健康に留意し、感染症予防に関心を持つ。 ◎ 歌のイメージを表現することを楽しむ。 ◎ さまざまな楽器に触れることを楽しむ。	○ 感染症予防を意識し、手洗い・うがいを自分から進んで行う。 ○ 声の強弱を意識して、歌のイメージを膨らませながら歌う。 ○ 楽器を使い、音の調和を楽しむ。 ○ 楽器の正しい扱い方が分かる。	★ 感染症について意識できるよう、流行している病気について欠席者と照らし合わせて伝えていく。 ★ 歌詞やメロディーから、どんな雰囲気を感じるのか意見を出し合ったりしながら、イメージを共有して歌への興味が深まるようにする。 ■ いつでも楽器に触れられるように、楽器コーナーを常設しておく。 ★ みんなで合奏し、ひとつの曲ができあがる楽しさを感じられるようにする。 ★ 楽器の正しい扱い方や特徴を伝え、楽しんで楽器に触れられるようにする。	・ さまざまな行事や遊びへの取り組みの過程を知らせて子どもの成長を共に喜ぶ。	お楽しみ会 おもちつき会 クリスマス会 保育体験⑧ 誕生日会 避難訓練（火災） 安全・人権教育 愛情おべんとうデー
	1月	● 生活の流れが分かり、見本の時計と本物の時計を見比べている姿がある。 ● 冬の行事に興味を持ち、行事にちなんだ遊びや製作を楽しんでいる。 ● 文字に加え、数字や記号などに対する興味が高まる。	◎ 時計の見方を知り、時間に目安を持つ。 ◎ さまざまな行事を通し、文化・風習に触れて楽しむ。 ◎ 文字や数などに触れ、関心を高める。	○ 見本の時計と本物の時計の針の位置を見比べて「同じ」「まだ違う」と判断したり、次に行うことに気づく。 ○ 伝統行事に参加し、行事にちなんだものを製作して楽しむ。 ○ 文字や数などを取り入れた遊びを楽しみ、関心を高める。	■ 一日の流れが確認できるように、ホワイトボードと時計の見本で示す。 ■ 伝統行事にふさわしい飾りつけや製作を行えるよう、素材を用意し、興味関心を広げる。 ★ 一人ひとりの表現を受けとめ、そのおもしろさや発想の豊かさに共感する。 ★ 絵本を読みたい子が、みんなの前で読み聞かせができるような機会を設け、十分楽しめるようにする。	・ 流行している感染症について掲示で知らせ、早期発見、予防ができるようにする。	すこやかひろば 保育体験⑨ 面談 誕生日会 避難訓練（火災） 安全・人権教育 愛情おべんとうデー
	2月	● 好きな歌を大きな声で歌っている。 ● 自分が経験したことを生かし、いろいろな道具・材料を工夫して使って遊んでいる。	◎ 声の出し方などを意識して、歌うことを楽しむ。 ◎ 友だちと共通のイメージを持ち、遊びを進めようとする。	○ 大きな声を出すだけでなく、優しくきれいになどと意識して歌うことで、きれいなハーモニーを作る楽しさを味わう。 ○ 自分の思いだけでなく相手の思いも受け入れながら遊ぶ。	★ 普段からさまざまな歌を取り入れ、継続して発声練習を行うことで、きれいに歌うことができるようにする。 ■ 一人ひとりの意見が分かるようボードに記し、視覚的に示す。 ★ 一人ひとりの意見を尊重しながら、イメージを共有できるようにしていく。	・ 進級に向けて年長児としての自覚が芽生えるよう、励まし、見守ってもらう。	節分の集い 保育体験⑩ ものつくり会 一日入園 保育体験⑪ 誕生日会 避難訓練（地震） 防犯訓練 安全・人権教育 愛情おべんとうデー
	3月	● 進級を楽しみにしている。	◎ 年長になることに期待を持つ。 ◎ 基本的生活習慣や場に応じた態度を身につける。	○ 年長児と一緒に遊びや製作を楽しむ。 ○ 生活や遊びに必要なルールが身につき、自信を持って生活する。	★ 年長児との関わりを深め、進級することへの憧れを高めていく。 ★ 基本的生活習慣を確認したり、見通しを持って生活できるよう見守ったりして、自信を持って行動できるようにしていく。	・ 一年間のポートフォリオを各家庭に配布し、子どもの成長を共に喜ぶ。	火の用心町内巡回② ひな祭り会 わかたけ会 卒園式 修了式 誕生日会 避難訓練（火災） 安全・人権教育 愛情おべんとうデー

季節のことなど、必要最小限のことを記入するだけにした現在の年間・月間指導計画。項目も大幅に変えた。

あそびの森あきわの保育ウェブ

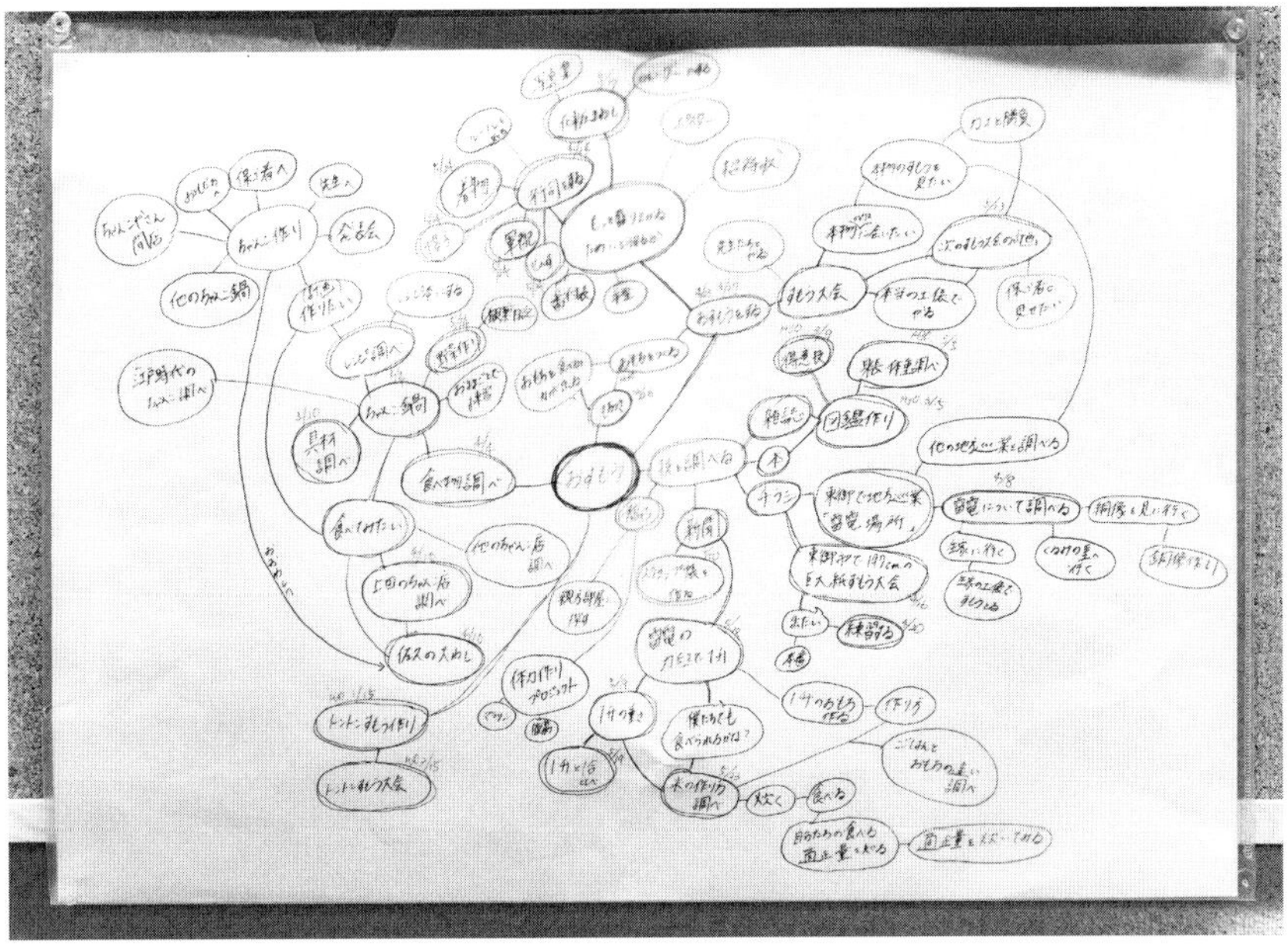

1つのあそびがどのように広がっていくかを予想するときに、使っている。

「保育デザインマップ」とは？

あそびの森あきわが、指導計画として、子どもの姿の予測に使っているのが、「保育デザインマップ」です。「保育デザインマップ」は、子どもの思い（つぶやき）を起点とし、活動の道筋（子どもの思いや行動、経験、保育者の援助など）を、可視化したものです。左から右へ時系列に書いていくので、あそびの広がりだけでなく、時間軸に沿った流れがわかりやすいという利点があります。

一人で次の子どもの姿を予測するのではなく、担任同士など、複数で「保育デザインマップ」を作成することで、語り合いが生まれます。また、その語り合いによって、互いの子ども観や保育観を知り、共有できるようになっていきます。

あそびの森あきわでは、この「保育デザインマップ」を週案・月案として使っています。

保育デザインマップ

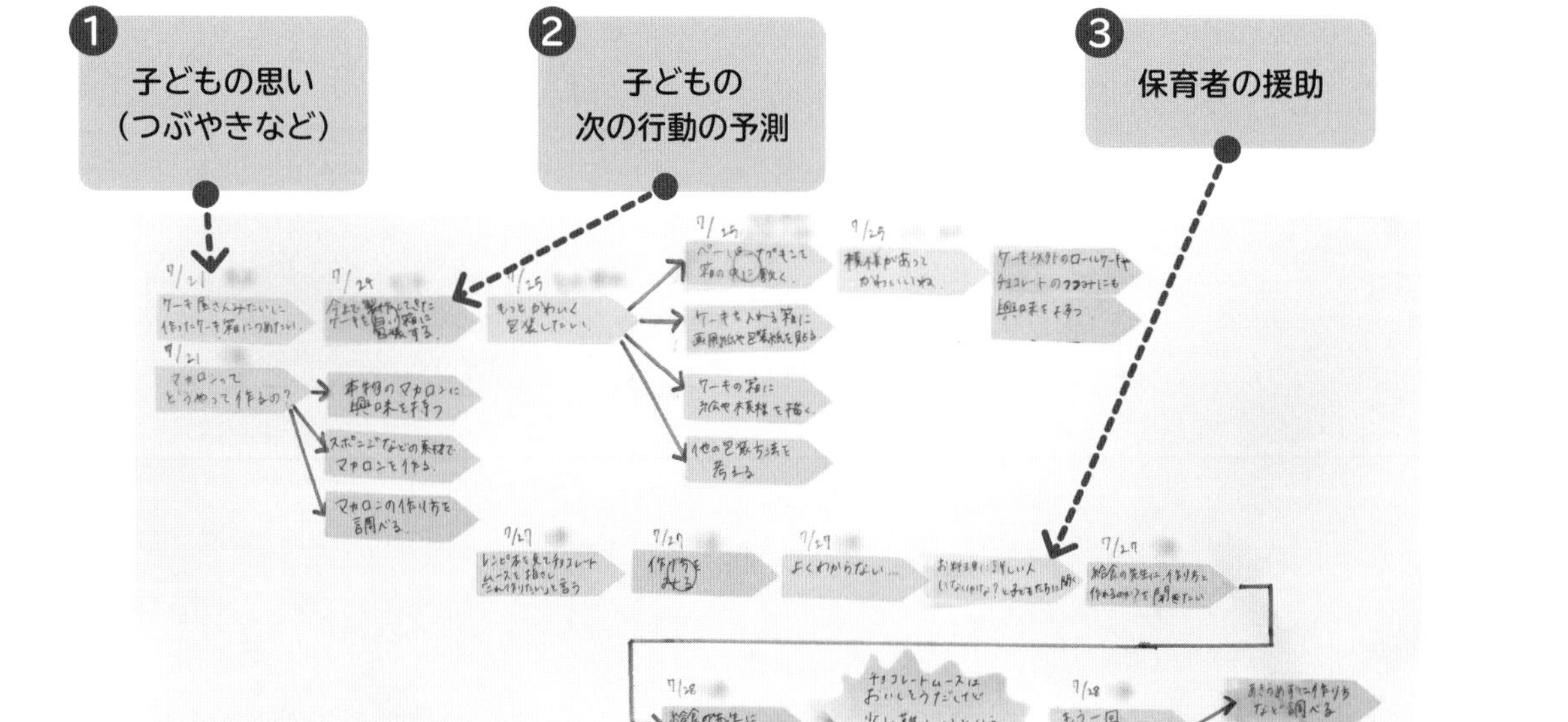
3 環境構成
保育者の予測が実現したときは、その日付や活動した子どもの名前を入れる。
突発的・偶発的な出来事や、子どもの発見

※ この「保育デザインマップ」では、3種類の子どもの思いを起点として、あそびを予測している。

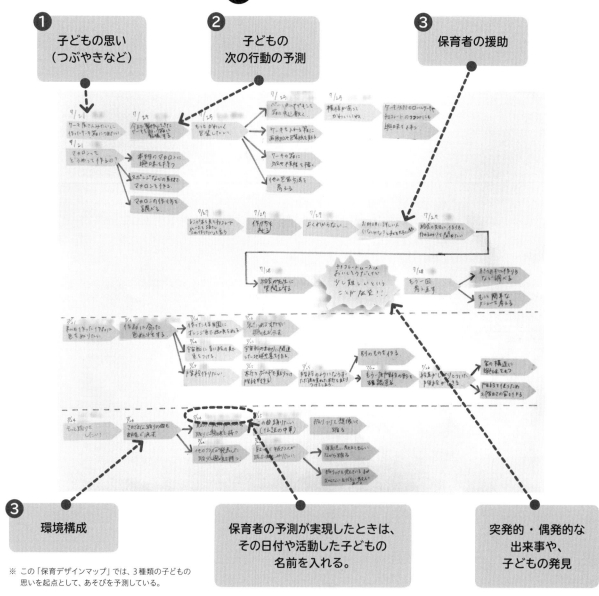

郵便はがき

料金受取人払郵便

大崎局承認

8616

差出有効期間
2022年5月11日まで

このはがきは切手を
はらずにお出しください。

1 4 1 8 7 9 0
1 0 2

東京都大崎局 私書箱67号

株式会社 学研教育みらい
幼児教育編集部

Gakken 保育 Books
「語り合い」で保育が変わる
子ども主体の保育をデザインする研修事例集」係

★よろしければ、ご住所、お電話番号などをご記入ください。

☆ご住所　〒　　　　TEL　　（　　）

☆e-mail

☆お名前　　（　　歳）

☆勤務先

☆園にお勤めの方は、下記もお答えください。
担当クラス（　　）歳児　　保育歴（　　）年目

○ご記入いただいた個人情報(住所や名前など)は、商品・サービスのご案内企画開発のため、などに使用いたします。
○お寄せいただいた個人情報に関するお問い合わせは下記サイトのお問い合わせフォームよりお願いします。　https://gakken-kyoikumirai.co.jp/contact/
○WEB のご利用環境がない方は、Tel 0570-056-710（学研グループ総合案内）よりお問い合わせください。
○当社の個人情報保護については、当社ホームページ
https://gakken-kyoikumirai.co.jp/privacypolicy/ をご覧ください。

「語り合い」で保育が変わる
子ども主体の保育をデザインする研修事例集

を、ご購読いただきまして、ありがとうございます。
今後のよりよい本作りのために、アンケートにご協力をお願いいたします。

●本書をお知りになったきっかけは（媒体）はなんですか？　○をつけてください。

（　　）書店　（　　）小社代理店　（　　）保育雑誌
（　　）小社の保育情報サイト「保育 CAN」
（　　）その他のサイト（サイト名：　　　　　　　　　　　　）
（　　）講習会、研修会（内容：　　　　　　　　　　　　）
（　　）雑誌の広告・予告　　　　（　　）知人・同僚の勧め
その他（　　　　　　　　　　　　　　　　　　　　）

●本書の中で、とくによかった事例とその理由をお書きください。

ページ（　　　　　　）
タイトル（　　　　　　　　　　　　　　　　）
理由

［　　　　　　　　　　　　　　　　　　　　］

●本書についてのご意見を自由にお書きください。

［　　　　　　　　　　　　　　　　　　　　］

ご協力ありがとうございました。

個人記録やおたよりを書くときにも有効

「保育デザインマップ」に、予測が実現した日付や名前を入れることで、実際の子どもの姿と予測した姿が違ったときなどに、個別の援助や、計画の見直し点が明確になり、それを踏まえて次の予測を立てたり、環境構成や援助を考えていったりする手立てとしています。

また、日付と名前が記入されていると、個人記録やおたよりなどを書くときの参考にもなります。

このように、「保育デザインマップ」を活用することで、あそびの森あきわでは、年間指導計画、月案を簡略化し、保育者同士が子どもの姿を語り合う時間を増やしていきました。

その結果、保育者同士が子どもの「今」を楽しく語り合うようになり、今の子どもの姿を基にした子ども主体の保育が展開されるようになっていったのです。

保育者同士の語り合い

子どもの姿を楽しく語り合いながら、「保育デザインマップ」を作成する保育者たち。

保育デザインマップは、廊下に掲示

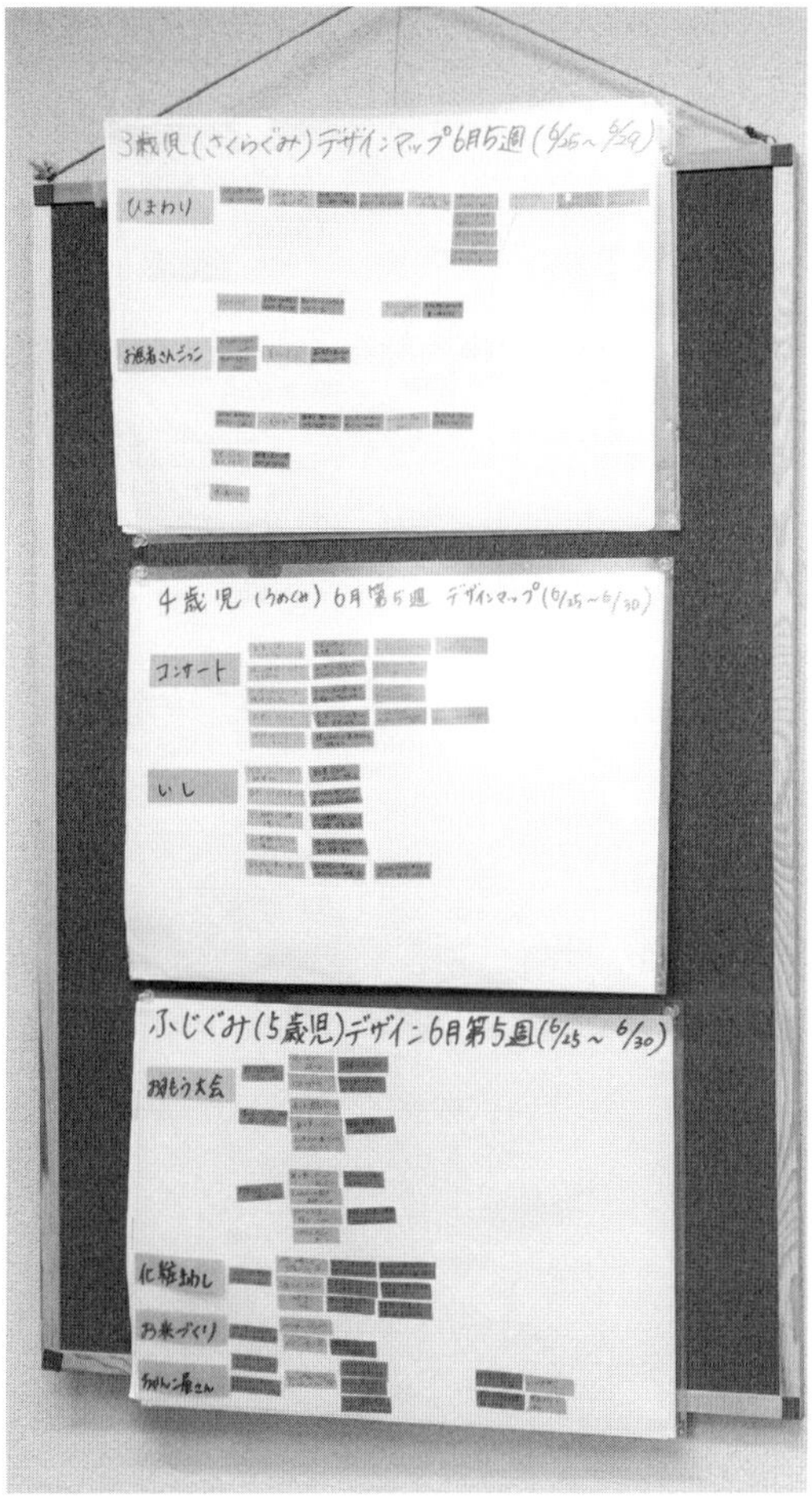

「保育デザインマップ」は、ほかのクラスの保育者や保護者も見られるように、職員室前の廊下に掲示している。

「保育デザインマップ」の作成手順

① 特に注目した子どもの思い（つぶやきなど）を付箋に書き、左端にはる。
② ①の後に、①から予測した次の行動やあそびを、違う色の付箋に書いてはる。
③ 特に大事な環境構成や保育者の援助を違う色の付箋に書いてはる。

＊ 保育を振り返りながら、①～③を繰り返すことで、時間軸に沿った保育の広がりが見えてくる。付箋を使うので、書いてから移動するのも容易。

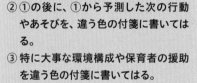

ひだまり保育園（東京都・世田谷区）

試行錯誤しながら、子どもの「今」を考える

ひだまり保育園の2歳児クラスでは、語り合ったり、ドキュメンテーションを書きながら、より保育に生きる記録を作成し、カリキュラムに生かすために、さまざまな試行錯誤を繰り返しています。そんなひだまり保育園の取り組みをご紹介します。

付箋を使った週案

今までの週案・月案は、記入する項目が多く、作成に時間がかかっていました。また、そのカリキュラムも保育にうまく活用できていないという声が挙がり、見直しを考えたそうです。

「他園の『保育デザインマップ』（76ページを参照）を見たとき、週案にも付箋を使えないかと考えました」と、主任の髙崎温美先生。付箋の色も保育者別にして、1つの週案にみんなの意見が反映されるようにしました。保育者によって付箋の色を替えたことで、それぞれの保育者によって子どもの見え方が違うこと、枚数が少ないことでその子のことをあまり見ていなかったかもしれないということなどがわかり、付箋を使うということは、ある意味とても役に立ちました。

また、はったりはがしたりができるので、子どもの興味・関心ごとにはり直して、語り合うということもしやすくなりました。

しかし、付箋だと書き切れない、すぐ外れるなどということもあり、もう一度週案の形を考え直すことになったのでした。

付箋を使った週案

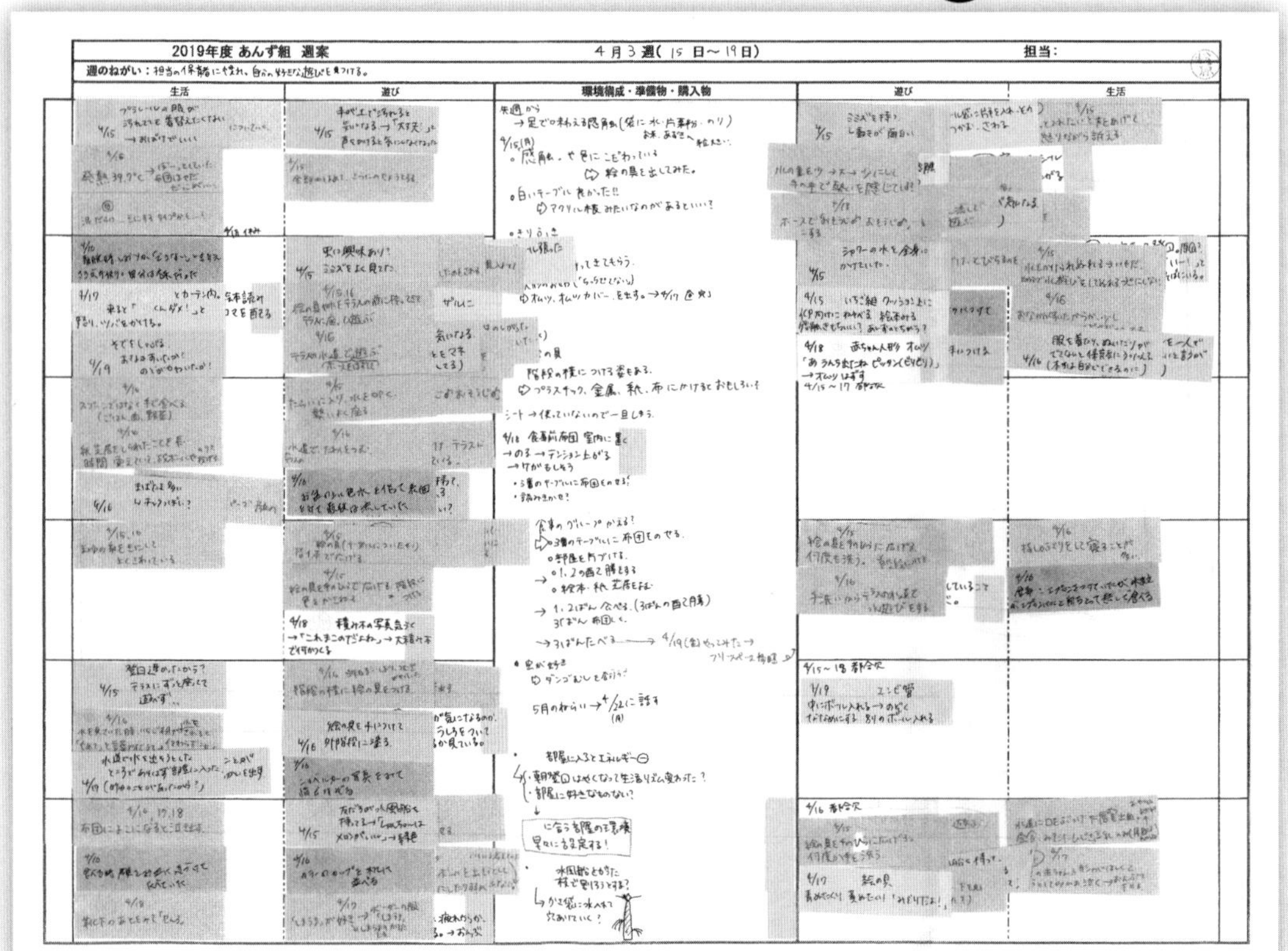

保育者ごとに付箋の色を替え、作成した週案。はがれやすいこともあり、研修には有効だが、普段の週案としては、使いにくい面も。

日週案とドキュメンテーションを連動

付箋での週案をどんな形にするかを話し合ったとき、今度は日案と週案を合体させようということになりました。そのころにはドキュメンテーション作成も軌道に乗り、週に2～3回くらいは作成するようになっていました。

そこで、ドキュメンテーションに書いた子どもの姿は、日週案の中では省略するようにしました。それとともに、毎日の連絡帳も、ドキュメンテーションに書かれている子どもについては、保護者にもそちらを見てもらうことにしました。

付箋での週案は、もともと付箋をはりながら、子どもの姿を語り合うこともテーマの一つでしたが、忙しいとそれぞれの保育者が付箋をはって、後で語り合おうとしても、なかなか時間をとれないことがありました。しかし、日週案をドキュメンテーションと連動させたことで、書類を書く時間が以前よりも短縮され、語り合いの時間を増やすことができたそうです。

2 歳児クラスのドキュメンテーション

週に2～3回発行している、2歳児クラスのドキュメンテーション。時間をとって日週案について話し合うようになったことで、ドキュメンテーションを書く際も、テーマがはっきりし、以前よりも短時間で書くことができるようになった。

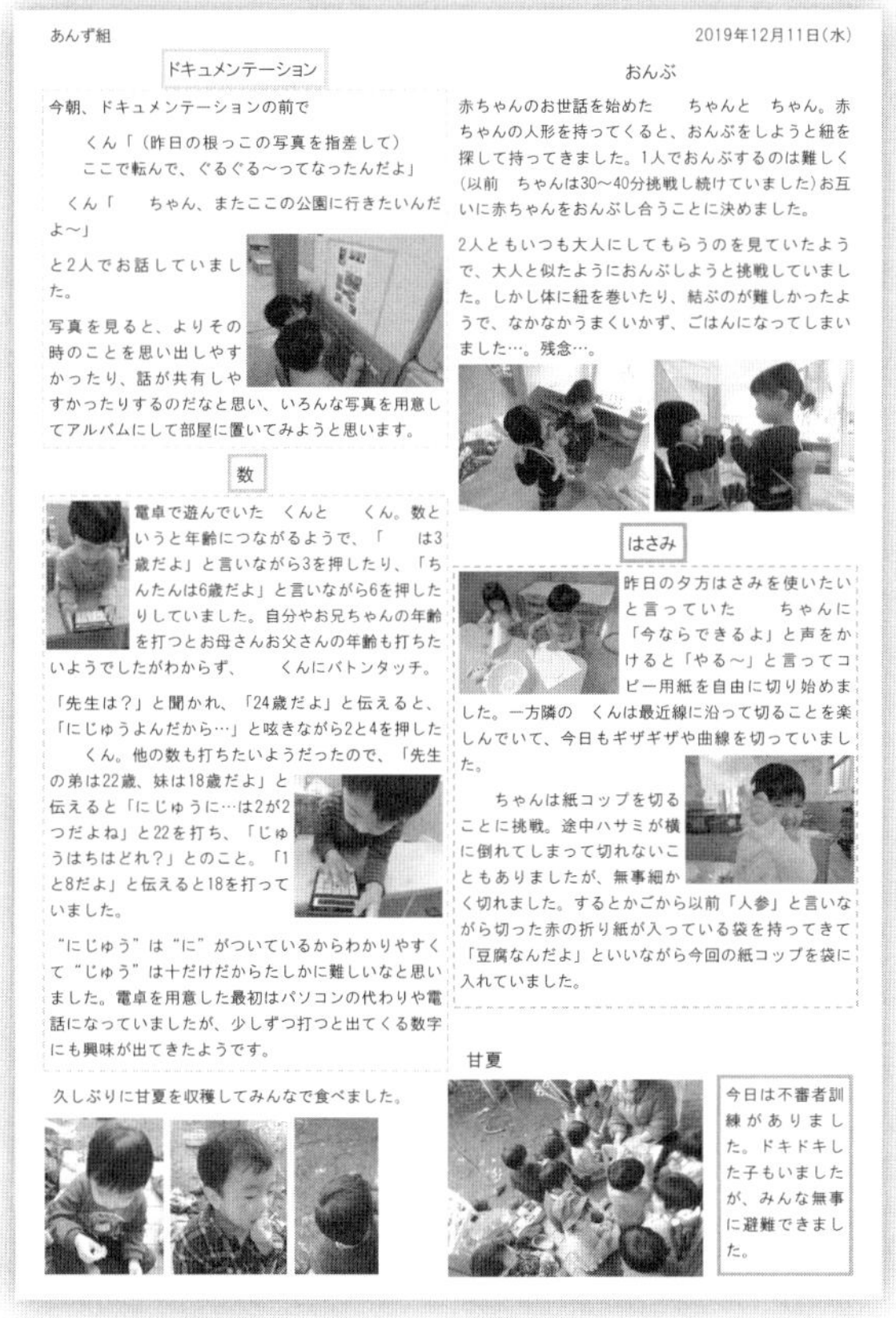
あんず組　　2019年12月11日(水)

ドキュメンテーション

今朝、ドキュメンテーションの前で

くん「(昨日の根っこの写真を指差して)ここで転んで、ぐるぐる～ってなったんだよ」

くん「　ちゃん、またここの公園に行きたいんだよ～」

と2人でお話していました。

写真を見ると、よりその時のことを思い出しやすかったり、話が共有しやすかったりするのだなと思い、いろんな写真を用意してアルバムにして部屋に置いてみようと思います。

数

電卓で遊んでいた　くんと　くん。数というと年齢につながるようで、「　は3歳だよ」と言いながら3を押したり、「ちんたんは6歳だよ」と言いながら6を押したりしていました。自分やお兄ちゃんの年齢を打つとお母さんお父さんの年齢も打ちたいようでしたがわからず、　くんにバトンタッチ。

「先生は？」と聞かれ、「24歳だよ」と伝えると、「にじゅうよんだから…」と呟きながら2と4を押した　くん。他の数も打ちたいようだったので、「先生の弟は22歳、妹は18歳だよ」と伝えると「にじゅうに…は2が2つだよね」と22を打ち、「じゅうはちはどれ？」とのこと。「1と8だよ」と伝えると18を打っていました。

“にじゅう”は“に”がついているからわかりやすくて“じゅう”は十だけだからたしかに難しいなと思いました。電卓を用意した最初はパソコンの代わりや電話になっていましたが、少しずつ打つと出てくる数字にも興味が出てきたようです。

久しぶりに甘夏を収穫してみんなで食べました。

おんぶ

赤ちゃんのお世話を始めた　ちゃんと　ちゃん。赤ちゃんの人形を持ってくると、おんぶをしようと紐を探して持ってきました。1人でおんぶするのは難しく(以前　ちゃんは30～40分挑戦し続けていました)お互いに赤ちゃんをおんぶし合うことに決めました。

2人ともいつも大人にしてもらうのを見ていたようで、大人と似たようにおんぶしようと挑戦していました。しかし体に紐を巻いたり、結ぶのが難しかったようで、なかなかうまくいかず、ごはんになってしまいました…。残念…。

はさみ

昨日の夕方はさみを使いたいと言っていた　ちゃんに「今ならできるよ」と声をかけると「やる～」と言ってコピー用紙を自由に切り始めました。一方隣の　くんは最近線に沿って切ることを楽しんでいて、今日もギザギザや曲線を切っていました。

ちゃんは紙コップを切ることに挑戦。途中ハサミが横に倒れてしまって切れないこともありましたが、無事細かく切れました。するとかごから以前「人参」と言いながら切った赤の折り紙が入っている袋を持ってきて「豆腐なんだよ」といいながら今回の紙コップを袋に入れていました。

甘夏

今日は不審者訓練がありました。ドキドキした子もいましたが、みんな無事に避難できました。

After

現在の日週案

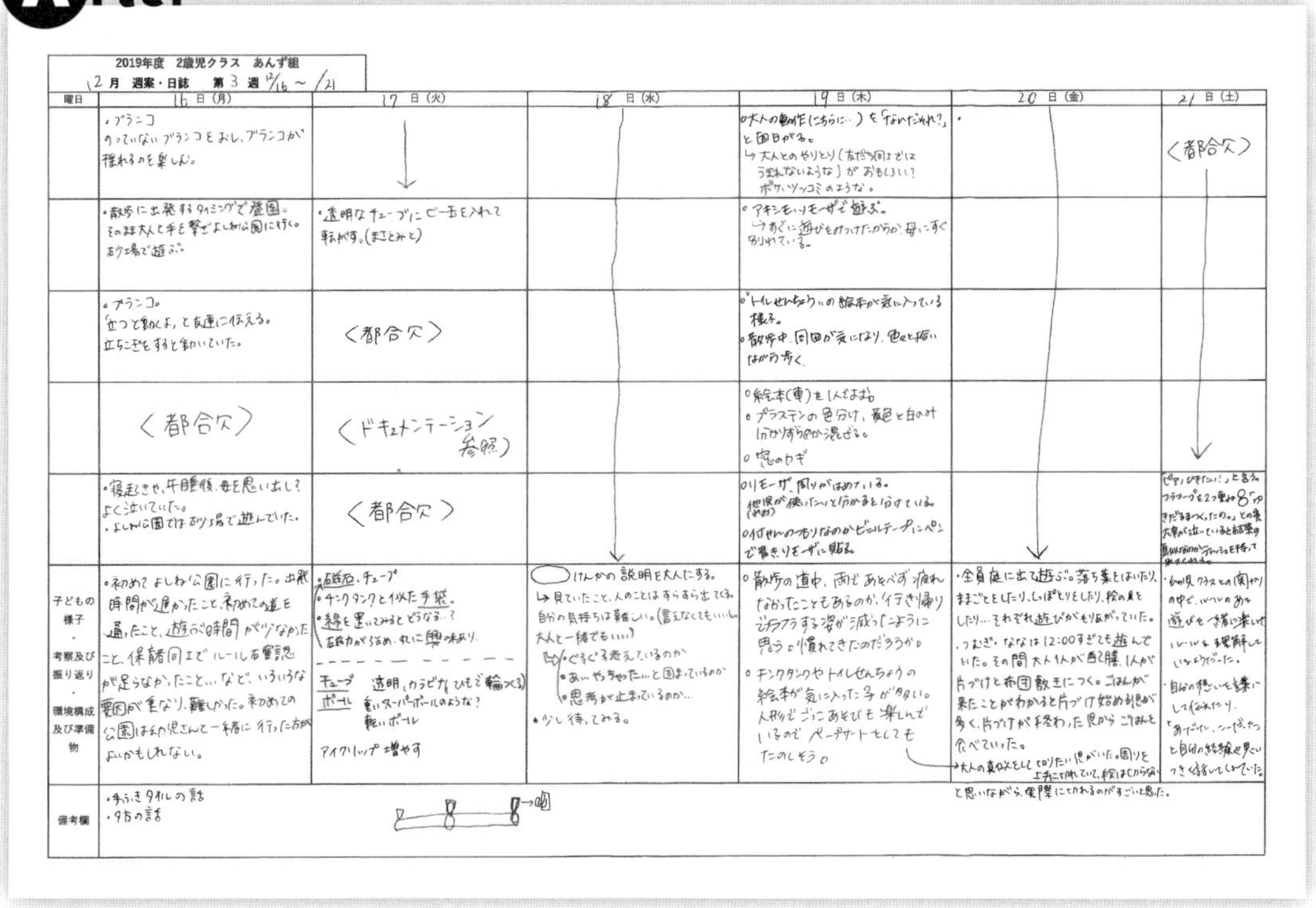
2019年度　2歳児クラス　あんず組
12月　週案・日誌　第3週　12/16～/21

曜日	16日(月)	17日(火)	18日(水)	19日(木)	20日(金)	21日(土)
	・ブランコ のっていないブランコをおし、ブランコが揺れるのを楽しんだ。			○大人の動作(こちらに…)を「なんだそれ？」と面白がる。 ↳大人とのやりとり(友だち同士では生まれないような)がおもしろい？ ボケ、ツッコミのような。	・	〈都合欠〉
	・散歩に出発するタイミングで登園。そのまま大人と手を繋ぎよしわ公園に行く。砂場で遊ぶ。	・透明なチューブにビー玉を入れて転がす。(まことみと)		○アキシモ・リモーザで遊ぶ。 ↳すぐに遊びをみつけたからか、母にすぐ別れている。		
	・ブランコ。「立つと動くよ」と友達に伝える。立ちこぎをすると動いていた。	〈都合欠〉		○「トイレせんちょう」の絵本が気に入っている様子。 ○散歩中、周囲が気になり、色々と指さしながら歩く。		
	〈都合欠〉	〈ドキュメンテーション参照〉		○絵本(車)を1人でよむ。 ○プラステンの色分け、黄色と白のみ分かりずらいのか混ざる。 ○窓のカギ		
	・寝起きや、午睡後、母を思い出し？よく泣いていた。 ・よしわ公園では砂場で遊んでいた。	〈都合欠〉		○リモーザ、周りがはめている。 他児(れおと)が使いたいと分かると分けている。 ○付せんのつもりなのかビニールテープにペンで書きリモーザに貼る。		「ピアノひきたい！」と言う。フラフープを2つ重ねて8「ゆきだるまつくったの。」との事 大郎が泣いていると結菜が鼻水なのかティッシュを持って拭いてくれた。
子どもの様子・考察及び振り返り・環境構成及び準備物	○初めてよしわ公園に行った。出発時間が遅かったこと、初めての道を通ったこと、遊ぶ時間が少なかったこと、保育者同士でルールの確認が足らなかったこと…など、いろいろな要因が重なり、難しかった。初めての公園は幼児さんと一緒に行った方がよいかもしれない。	・磁石、チューブ ・チンクタンクと似た手袋。 ・線を置いてみるとどうなる…？ 磁力が弱め、丸に興味あり。 チューブ　透明、カラビナ、ひもで輪つくる ボール　重いスーパーボールのような？ 軽いボール アイクリップ増やす	〇〇けんかの説明を大人にする。 ↳見ていたこと、人のことはすらすら出てくる。自分の気持ちは難しい。(言えなくてもいいし大人と一緒でもいい) ↳・ぐるぐる考えているのか ・あ…やっちゃった…と固まっているのか ・思考が止まっているのか… ・少し待ってみる。	○散歩の道中、雨であそべず疲れなかったこともあるのか、行き帰りでフラフラする姿が減ったように思う。慣れてきたのだろうか。 ○チンクタンクやトイレせんちょうの絵本が気に入った子が多い。人形でごっこあそびも楽しんでいるのでペープサートをしてもたのしそう。	・全員庭に出て遊ぶ。落ち葉をはいたり、ままごとをしたり、しっぽとりをしたり、砂の山をしたり…それぞれ遊びが広がっていた。 ・つむぎ・ななは12:00すぎても遊んでいた。その間大人1人が配膳、1人が片づけと布団敷きにつく。ごはんが来たことがわかると片づけ始める児が多く、片づけが終わった児からごはんを食べていった。 大人の真似をして切りたい児がいた。周りを上手に切れていて、絵はわからないと思いながら、実際に切れるのがすごいと思った。	・幼児クラスとの関わりの中で、ルールのある遊びを一緒に楽しみルールを理解しているようだった。 ・自分の想いを言葉にしてくれたり、「あつかった、～だった」と自分の経験や思いつき話してくれていた。
備考欄	・手ふきタオルの話 ・夕方の話					

2枚連続の日週案の2枚目。1枚目の最初には、ねらいや先週の振り返りが書かれている。用紙上の矢印は、ドキュメンテーションに記載しているので、省略した部分。

振り返りに活用しているウェブ

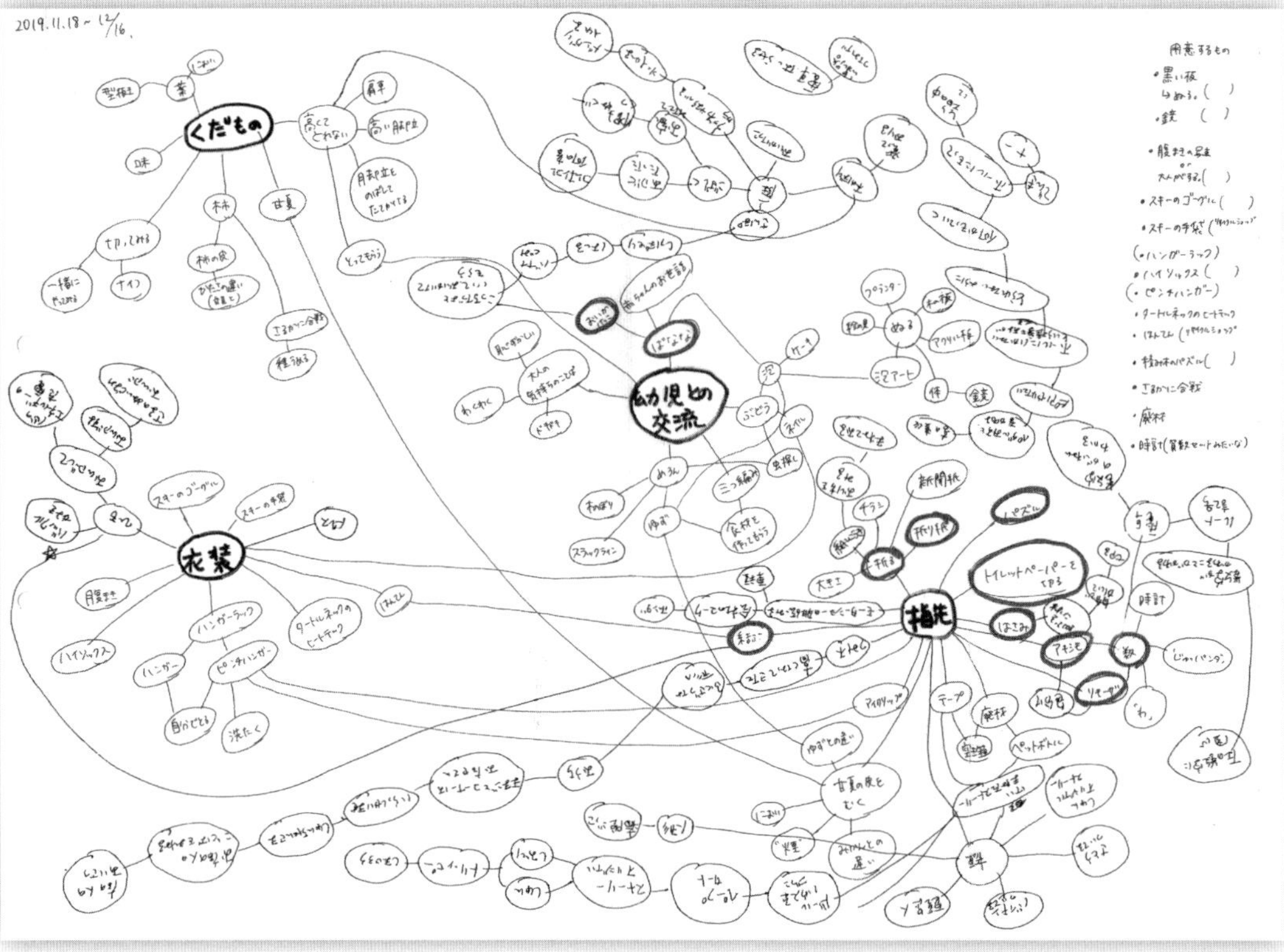

担任同士で語り合いながらウェブを作成していくことで、さまざまな視点から子どもの姿を捉えることができるようになった。

ウェブを振り返りと月案に活用

2歳児クラスでは、もともとウェブの作成をしていましたが、なかなか子どもの姿や環境構成の予測が広がりませんでした。しかし、日週案とドキュメンテーションを連動し、語り合いの時間を増やしたことで、以前より、1つのあそびからさまざまな予測が立つようになっていきました。

そこで、月の振り返りの際に、日週案とドキュメンテーションを使いながら、その月に夢中になっている子どもの姿を思い出し、ウェブに書き足すことにしました。保育者が予測した子どもの姿が実際に見られたとき、予測していなかった子どもの姿が見られたときも記入し、それを色分けします。

こうして、ウェブを使い、保育を可視化することで、今まで以上に子どもの姿が見えてくるようになったそうです。

また、ウェブを作成しながら、それぞれの子どもの姿を丁寧に振り返り、個別の振り返り記録を作成します。

個別の振り返り記録

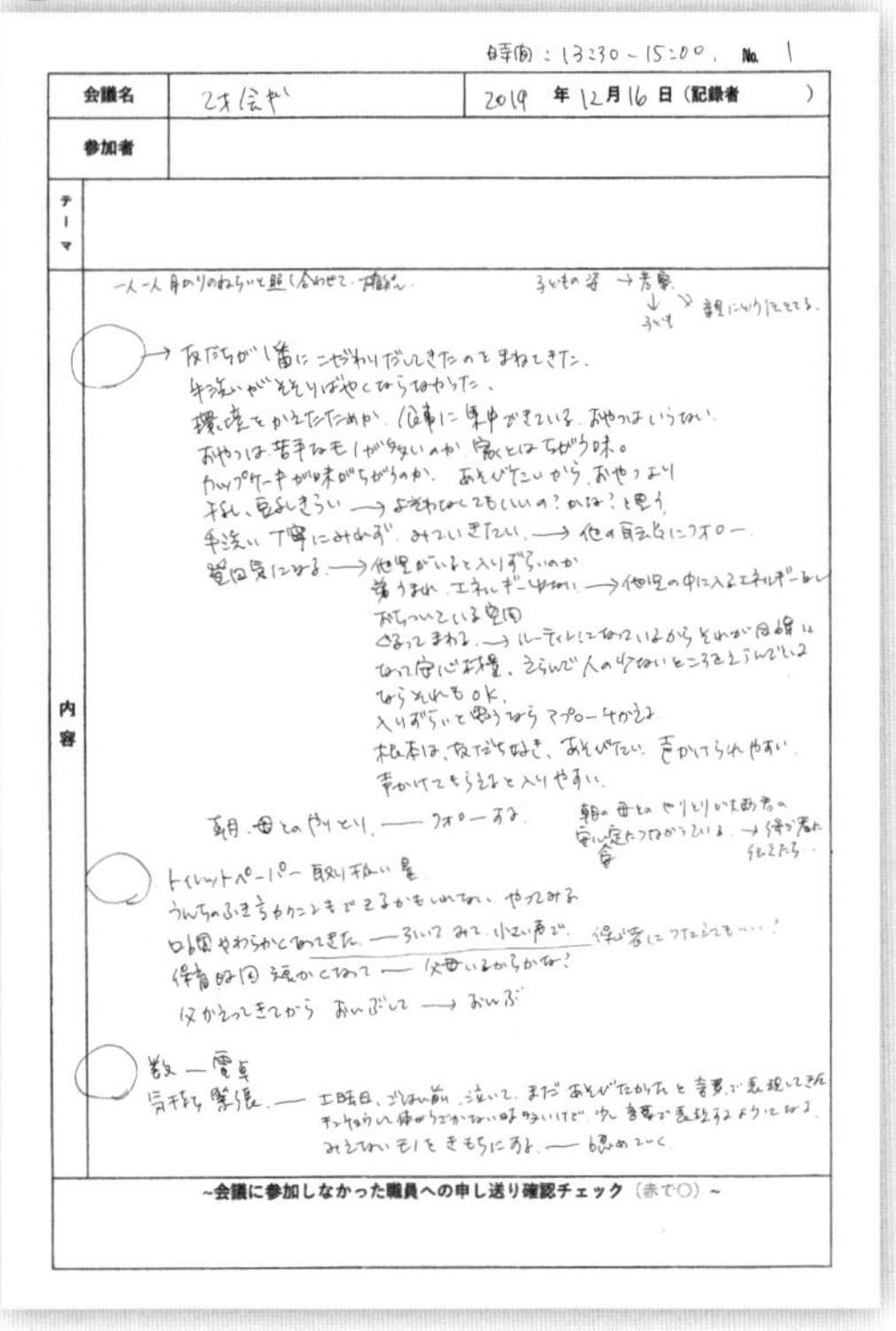
時間：13:30～15:00 No. 1

会議名	2才会ぎ	2019 年 12月 16 日（記録者 　）
参加者		
テーマ		
内容		
～会議に参加しなかった職員への申し送り確認チェック（赤で〇）～		

ウェブを作成しながら、一人一人の子どもの姿を丁寧に振り返り、次月の保育につなげていく。

保育に生かせる記録に

開園当初は新人職員が多かったこともあり、月案や振り返りを細かい項目に分けて記入していました。現在は、目の前の子どもに沿った項目を、その時々で選んで記入しています。

「日週案をドキュメンテーションと連動させたり、ウェブを使ったりするようになったことで、今まではなんとなく『書かされていた記録』が保育に生かせるようになってきました。また、今月の月案、日週案、ドキュメンテーション、ウェブ、個別の子どもの振り返り記録、次の月の月案が、うまく循環し出しました」と、園長の松原知朱先生は言います。

さらに、現在の計画は、あそびが中心になっていますが、もう少し子どもの安心・安定など心の面にも配慮した計画ができないかと、今後も語り合いを続けていきたいとも語ってくれました。

マメ先生のチェックポイント

子どもの姿ベースの計画への転換

カリキュラムの語源は競走馬の走るコースを意味します。つまり子どもの学ぶコースのようなものです。しかし、現実は、月案や週日案などをびっしり書き込み、子どもに「させる」活動のコースになっている実態もあります。「させる」カリキュラムは、保育者にとっても負担感が大きく、子ども主体の保育や振り返りの時間を阻むものともなっているのです。

そのため、年間・期・月・週・日の計画のあり方をどう見直すかが、保育の質の向上のカギの一つとなります。特に、記録と計画を一体化することは、子どもの姿を語り合って保育をデザインする体制への転換といえるかもしれません。

あそびの森あきわの取り組みからは、職員と話し合いを行って、月案を年間指導計画と兼ね、年間指導計画そのものの分量も減らし、毎日、あるいは週単位の子どもの姿をベースにした計画である「保育デザインマップ」へと、大胆に転換したことが特徴的です。これは、子どもの姿の記録と次の保育のデザイン（計画）が一体化したもので、効果の大きさがよくわかる取り組みです。

また、ひだまり保育園では、ドキュメンテーションを始めることに伴い、週日案や月案などの分量などを削減しています。さらに、月ごとの保育ウェブで子どもの姿を捉え、振り返り、語り合う時間を生み出すことにより、形式的な記録や計画ではなく、実際の保育に生きるサイクルを作り出していることがわかります。

現在の月案

2019年度　2歳児　あんず組　12月　月案指導計画及び個別指導計画　　担当：

前月の子どもの姿・振り返り	今月のねがい・全体の計画
・木の実拾いを楽しめるように船橋の小径へ散歩に行った。一直線なので走りたくなる子はよく走り、どんぐりはほとんど落ちていなかったが赤い実や葉っぱなどを集めて楽しんだ。持ち帰ったものは個別の瓶に入れていくことで、大事そうに持ったり触ったり見たりしていた。瓶の置き場所が決まり次第、ままごとや制作遊びでも使って楽しんでいけるとよい。 ・幼児クラスとの散歩や室内遊びでの交流では、緊張する子もいたが、大人が側にいることで安心したり、兄姉がいる子が多いこともあり、幼児に声をかけられると喜んで一緒に遊んでいた。幼児の遊びや環境もよく見ていたので、今後クラスでの遊びがどう発展していくのか、子どもの遊び方や声に耳を傾けながらクラスの環境を再構成していきたい。 ・汚い言葉を言って気持ちが高揚したり、友達や大人の反応を楽しむ姿が見られてきた。相手の反応が薄い言わなくなる姿もあるので、そのような経験から、話す言葉を選んでいけるとよい。 ・園庭の玩具や水槽などを、遊びの中で洗ったりすることも楽しんでいた。遊びの中でものを大事にしたり清潔にする気持ちよさを感じていけるように、今後も継続していきたい。	・散歩でたくさん歩いたり、戸外で存分に身体を使った遊びを楽しむ。（環境）（運動） ・身近な動植物や自然環境に親しみ、自然物を使って遊ぶ。（環境）（表現） ・気の合う友達と、生活体験から生まれるいろいろなごっこ遊びを再現して楽しむ。（表現）（人間関係） ・友達とのおしゃべりを楽しむ。（言葉）（人間関係）

環境・安全	食育・保健衛生・職員の連携	家庭との連携
・体調の変化に気をつけながら、室温、湿度を管理（外気温±2～5度、湿度40～60%） ・家庭での思い出や幼児との交流で気づいたことや生活体験から遊びが発展できる玩具を用意したり、スペースを確保できるようしていく。。 ・道路を歩く時は、子どもが急に走り出しても止められる位置につきながら、繰り返し交通ルールを伝えていく。 ・散歩時、手を繋いで走ると転んだ時に手が付きにくい事を知る。	・食事のマナーを知っていく。（スプーン（三指持ち）や器の持ち方などを保育士や栄養士からわかりやすく説明してもらい、興味をもってやってみる。） ・寒さから鼻水が出始めるので鼻の拭き方を伝えてきれいに拭けたかを鏡を見たり保育者と確認し拭き方を知る。また、片方ずつ保育者に促されながらかむことができるようにしていく。 ・散歩と園庭遊びで別れることも増えてくるので、午睡中の話し合いを有効に使い、子どもの様子や考察を情報交換して共有する。	・体調や気候に合わせて衣服の調整や、ストックしている衣類の確認をしてもらうよう声をかける。 ・家庭での体験を家や園で遊びに発展していけるように情報交換したり、写真やドキュメンテーションを活用していく。

名前	養護・教育	名前	養護・教育
	・食事の時、早く机に座ることにこだわっているが、泡をつけて手を丁寧に洗ったうえで、早く座ろうする。（清潔）（情緒）		・脱いだ服を自分の汚れ物の袋に入れる。（着脱） ・友達と一緒に遊ぶ楽しさをさらに味わう。（人間関係）（環境）（情緒）
	・自分の思いを言葉にしながら、保育者と一緒にその口調を柔らかくしてみようとする。（人間関係）（情緒）（言葉）（表現） ・排尿後の処理を自分でしようとする中で、保育者と一緒に紙の量や切り方を知る。		・自分の思いを言葉にしたり、友達が困っているのを助けようとする。自分なりの方法で解決しようとする。（人間関係）（情緒）（言葉）（表現） ・保育者と一緒に次やることを考え、見通しを持って着替えをする。（着脱）（情緒）
	・数にこだわっている姿があったので、遊びの中で数に触れられる機会を作り、より数への興味を深めていく。（環境） ・ドキドキした時、嫌なことがあった時に、自分の思いを大人に「～だったの？」と聞かれたりすることで、大人と一緒に思いを言葉にしていく。（情緒）（表現）		・午睡時鼻が詰まったり、いびきをかいているときは、頭を少し高くすることにより、寝苦しさを抑えぐっすり眠る。（睡眠）（健康） ・自分の思いを言葉やジェスチャーで伝えたり、力づくになったり、伝え方を試していく。（表現）（人間関係）
	・日課が変わる際は、事前に伝えられたり、大人の側にいることで、見通しを持って安心して過ごす。（情緒）（環境）		・友達に強く言われたり思い通りにいかない時は、保育者に気持ちを受け止めてもらいながら、一緒にどう対応するか考え、試してみる。（人間関係）（情緒）（言葉）（表現）
	・着替えや食事の後半の時間など、大人と1対1になる時間で、大人とゆっくり過ごし、心を満たしていく。（情緒）（人間関係） ・友達と思いがぶつかった時に、力づくになったり、「おうちだから入っちゃだめだよ」と言ったり、大人に助けを求めたりしている。引き続き、助けられるところで見守られ、本児なりの方法を試していき、方法を選んでいく。（情緒）（人間関係）（表現）（言葉）		・食事の前、ごはんが食べたい気持ちが強く焦ってしまうが、泡をつけて丁寧に手を洗っていく。（清潔） ・大人にやり方を伝えられながら、脱ぎ着や袋に入れるなど、自分でできることが増えていく。（着脱）
	・早く食べたくて手洗いが雑になりやすいので、保育者と一緒に丁寧に手洗いする気持ちよさを知る。また食事中に疲れもあって姿勢が崩れることがある。クッションなどを使って姿勢を保つことを知ったり、早めに切り上げて入眠していく。（食事）（運動）（睡眠）（清潔）		・思っていることを言葉にしたり、身体で表現していく。（情緒）（人間関係）（言葉）（表現） ・周りの友達の様子を見ながら食べ、その中で自分の食べるペースと周りの食べるペースを知っていく。（食事）（人間関係）

※健康・人間関係・環境・言葉・表現・食事・排泄・睡眠・着脱・情緒・健康・清潔・運動

月案は、五領域を意識しながら、ウェブ会議や個々の子どもの振り返り記録を基に書かれている。

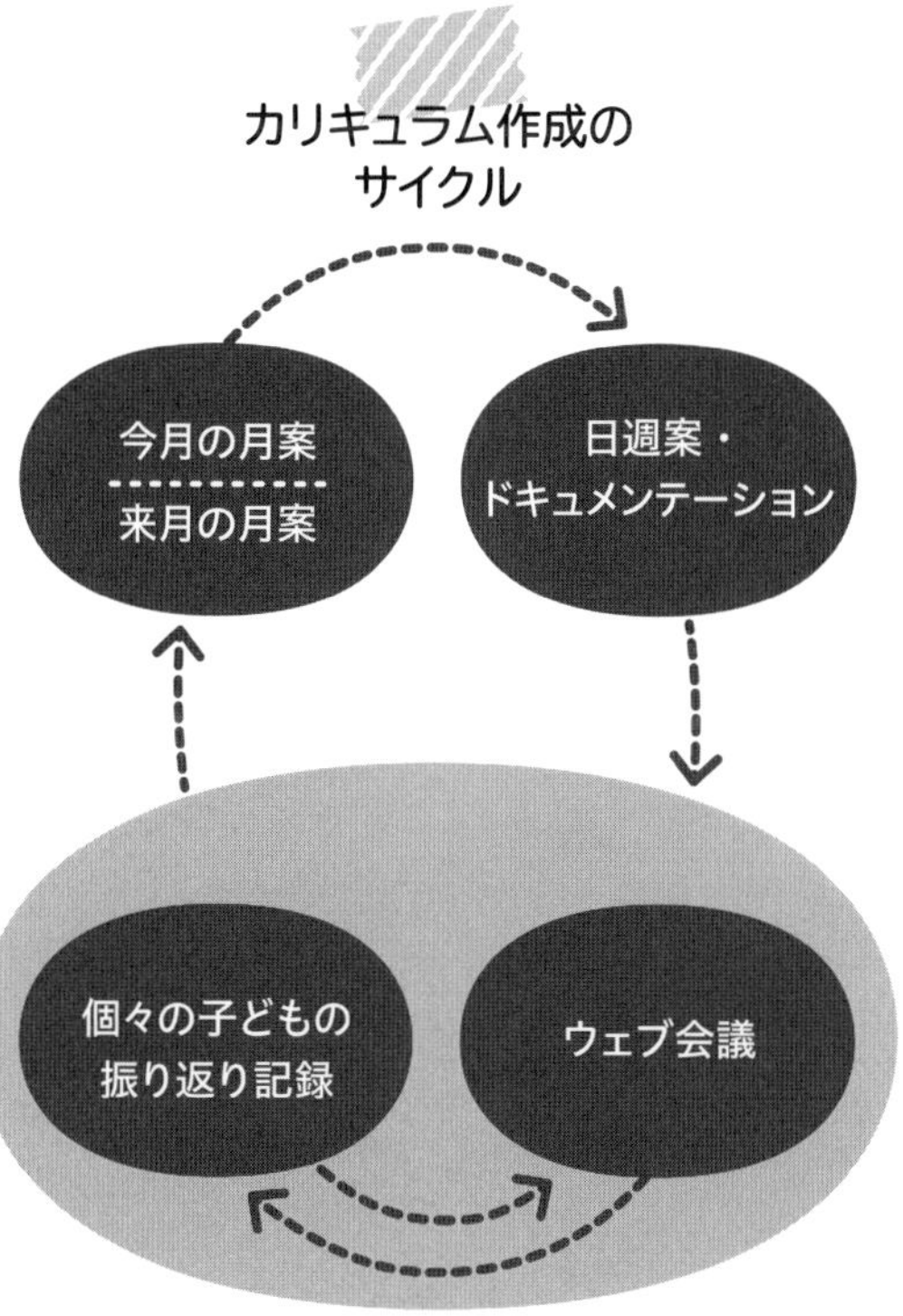

さくらい幼稚園（神奈川県・海老名市）

「語り合い」から生まれた意識改革

海老名市の住宅街にあるさくらい幼稚園は、250名以上の園児が在籍し、1学年4クラスずつのクラスがある園です。現在園長の櫻井喜宣先生（取材当時は副園長）が園に勤めだしたのが18年前。毎日、保育者が行事や次の日の教材準備に追われる姿、笑顔の少ない職場、楽しいはずの保育が苦しそうな様子を見て、疑問に思ったのがマネジメントを考えるきっかけでした。

「語り合い」の風土作りに6年かかった！

櫻井先生が園に勤めだしたころ、保育者が行事や次の日の準備を終えて帰途につくのは、午後8～9時になることも多かったといいます。職員室はいつもピリピリした状態で会話は少なく、「職員室で仕事をするのは嫌だから保育室でやる」と漏らす保育者もいました。

10年前に副園長になった櫻井先生は、私立幼稚園協会での仕事を通じてたくさんの園長や大学の先生に出会い、研修を受ける機会も増えました。その中で、2014年に（公財）全日本私立幼稚園幼児教育研究機構の「公開保育を活用した幼児教育の質向上システム」（ECEQ（イーセック））のECEQコーディネーター養成研修を受けました。ファシリテーションについて学ぶうちに、保育者間の「語り合い」を大切にして、モチベーションを上げ、「こういうふうにしたい」と保育者のほうから主体的に投げかけてくれる風土を、作っていきたい思うようになりました。

そこで、まず櫻井先生は忙しくしている保育者の思いを「聞く」「そばにいる」「待つ」ことから始めました。また、保育者に話をするときには「子どもの姿をおもしろがって投げかける」ことを積み重ねていきました。そうやって、コミュニケーションを続けているうちに、保育者たちも少しずつ保育の話をするようになっていきました。

Before

昔の作品展は……

マネジメント改革前の作品展。子どもの作った作品は、見栄えがよくなるように保育者が補修。飾り付けなどもあり、作品展間際は毎日遅くまで残業していた。

働き方を考える研修

さくらい幼稚園では、徐々に子どもの様子を語り合う風土ができてきて、職員が保育の改善のために「研修をしたい！」という機運ができてきたのが4年前。櫻井先生がファシリテーターとなって、園内研修を始めました。毎日やることが多すぎて研修に時間をさけなかったのが、子どもたちの様子を語り合うことで徐々にみんなの中に子ども中心の保育をしようという意識が芽生えていったのでした。

保育のあり方をウェブに

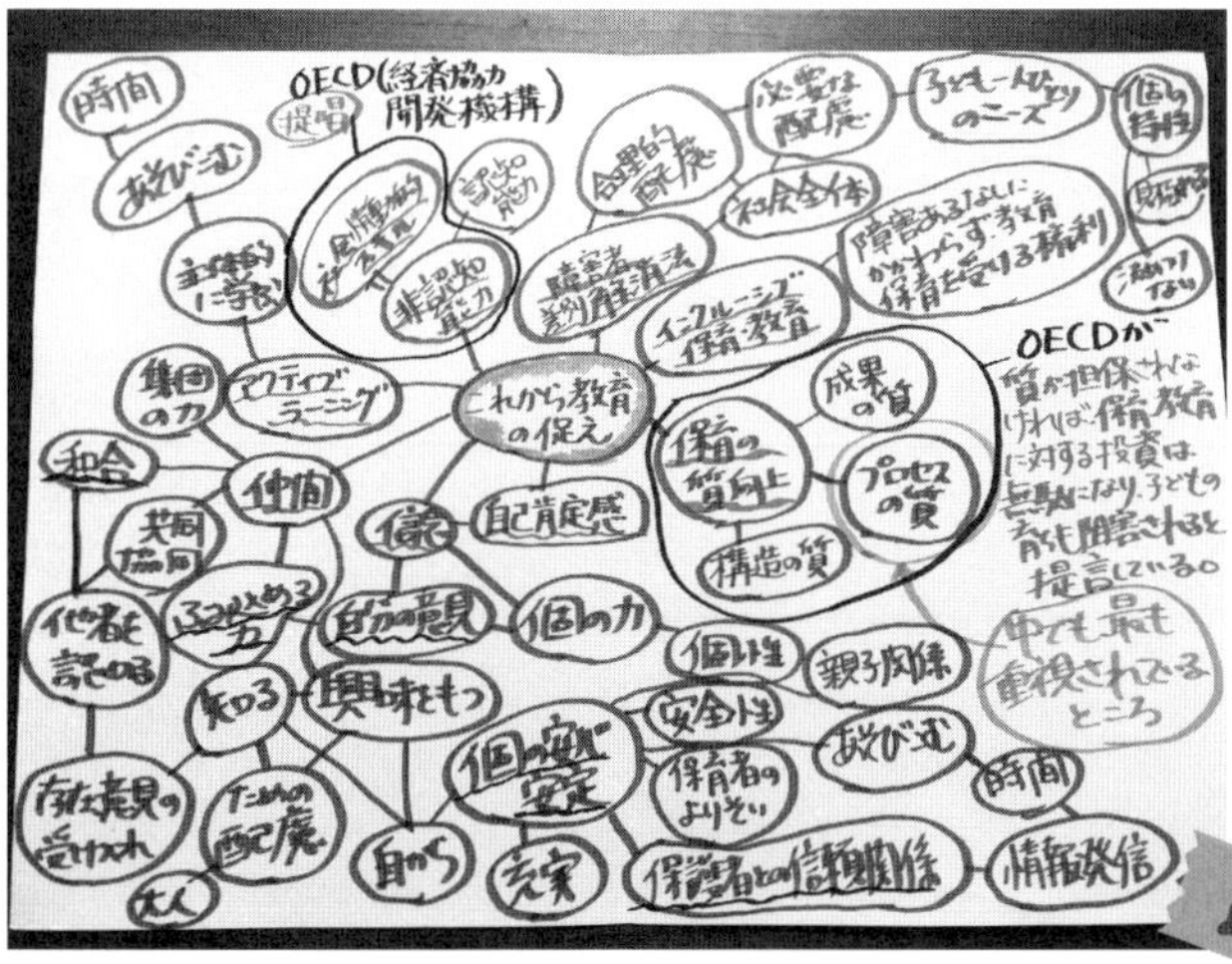

改革当初、今後の保育の方向性を前園長（父）・主事（母）と語り合いながらウェブを作って整理をした。

それぞれのグループの意見をKJ法でまとめる

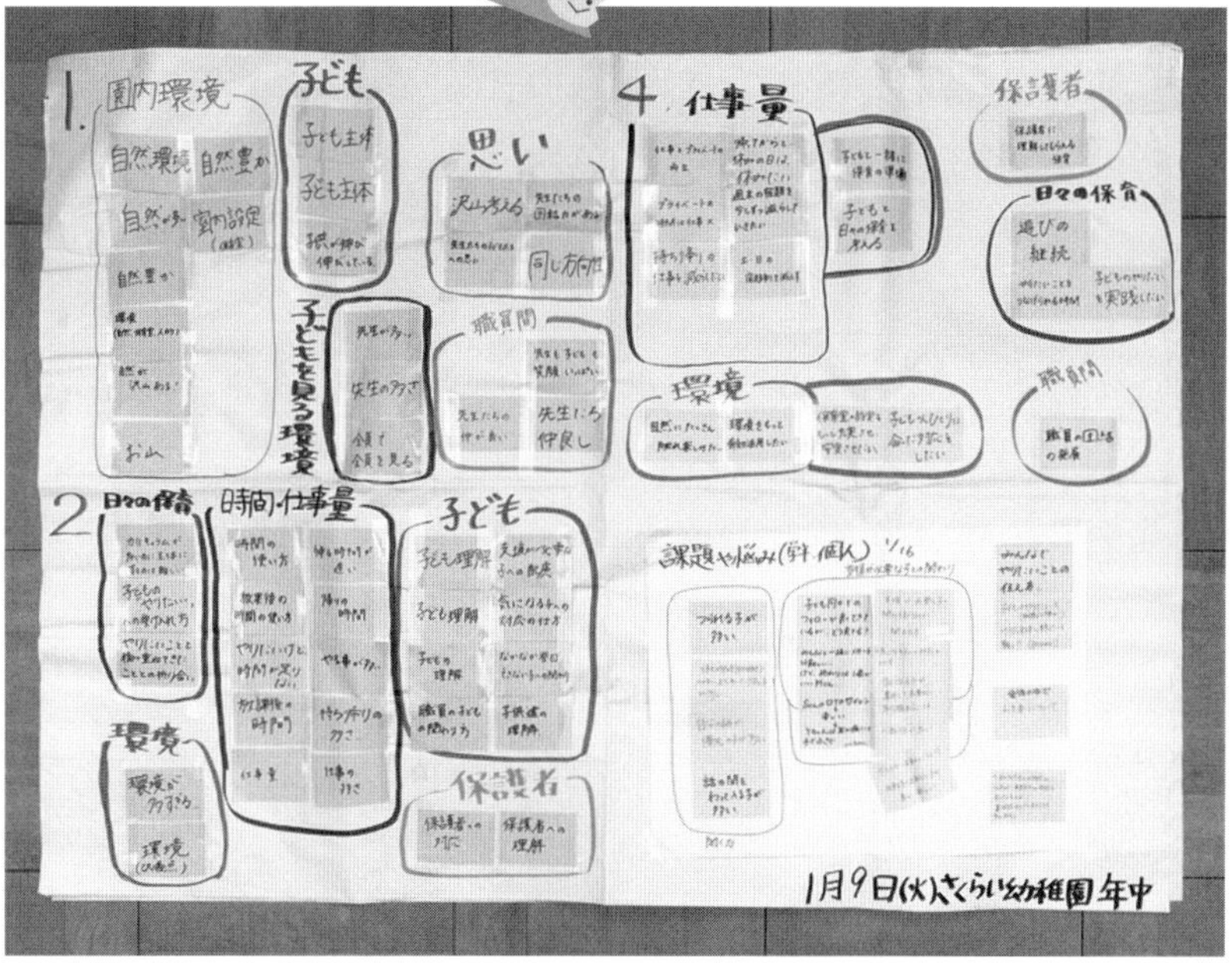

仕事に関して思うことを、5～6人のグループに分かれ、KJ法で整理した。整理してみると、やはり仕事量が多く、持ち帰りの仕事も多いという課題が見えてきた。話し合いの中で、その要因を探って、1つずつ解決していこうということになった。

各クラスの保育の様子の発表も

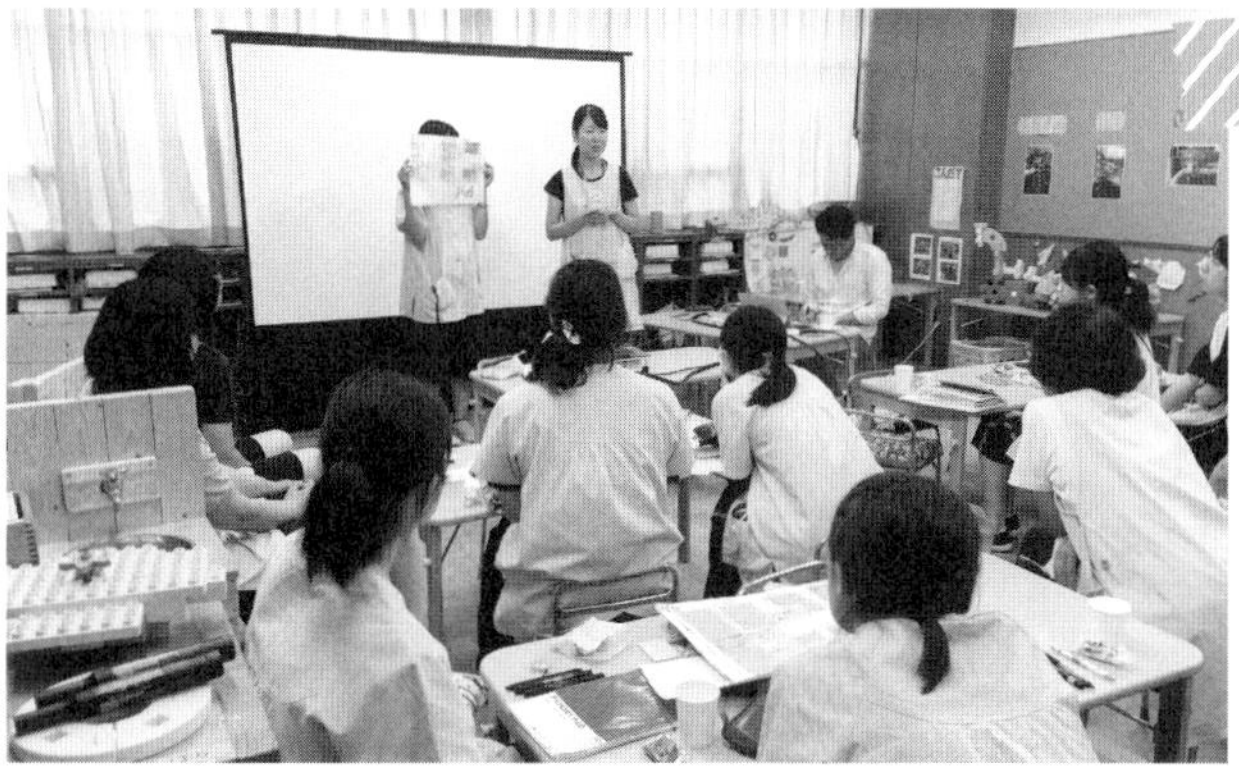

研修は、月に1～2回。1回につき、2時間ほど。はじめの15分はアイスブレイクを兼ねてドキュメンテーションや保育日誌を活用し、保育や子ども、あそびを語る時間。その後、1時間30分ほどは各回のテーマについて話し合いをしたり、講義を受けたりする。最後の15分で各グループから出た意見をシェアしたり、次のステップを導き出したりする。今まではクラス同士の交流がなかなかもてず、他学年で何をやっているか見えない部分もあったが、共通理解できるようにした。

こんなに変わった働き方

研修や語り合いを続けるうちに、職員間では徐々に保護者に成果を見せるだけの保育ではなく、子どもたちが興味・関心をもっていることを追求し、楽しめる保育をしたいと願うようになっていきました。

そういう視点から園の保育を見ていくと、製作一つをとっても、子どもたちが同じことをして同じ物を完成させることに意義があるのか、そのための教材準備に長時間かけることが子どものためになるのか、などといった課題がたくさん出てきました。

そこで、保育と職員の働き方を両輪のように考えて、見直しをしていくことになったのです。

After

職員室の机の配置

ずらっと並んでいた机を、学年ごとの島に変更したのが5年前。これをきっかけに学年の担任同士がよく語り合うようになった。作業台を別に設置し、それまで各自が保育室などでしていた作業をみんなでできるようにした。

作品展は過程を大事に

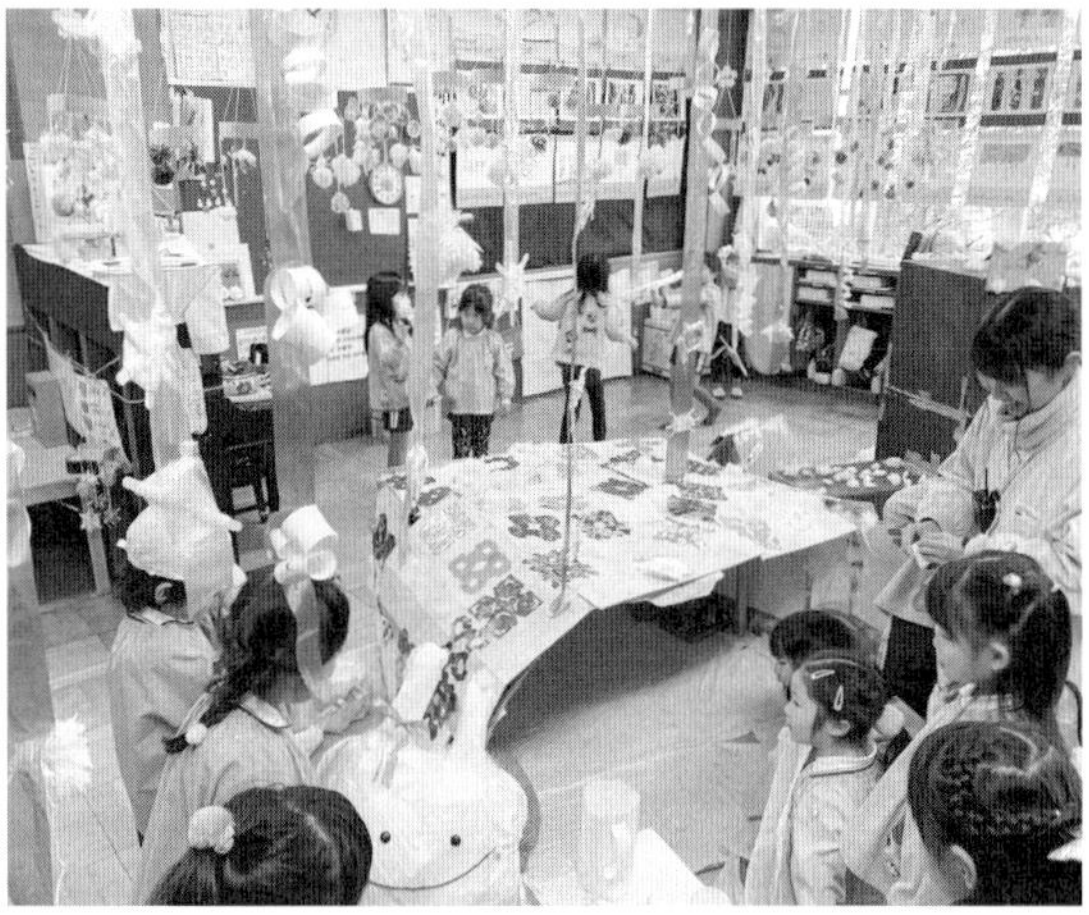

子どもの作品の補修や過度な飾り付けをしなくなったことで、作品展にかかる残業が大幅に減り、前日でも午後6時半には帰れるようになった。

作品展では、普段子どもたちが製作した物とともに、製作過程の様子や子どもの成長を写真と文章で表したドキュメンテーションを掲示。

写真を使った日誌も時短につながった

どうして保育を変えようとしているのか、保育が変わったことで子どもたちの様子にどう変化があったのかを、職員と共通理解し、それを保護者に伝えたいと始めた日誌。はじめは保育中にカメラを持つことに抵抗のあった保育者たちだったが、徐々に写真で記録すると、日誌の文章量が少なくなる上に伝わりやすく、時間の短縮になることに気付いた。園の様子がよくわかると、お迎えの保護者にも好評。

子どもも保育者も楽しい保育を目指して

さくらい幼稚園では、保育のあり方を見直したことで、保育後の時間を見直し、あり方も変わってきました。子どもたちや保育のことを語り合う時間もたくさん持てるようになりました。一時は語り合いに熱中するあまり、返って退勤時間が遅くなってしまうこともありましたが、今は互いに声かけをして時間が長くなりすぎないようにしているそうです。以前は、午後8～9時までの残業が日常的に続きましたが、今では午後6時くらいまでには帰れるように。仕事を持ち帰ることも少なくなり、休日はリフレッシュして、より保育を楽しめるようになってきました。

「語り合い」の土壌を作るのに長い年月はかかりましたが、櫻井先生は「トップダウンで保育を変えるのは、今までの園の歴史を否定してしまう気がしたのです」と言います。保育者が主体的に、保育は辛いものではなく、楽しいものと気がついたことで、次々と課題が見つかり、見直しが進んでいるのではないでしょうか。

メッセージアプリを使って、職員会議を短縮

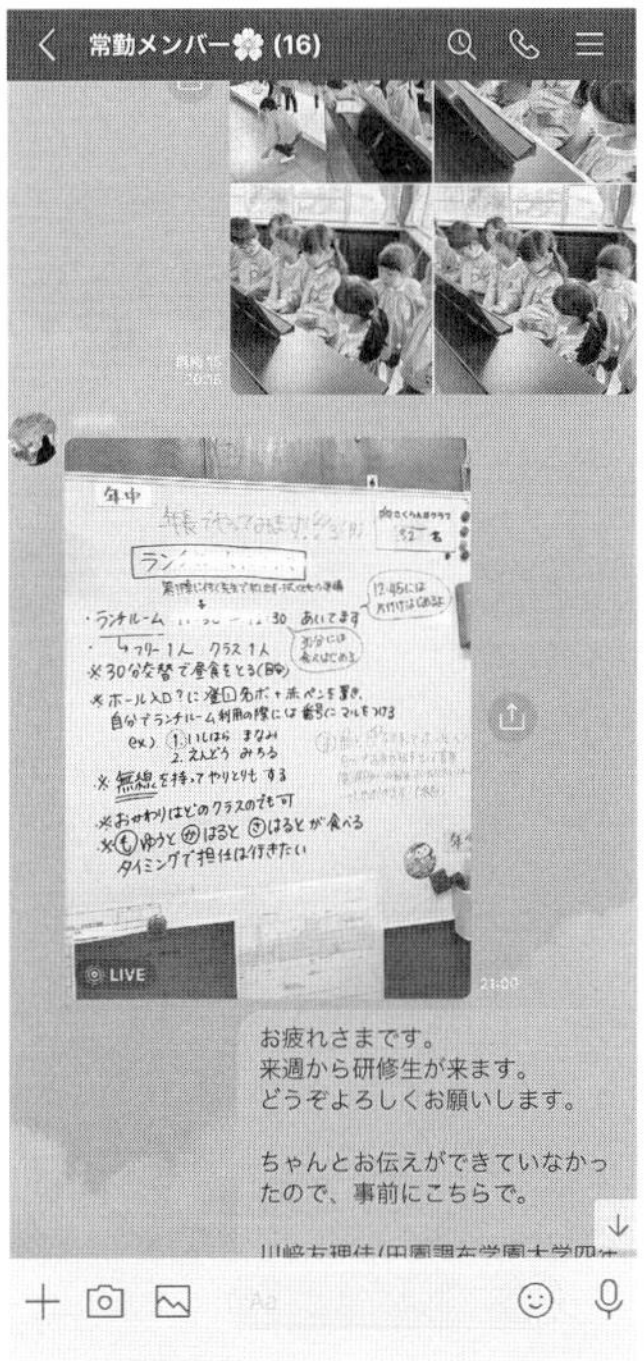

以前は、会議の場で要件を伝えてから議論に入ったが、現在はメッセージアプリで会議の前日までに話し合いたいことを共有するようになった。すぐ議論に入れるようになったので、会議の時間が大幅に短縮された。事前に疑問に思ったことを全体に向けて質問するのもOK。このアプリを使用することで、会議に参加していないフリーの保育者との打ち合わせ時間も短くなった。

鳩の森愛の詩瀬谷保育園（神奈川県・横浜市）

ワークライフバランスを変える働き方の可視化

語り合う時間も研修もある、職員のモチベーションも高い……。そんな語り合いの文化がある園でも、悩みはつきません。鳩の森愛の詩瀬谷保育園では、みんなが「子どもたちのために！」と自分の時間を削ってまで仕事をし、疲弊してしまうことが課題でした。課題解決に向けて、どのような取り組みをしたのでしょうか。

保育への思いが強すぎて……

社会福祉法人はとの会は創立35周年。当初から、「共育て共育ち」を理念に、子どもに寄り添った保育をしてきました。鳩の森愛の詩瀬谷保育園は15年前に開園しました。4年前に瀬沼幹太先生が園長になってみると、職員の意識もモチベーションも高いのに、なぜか離職率が高いことが課題だとわかりました。

「30年前、法人最初の園が開園して間もないときからかかわってきました。保育を作ることも、行事も既存のものがあるわけではなく、0からのスタートでしたが、自分たちの手で作っているという手ごたえがあり、『子どものため、よりよい保育のため』という情熱で努力を惜しまない職員集団でした。その当時は行事を行うにも、一つ一つがはじめてで行事の準備は午前0時を回ることもよくありました。開園して20年が経とうとするころから、子どもにどんな力を育てたいのか、保育の中で大切にしたねらいを飛び越えて、活動ありき、行事をこなすことが目的になってしまっている保育も散見するようになってきたように思います」と言うのは副園長の小林茂美先生。

園長と副園長が話し合って気付いたのは、よい保育をしようとするあまり、疲弊し、燃え尽きることで、離職率が高いのではないかということでした。例えば、もともと法人にいた中堅の保育者が、超過勤務をしたときに、「ちゃんと申告をして」と言っても、「ボランティアですから！」と、超過した勤務時間を申請しないことがありました。よりよい保育をするには、いくら時間をかけてもよいという風土があったのです。

保育を語り合う研修

毎月1回は研修。3か月に一度は、外部講師を招いての事例検討会。

保護者の活動も活発

保護者のロック・ソーランのサークルが子どもたちに演技を披露。保護者との関係も良好で、園の評判も高い。

労働時間の改善に向けて

園長の瀬沼先生は、園長、副園長（1人）、主任（1人）、副主任（2人）、フリー保育士（2人）、事務局員でマネジメント対策のチームを作り、話し合いを進めることにしました。

まず、副園長、主任、副主任が職員にヒアリングをしてみると、「中堅の職員が超過勤務を申告しないと、若手は申告しにくい」「たとえ、3日連休がもらえても、その後に仕事がたまっていることを考えると、うれしくない」などの声が挙がりました。

そこで、

- **職員の仕事量の可視化。**
- **仕事の偏りをなくす。**
- **プライベートの予定を立てやすくするために、今まで月末に次の月のシフトを決めていたのを、3か月前にする。**

などを決めました。

可視化に関しては、パソコンのソフトで表組などを作るのが得意な事務局員が担ってくれることになりました。

休憩調査表

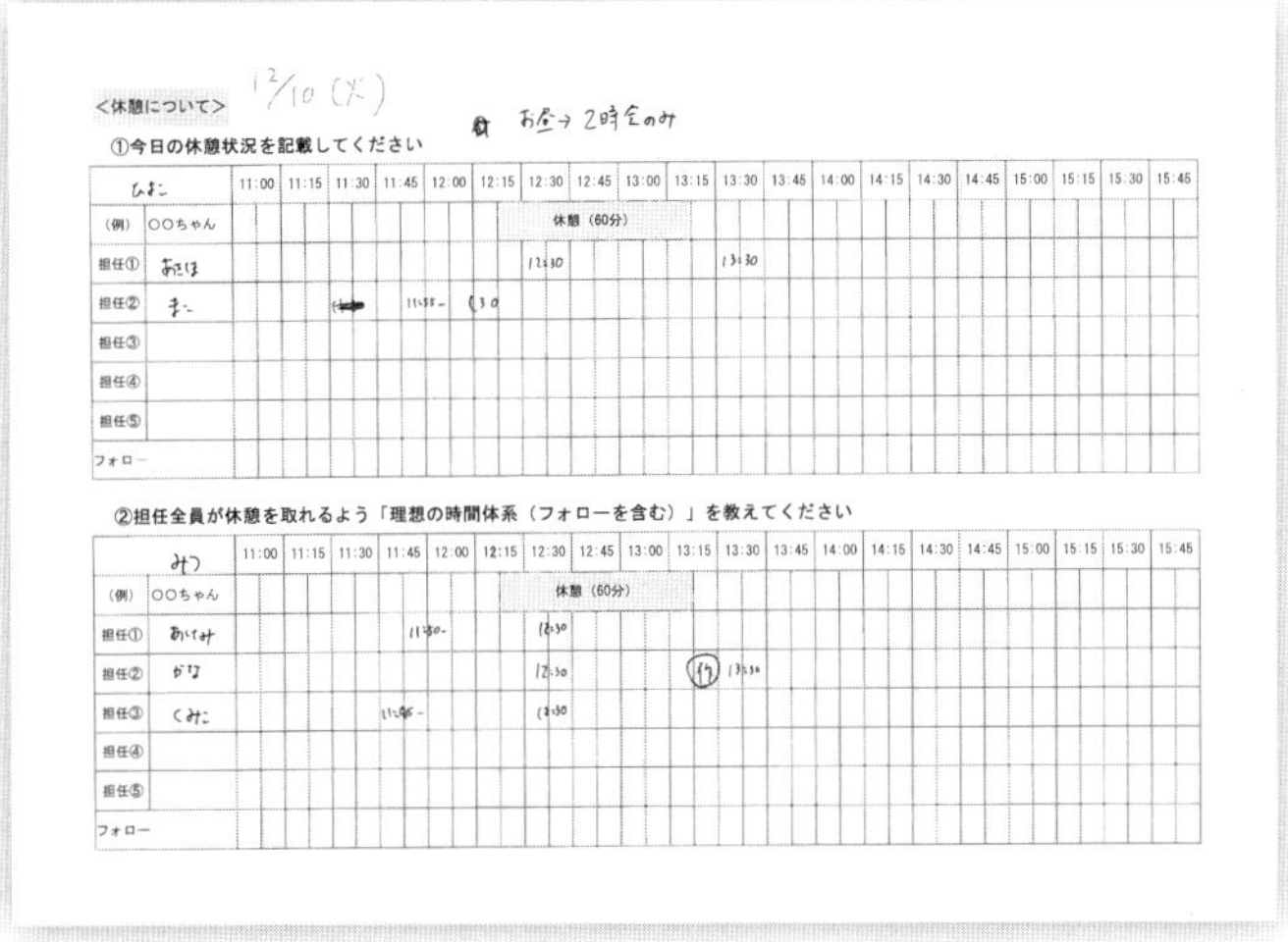
<休憩について>　12/10（火）　お昼→2時全のみ

①今日の休憩状況を記載してください

ひよこ		11:00	11:15	11:30	11:45	12:00	12:15	12:30	12:45	13:00	13:15	13:30	13:45	14:00	14:15	14:30	14:45	15:00	15:15	15:30	15:45
（例）	○○ちゃん						休憩（60分）														
担任①	あさは							12:30				13:30									
担任②	まこ				11:55–	130															
担任③																					
担任④																					
担任⑤																					
フォロー																					

②担任全員が休憩を取れるよう「理想の時間体系（フォローを含む）」を教えてください

みつ		11:00	11:15	11:30	11:45	12:00	12:15	12:30	12:45	13:00	13:15	13:30	13:45	14:00	14:15	14:30	14:45	15:00	15:15	15:30	15:45
（例）	○○ちゃん						休憩（60分）														
担任①	あけみ				11:50–			12:30													
担任②	かな							12:30			（行）	13:30									
担任③	くみこ				11:45–			12:30													
担任④																					
担任⑤																					
フォロー																					

各職員が昼の休憩をしっかり取れているかどうかのチェック表。休憩を取ろうとしない職員もいたが、ノンコンタクトタイム（休憩時間以外に、子どもとかかわらず、書類仕事などをする時間）を保障することで、多くの職員が休憩を取れるようになった。

勤務表

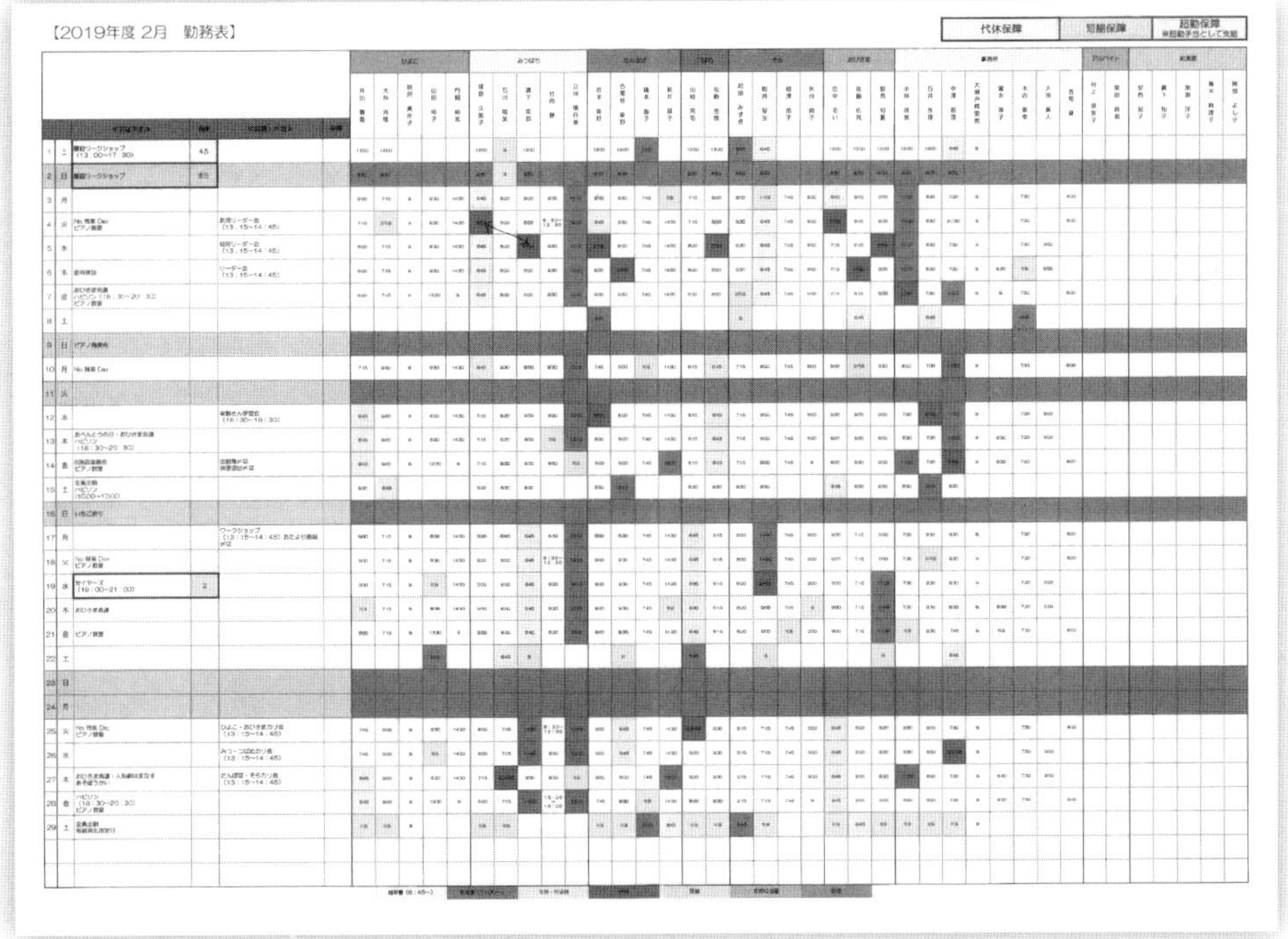
【2019年度 2月　勤務表】

代休保障　短縮保障　超勤保障

当日の予定（行事、クラス活動、会議など）を一緒に記載することで、「見通しをもって業務を進められる」との声が多く聞かれるようになった。2か月前に掲示することで、休みの予定が立てやすくなったと喜ばれている。

ノンコンタクトタイムをしっかり取る

毎日、たくさんある書類作業。以前は、クラスごとに担任のリーダーが割り振っていましたが、どうしても「やっておくから」と、リーダーが背負い込み、結果的に休憩時間を使って書類作業をするということもありました。そこで、マネジメントの対策チームが、書類作業を割り振ることにしました。一覧表にして、経験年数や力量を加味しつつ、仕事を割り振るので、誰に荷重がかかっているか一目でわかります。

また、毎日の全職員の体制を細かく表にすることで、ノンコンタクトタイムを把握することができるようになりました。

それぞれのクラスに任せないで、マネジメントの対策チームがノンコンタクトタイムや仕事量を管理することで、自分の仕事量が多いと思っても言い出せなかったり、頑張りすぎたりする職員が減り、結果的に残業が大幅に減りました。プライベートの時間もしっかり取ることができるようになったので、リフレッシュして次の日の保育に入れるようになったのです。

このような取り組みを始めてから、大幅に退職者が減っていきました。

書類作成作業の振り分け表

【書類作成　振分け状況（クラス）】

＜乳児＞

	ひよこ					みつばち					たんぽぽ				
	はるか	あきほ	まこ	まさこ	（備考）	まりえ	あけみ	かな	しずか	（備考）	直子	ゆきの		なおこ	（備考）
月カリレジメ	○					○					○				
年カリ	○					○					○				
個別月カリ 個別期カリ	3人	4人		2人		5人	5人	4人	△		9人	4人		2人	
おたより（毎月）	○					○					○				
クラス便り	○	○				○					○				
経過記録	3人	4人		2人		5人	5人	4人	△		9人	4人		2人	
日案	○	○				○					○				
日誌	○	○				○	◎	※		※第2期より少しずつ	○	※			※第2期より少しずつ
連絡帳	○	○	○	○		○	○	○	○		○	○		○	
出席簿		○	○	○			○	○				○		○	
写真データ移行		○						○				○			
写真振分け		○				○					○				
一時保育日誌	／	／	／	／					○					○	
健康台帳		○	○	○			○	○	○			○		○	
面談記録・家庭訪問記録	○					○					○				

＜幼児＞

	つばめ			そら					おひさま			
	こうじ	あんな	（備考）	みずき	めい	ゆうこ	なおこ	（備考）	るい	ゆうすけ	ともか	（備考）
月カリレジメ	○			○					○			
年カリ	○			○					○			
個別月カリ 個別期カリ	○	○	M、S児	○	○	○	○	めい→Y・H　みずき→I・S ゆうこ→M・H／なおこ→K・N	○	○	○	Y・Y　K・Y　T・H　O・K
おたより（毎月）	○			○					○			
クラス便り	○	○		○		△		みずき代休時	○			
経過記録	10人	9人		8人	4人	4人	1人		6人	7人	4人	
日案	○	○		○		○			○	△		
日誌	○	○		○	※	△		※第2期より少しずつ	○	◎	※	※第2期より少しずつ
連絡帳	○	○		○	○	○	○		○	○	○	
出席簿		○			○	○	○			○	○	
写真データ移行		○			○						○	
写真振分け	○			○					○			
一時保育日誌		○				○				○		
健康台帳		○			○	○	○			○	○	
面談記録・家庭訪問記録	○			○					○			

誰がどの仕事をしているか、仕事量は適正かを可視化した表。

職員の体制表

【体制表】　1　月　14　日　火　曜日

NO残業デー　　なし

	終日作業	午前作業①	午前作業②	午後作業①	午後作業②	午後作業③	午後作業④
	卒園式カード 伝承あそび会準備 写真整理12月	伝承あそび会準備		みよし…写真整理 15:45～16:45	はるか…写真整理 14:45～15:45		
	ひよこ	みつばち	たんぽぽ	つばめ	そら	おひさま	事務所
予定人数							
実習生 アルバイト							
午前	6:45 はるか	7:15 あけみ	7:45 直子		7:15 めい	6:45 るい	7:30 しげみ
	8:00～9:00 ゆうこ	8:00 くみこ	8:00 ゆきの	8:00 こうじ	7:45 ゆうこ（朝ひよこ）		8:30 えり
	8:30 まこ	8:30~12:30 しずか		人数次第で こうじくん作業		（えり）	9:30 ゆり
	9:00 あきほ	9:00～9:30 （えり）		8:30 やすゆき	9:00 なおこ	9:00 ともか（−1、5）	
		9:30 かな	9:00 みよし	9:00 あんな	9:15 みずき	11:00 ゆうすけ	
午後	16:45 はるか（作業）	16:15 あけみ	16:45 直子（ひよこフォロー）	15:15 やすゆき	15:30 ゆうこ	15:45 るい	16:30 しげみ
	14:30～ なおみ	17:00 くみこ	17:00 ゆきの		15:45 なおこ		17:30 えり
	14:45～15:45 直子		14:30~ あつこ	17:00 こうじ	16:15 めい	16:30 ともか（−1、5）	18:30 ゆり
	18:00 あきほ	13:15～ あずみ	18:00 みよし（作業）		15:30～16:30 幼児～1人作業へ		
		18:30 かな		18:00 あんな	18:15 みずき	20:00 ゆうすけ	

○の付いているところが、名前の書いてある職員のノンコンタクトタイム。当日の朝、登園児数に合わせて体制を組み直し、人数やクラス活動の内容によって、職員が作業に就けるようにした。体制が可視化されて、クラス同士のフォロー意識が高まり、クラスの垣根を越えて声をかけ合う姿が日常になった。

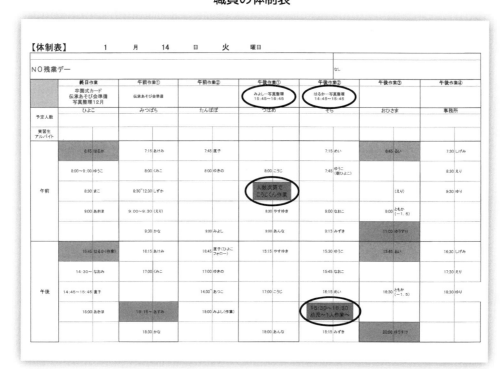

リラックスできる場所作り

しっかりと休憩を取れるシフトはできましたが、もう一つ考慮したのが休憩室の環境を変えること。以前は、休憩する人も作業をする人も同じ場にいましたが、作業をしている人が近くにいると、休憩中の人もつい手伝ってしまっていたそうです。

そこで、休憩室に仕切りを作り、作業用、休憩用に場所を区切りました。このおかげで、作業をしている人に気兼ねなく、ゆっくりと休憩中のおしゃべりを楽しめるようになりました。

このように、語り合いを通して課題を見つけ、オンとオフを上手に切り替えることができたことで、今まで以上に保育に集中し、子どもも保護者も、そして保育者も楽しい保育を目指すことができるようになっていきました。

After

背の高い仕切りで区切った休憩室

いくつかのスペースに仕切られているので、少人数でリラックスできる。

マメ先生のチェックポイント

保育の質向上と、職員の働きやすさ改革はセットで

園内に語り合う風土を作り、保育の質を高めていくことと、職員の働きやすさの問題はどうしても切り離せません。子ども主体の保育に変えようとしても、保育者の人間関係が悪かったり、離職率が高かったりするということは、どこかに無理があるのです。これらの解決には、園全体の体制を見直していくマネジメント力が問われます。

さくらい幼稚園の場合、行事や明日の保育の準備に追われ、多忙になっていたことが、保育者全体の雰囲気にも表れていて、それが課題だったと述べています。

さくらい幼稚園では、まず、保育者が子どもの姿を話せる雰囲気作りから始めたそうです。大切なことは、保育者自身が「こう思った」とか、「こうしたい」ということを話せる雰囲気なのだと思います。そうした雰囲気を作る中で、教材準備に時間をかける保育を見直し、働き方の改革につなげているのです。時間をかけて保育者に寄り添ってきたリーダーの存在がすばらしいです。

また、鳩の森愛の詩瀬谷保育園は、職員の意欲も高いのに離職率が高い理由が、「子どものための保育」でした。それが、バーンアウトにつながっていたことに気づき、改革を行いました。そこで大切なことは、リーダー層が中心となってマネジメント対策のチームを作ったこと、そして、職員の本音や実態をしっかりと聞き出し、仕事を可視化して偏りをなくし、休憩室の場作りなどの具体的な課題解決を行ったことです。

順正寺こども園（広島県・広島市）

園の理念を問い直すことの大切さ

「園の理念」とは、その園の最も基本となる考え方ですが、普段あまり深く考えないという人も多いのではないでしょうか。順正寺こども園では、保育者主導の保育から子ども主体の保育への転換にあたり、職員全員で園の理念をも見直していきました。

まずは、理念の見直しから

伊藤唯道先生が園長になったとき、保育への思いを込めて、

この園に関わるすべての人が心身ともに健やかに育ち、ここで出遇えたことを喜び、命の尊さに気づきながら、共に育ちあう保育を行う。

と、園の理念を掲げました。

しかし、そのころは、「長くて覚えられず、他園の人に聞かれても、すぐには答えられませんでした」と、指導保育教諭の本田智秋先生。

2013年、保育者主導の保育から子ども主体の保育へと転換を図り始めたとき、園の根本的な考え方を示す理念も、もう一度問い直そうということになり、語り合いが始まりました。

順正寺こども園は、仏教系の園です。仏教には「人間の自分の限界を自覚し、気づかせていただく教え」「他者との関係の中に自分が存在するという教え」があります。この仏教の教えに基づいた基本的な考え方は変わりませんが、もっとわかりやすく、職員にも保護者にも浸透する文言にしようと、全体で何度も話し合い、徐々にブラッシュアップしていきました。そして、現在の**出《で》遇《あ》いを喜び、共に育ち合う**という言葉になっていきました。

みんなで話し合い

同じ年齢のクラスでの話し合い。

職員同士も語り合い

職員同士も、年齢や経験を問わず、本音で語り合える雰囲気が大事。

「出遇いを喜び、共に育ち合う」とは？

順正寺こども園の理念では、「出遇い」と「育ち合う」ということが強調されています。「であい」の「あい」には、あえて、「遇う」という字が使われています。園長の伊藤先生によれば、「遇う」は「たまたまあえた」という意味をもつ字だそうです。「ほんとうはあえなかったかもしれないが、たまたまこの園であえた。この偶然のであいを大切にしていきたいという思いを込めています」と、伊藤先生。

また、「共に育つ」ではなく、「共に育ち合う」としたのは、互いに影響を与え合い、育っていくと考えているからだそうです。「それぞれが育つのではなく、子どもの健やかな成長を通して、大人が育ち、大人の成長によって子どもが育っていく、そういう循環的な育ち合いによって、常に成長し続けることが、子どもの最善の利益につながると考えています」と、伊藤先生は続けます。

「共に育ち合う」という言葉には、ともに学び、成長し続けることが、子どもだけでなく、大人も人間としてよりよい人生を送っていく上で必要なことだという意味が込められているのです。

保育目標や保育方針も見直し

保育目標は、理念をより具体的に示したものですが、理念を問い直していくと、保育目標や方針も問い直す必要が出てきました。

順正寺こども園では、園が目指す人間像、「こんな人に育ってほしい」という願いを保育目標としているそうです。

また、保育方針は、それまで「○○ができる子」という表現が多かったそうですが、そこも再考しました。「子どもの気持ちを受け止め、共感的に向き合うことで自己肯定感を育むこと」「自分でやってみることで想像力や意欲を育むこと」「あそびを通して人と人、場所とつながること、そして次へつながることを大切にすること」「対話を大事にすること」などを園の方針とすることにしました。

砂のケーキ

「見て！　見て！」。砂で作ったケーキをうれしそうに見せてくる女の子。

衣装を着て、アイドルごっこ

アイドルになりきって、舞台で歌い踊る２歳児。人と人とのつながりで、やりたいことの実現を大切に。

保育目標

・自ら考え、自らを振り返りながら、他者と共に歩んでいける人

保育方針

・受容的で共感的な気持ちを大切にします。
・「自分で」を大切にします。
・つながる「あそび」を大切にします。
・「対話」を大切にします。

真剣に話し合った「園の理念」

2013年度に、園の理念を問い直す研修を行った順正寺こども園。それまでもさまざまな研修をしてきましたが、このときほど職員全員で真剣に話し合ったことはなかったと言います。

まずは、今の子どもたちの姿をホワイトボードに書き出し、その後に、どういう子に育ってほしいかという願いも挙げていきました。

2013年度は、このような研修を3回ほど続け、現在の「出遇いを喜び、共に育ち合う」という文言に集約されていったそうです。

園の理念を問い直す研修は、子どもたちの姿だけではなく、自分たちの保育そのものを問い直す研修でもありました。

「園の理念」を問い直す研修

みんな真剣な眼差しで、園の理念について語り合った。

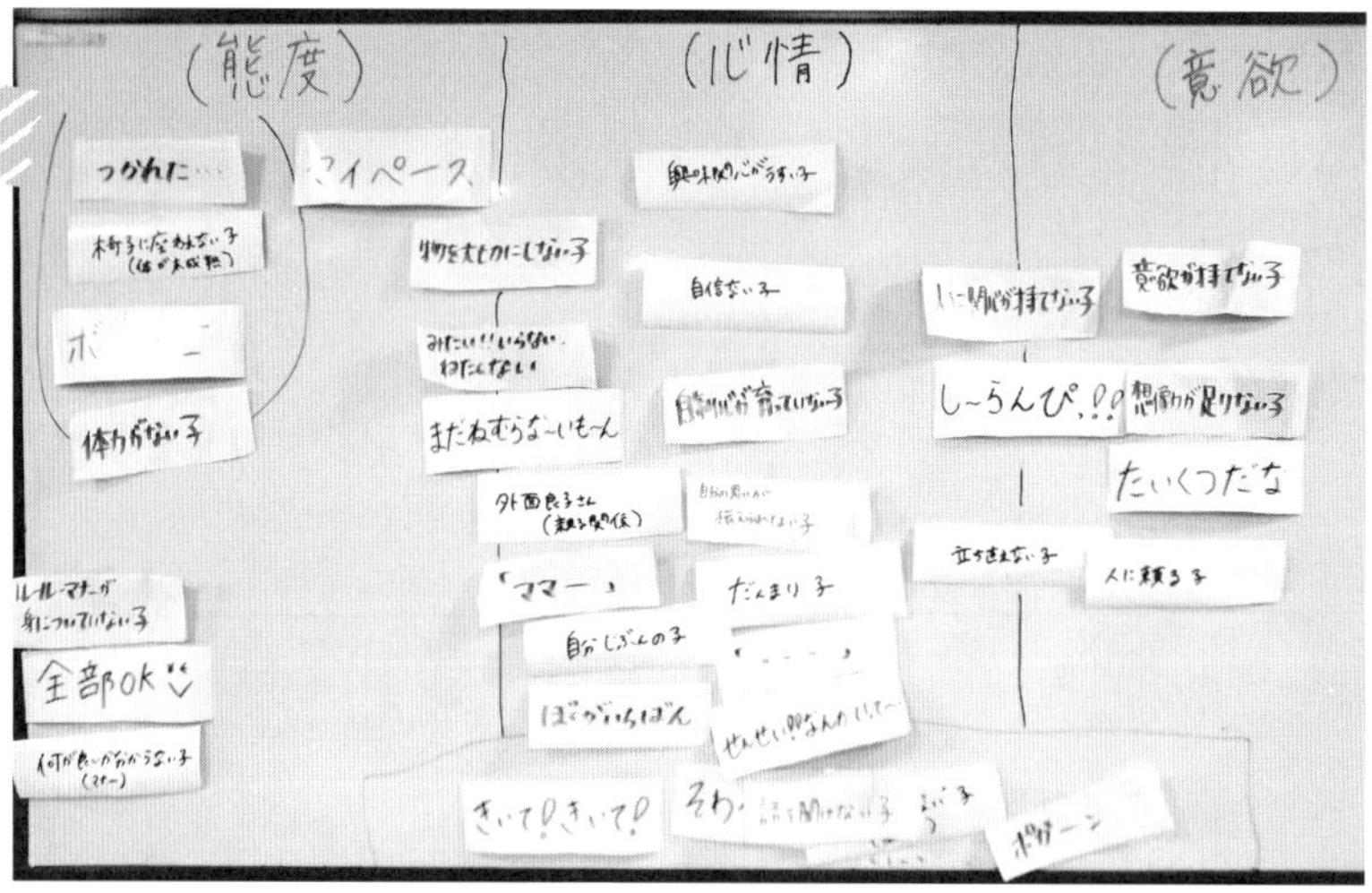

つかれた…
マイペース
体力がない子
全部OK
興味関心がうすい子
物を大切にしない子
自信ない子
まだねむらない～もん
「ママー」
だんまり子
意欲が持てない子
しーらんぴ!!?
想像力が足りない子
たいくつだな
人に頼る子
きいて!!きいて!!

子どもたちの姿

子どもたちの姿を、心情、態度、意欲の3つにカテゴライズ。

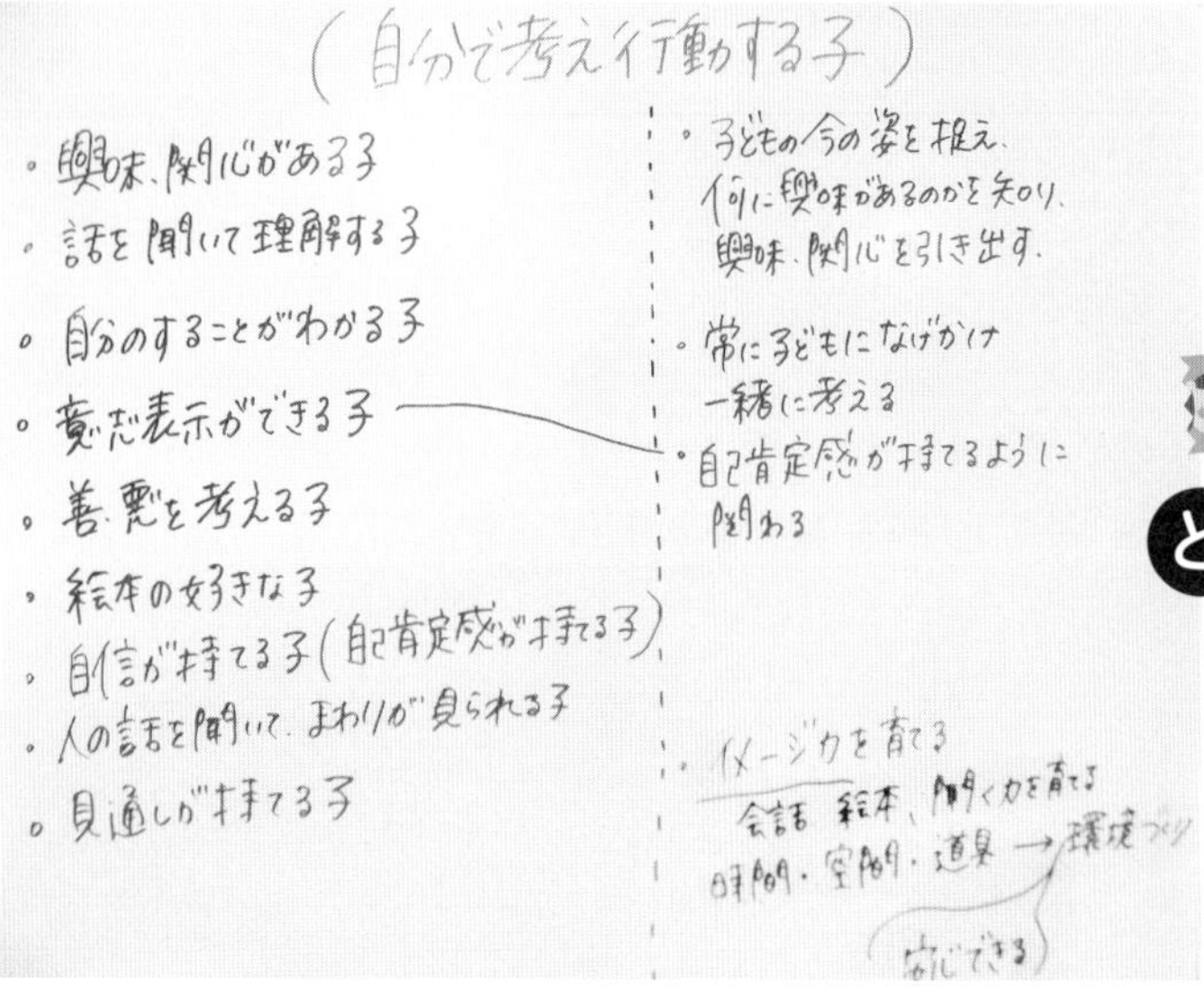

(自分で考え行動する子)
・興味、関心がある子
・話を聞いて理解する子
・自分のすることがわかる子
・意志表示ができる子
・善悪を考える子
・絵本の好きな子
・自信が持てる子(自己肯定感が持てる子)
・人の話を聞いて、まわりが見られる子
・見通しが持てる子
・子どもの今の姿を捉え、何に興味があるのかを知り、興味・関心を引き出す。
・常に子どもに声かけ 一緒に考える
・自己肯定感が持てるように関わる
・イメージ力を育てる
会話 絵本、聞く力を育てる
時間・空間・道具 → 環境づくり
安心できる

どういう子に育ってほしいか

職員全員で、どういう子に育ってほしいかという意見を出していった。

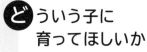

大人も子どもも同じ人間として

順正寺こども園では、子ども主体の保育や保育の質の向上に向けて、長年研修を続けてきました。しかし、はじめのころは、研修中に発言をするのは、管理職や経験豊富な保育者ばかり。それではいけないと、日ごろの保育の様子をビデオで撮影して、園内研修で共有し、語り合うという形にしました。ところが、子どもの様子を語り合うはずが、ビデオに映っている保育者の姿から課題を探すようになってしまったそうです（詳しくは、98ページを参照）。

２０１８年、広島市保育連盟の主催する「園内研修コーディネーター養成講座」に参加した本田先生は、そこで、職員同士が本音で語り合える関係を築いていくことの大切さを学び、衝撃を受けたそうです。

それと同時に、本田先生は、今までずっと語り合ってきた園の理念を再認識したと言います。

「大人と子どもを別物と見ていた自分に気付かされたのです」と、本田先生。

「帰りの会で、『今日、〇〇ちゃんのこんないいところを見つけたよ』と言うなど、子どもたちが互いのよさを認め合う時間を設けているクラスは、クラスの雰囲気がよい方向にぐっと変わってくることがあります。大人である職員同士も同じで、褒められればうれしい。いつも悪いところ探しのような目で見られていたら、モチベーションも下がってしまいます。それまでは、指導的な立場を強く意識していましたが、『出遇いを喜び、共に育ち合う』という園の理念に立ち返って、職員に寄り添い、同じ目線で見ることの大事さを痛感しました」と、語ります。

それからは、保育者が「いいな」「すごいな」と感じていることや、保育に関することで悩んでいることを、話せるような雰囲気作りをいちばんに考えていったそうです。

研修のスケジュール

この日の研修のテーマやスケジュールについて、説明する園長の伊藤先生。

みんなで研修会場の設営

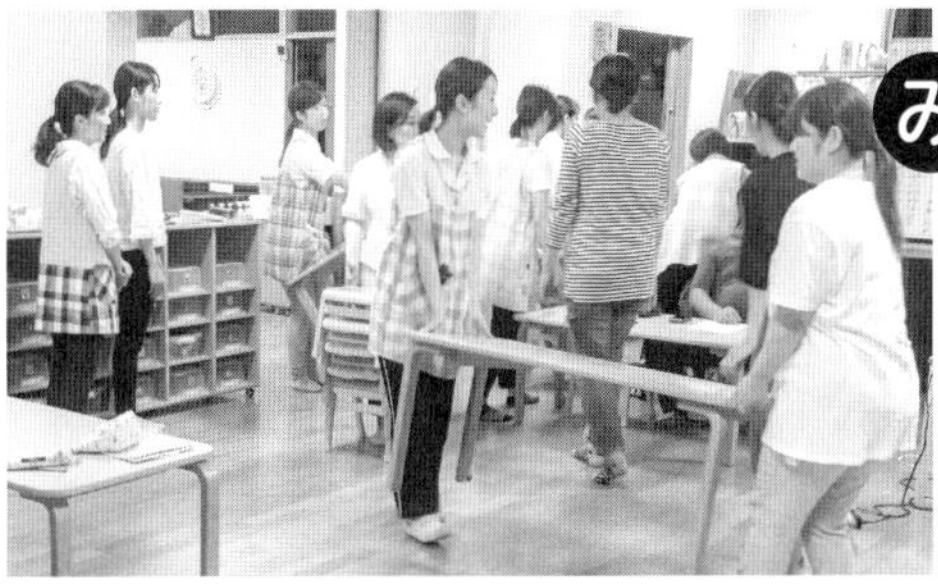

全員で椅子や机を運び、研修会場を設営することが、緊張をほぐし、語り合いをスムーズにする。

よいところ探し

研修の最後には、互いのよいところを付箋に書いて渡し合う。この付箋をノートにはって、宝物にしている職員も多い。

お茶やお菓子も用意して

お茶やお菓子も用意して、楽しく語り合うことが大事。

園の理念

園の理念は、みんなで共有

職員みんなで決めた園の理念は、毎年、年度が終わりに近づいた2月か3月に、全体会で再確認します。順正寺こども園では、園の根本的な考え方や、子どもに対する願いなどを、新任はもちろん、園の理念を決めることからかかわってきた職員も、ここでもう一度確認することで、理念をしっかりと心に刻むことを大事にしているそうです。

さらに、職員だけでなく、保護者にも園の理念や考え方、保育観を周知するために、なぜ子ども主体の保育を目指すのかなどを、毎年４月はじめには、丁寧に解説した園だよりを発行しています。

こうして、順正寺こども園では、園の理念を実践するために、保護者も巻き込んで、日々研鑽を積んでいるということです。

マメ先生の**チェックポイント**

園の理念と、目の前の保育の実際がつながるために

一人一人の職員が自分の「園の理念」について説明できるかどうかということは、とても大切なことです。しかし、実際はなかなか説明が難しかったり、あるいは「お題目」となっていて、実際の保育とはつながっていなかったりすることもあるのではないでしょうか。暗記していればよいというものでもないのだと思います。

順正寺こども園の「園の理念を問い直す」という取り組みは、とても示唆に富んだ取り組みだと思いました。

その園の理念は、その園のミッションそのものにかかわるものです。この園の場合、仏教の教えが根本にあるということです。園によって、宗教や設立者の理念などは、それぞれだと思います。しかし、大切なことは、それが具体的な保育目標や保育方針にどうつながっているかということです。そのため、この園では園内研修で、「どのような子どもに育ってほしいか」ということを挙げて、ホワイトボードで整理をしていったようです。こうしたことが、園の保育観や具体的な保育につながる一助となるでしょう。

さらに重要なのは、こうした理念に基づいて保育を語り合う中で、「出遇いを喜び、共に育ち合う」という理念が、単に子ども同士だけでなく、大人である職員同士にもそれぞれのよさが生かされることにつながっているということです。これは、すばらしいことです。

園の考え方などを伝える園だより

毎年４月のおたよりでは、園の考え方や保育観を保護者に伝えるようにしている。

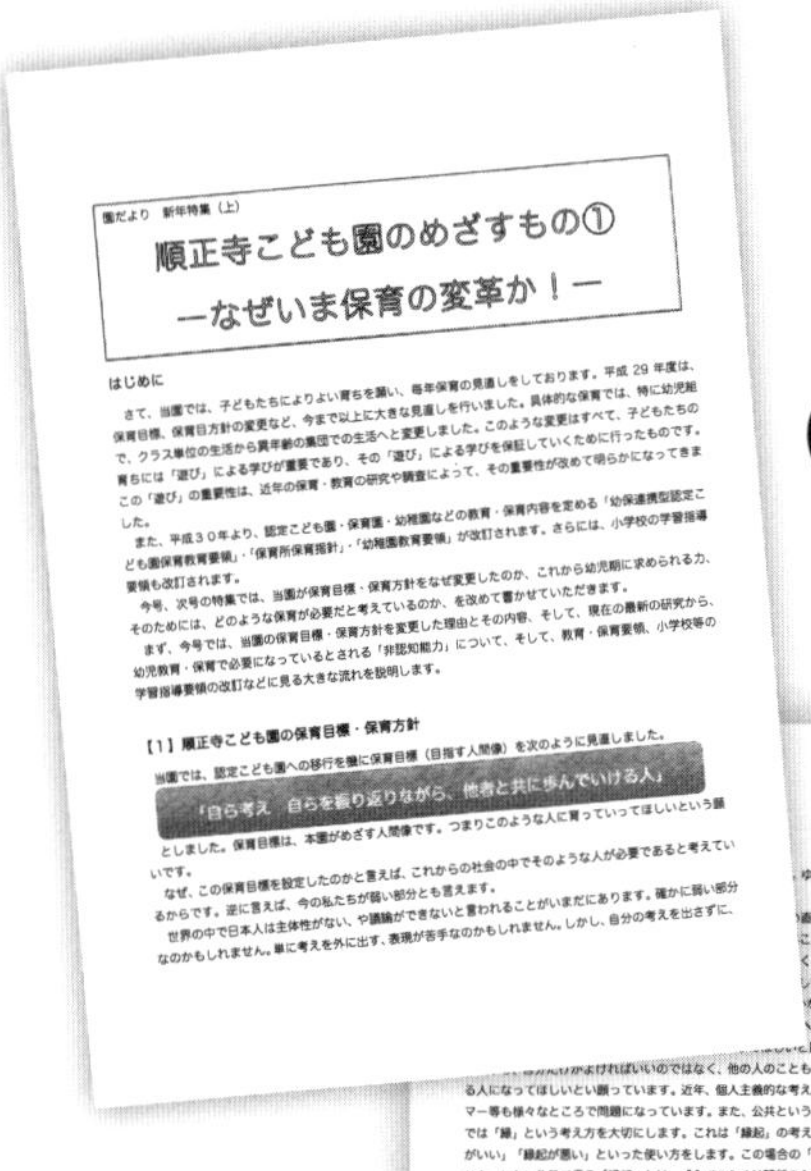

園だより　新年特集（上）

順正寺こども園のめざすもの①

―なぜいま保育の変革か！―

はじめに

さて、当園では、子どもたちによりよい育ちを願い、毎年保育の見直しをしております。平成 29 年度は、保育目標、保育目方針の変更など、今まで以上に大きな見直しを行いました。具体的な保育では、特に幼児組で、クラス単位の生活から異年齢の集団での生活へと変更しました。このような変更はすべて、子どもたちの育ちには「遊び」による学びが重要であり、その「遊び」による学びを保証していくために行ったものです。この「遊び」の重要性は、近年の保育・教育の研究や調査によって、その重要性が改めて明らかになってきました。

また、平成３０年より、認定こども園・保育園・幼稚園などの教育・保育内容を定める「幼保連携型認定こども園保育教育要領」・「保育所保育指針」・「幼稚園教育要領」が改訂されます。さらには、小学校の学習指導要領も改訂されます。

今号、次号の特集では、当園が保育目標・保育方針をなぜ変更したのか、これから幼児期に求められる力、そのためには、どのような保育が必要だと考えているのか、を改めて書かせていただきます。

まず、今号では、当園の保育目標・保育方針を変更した理由とその内容、そして、現在の最新の研究から、幼児教育・保育で必要になっているとされる「非認知能力」について、そして、教育・保育要領、小学校等の学習指導要領の改訂などに見る大きな流れを説明します。

【1】順正寺こども園の保育目標・保育方針

当園では、認定こども園への移行を機に保育目標（目指す人間像）を次のように見直しました。

「自ら考え　自らを振り返りながら、他者と共に歩んでいける人」

としました。保育目標は、本園がめざす人間像です。つまりこのような人に育っていってほしいという願いです。

なぜ、この保育目標を設定したのかと言えば、これからの社会の中でそのような人が必要であると考えているからです。逆に言えば、今の私たちが弱い部分とも言えます。

世界の中で日本人は主体性がない、や議論ができないと言われることがいまだにあります。確かに弱い部分なのかもしれません。単に考えを外に出す、表現が苦手なのかもしれません。しかし、自分の考えを出さずに、

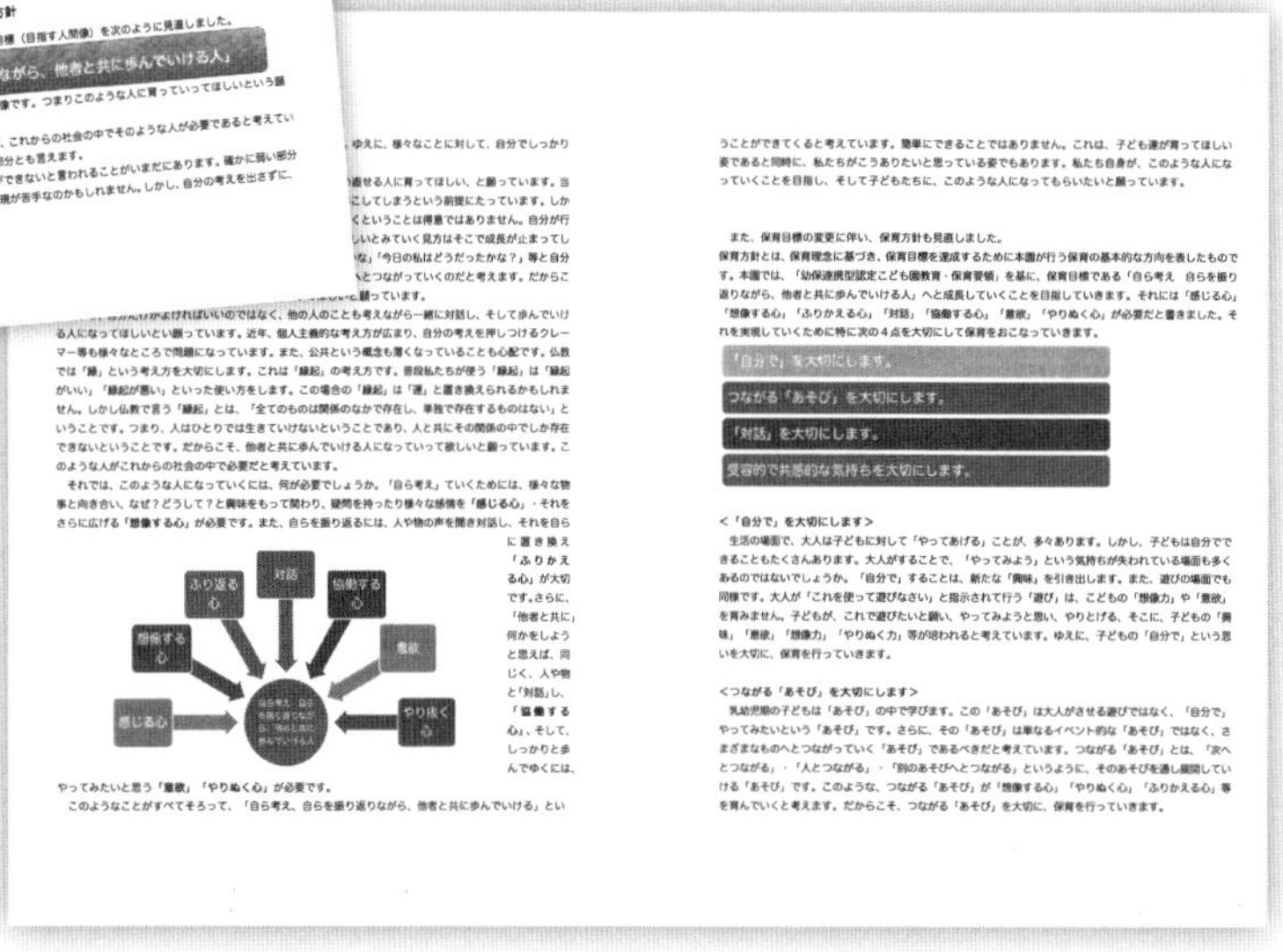

ゆえに、様々なことに対して、自分でしっかり

直せる人に育ってほしい、と願っています。当

としてしまうという前提にたっています。しか

くということは得意ではありません。自分が行

しいとみていく見方はそこで成長が止まってし

な」「今日の私はどうだったかな？」等と自分

へとつながっていくのだと考えます。だからこ

願っています。

分だけがよければいいのではなく、他の人のことも考えながら一緒に対話し、そして歩んでいける人になってほしいと願っています。近年、個人主義的な考え方が広まり、自分の考えを押しつけるクレーマー等も様々なところで問題になっています。また、公共という概念も薄くなっていることも心配です。仏教では「縁」という考え方を大切にします。これは「縁起」の考え方です。普段私たちが使う「縁起」は「縁起がいい」「縁起が悪い」といった使い方をします。この場合の「縁起」は「運」と置き換えられるかもしれません。しかし仏教で言う「縁起」とは、「全てのものは関係のなかで存在し、単独で存在するものはない」ということです。つまり、人はひとりでは生きていけないということであり、人と共にその関係の中でしか存在できないということです。だからこそ、他者と共に歩んでいける人になっていって欲しいと願っています。このような人がこれからの社会の中で必要だと考えています。

それでは、このような人になっていくには、何が必要でしょうか。「自ら考え」ていくためには、様々な物事と向き合い、なぜ？どうして？と興味をもって関わり、疑問を持ったり様々な感情を「感じる心」・それをさらに広げる「想像する心」が必要です。また、自らを振り返るには、人や物の声を聞き対話し、それを自らに置き換え「ふりかえる心」が大切です。さらに、「他者と共に」何かをしようと思えば、同じく、人や物と「対話」し、「協働する心」、そして、しっかりと歩んでゆくには、

やってみたいと思う「意欲」「やりぬく心」が必要です。

このようなことがすべてそろって、「自ら考え、自らを振り返りながら、他者と共に歩んでいける」ということができてくると考えています。簡単にできることではありません。これは、子ども達が育ってほしい姿であると同時に、私たちがこうありたいと思っている姿でもあります。私たち自身が、このような人になっていくことを目指し、そして子どもたちに、このような人になってもらいたいと願っています。

また、保育目標の変更に伴い、保育方針も見直しました。

保育方針とは、保育理念に基づき、保育目標を達成するために本園が行う保育の基本的な方向を表したものです。本園では、「幼保連携型認定こども園教育・保育要領」を基に、保育目標である「自ら考え　自らを振り返りながら、他者と共に歩んでいける人」へと成長していくことを目指していきます。それには「感じる心」「想像する心」「ふりかえる心」「対話」「協働する心」「意欲」「やりぬく心」が必要だと書きました。それを実現していくために特に次の４点を大切にして保育をおこなっていきます。

「自分で」を大切にします。

つながる「あそび」を大切にします。

「対話」を大切にします。

受容的で共感的な気持ちを大切にします。

<「自分で」を大切にします>

生活の場面で、大人は子どもに対して「やってあげる」ことが、多々あります。しかし、子どもは自分でできることもたくさんあります。大人がすることで、「やってみよう」という気持ちが失われている場面も多くあるのではないでしょうか。「自分で」することは、新たな「興味」を引き出します。また、遊びの場面でも同様です。大人が「これを使って遊びなさい」と指示されて行う「遊び」は、こどもの「想像力」や「意欲」を育みません。子どもが、これで遊びたいと願い、やってみようと思い、やりとげる、そこに、子どもの「興味」「意欲」「想像力」「やりぬく力」等が培われると考えています。ゆえに、子どもの「自分で」という思いを大切に、保育を行っていきます。

<つながる「あそび」を大切にします>

乳幼児期の子どもは「あそび」の中で学びます。この「あそび」は大人がさせる遊びではなく、「自分で」やってみたいという「あそび」です。さらに、その「あそび」は単なるイベント的な「あそび」ではなく、さまざまなものへとつながっていく「あそび」であるべきだと考えています。つながる「あそび」とは、「次へとつながる」・「人とつながる」・「別のあそびへとつながる」というように、そのあそびを通し展開していける「あそび」です。このような、つながる「あそび」が「想像する心」「やりぬく心」「ふりかえる心」等を育んでいくと考えます。だからこそ、つながる「あそび」を大切に、保育を行っていきます。

第3章 往還的研修

外部研修と園内の取り組みの「行きつ戻りつ」が、
園内の課題への気付きや解決につながる「往還的研修」。
具体的には、どのような取り組みなのでしょうか。
「往還的研修」で、保育の質の向上を目指した実践例を、
聖心女子大学の髙嶋景子先生が解説します。

執筆／髙嶋景子（聖心女子大学）

順正寺こども園（広島県・広島市）

「語り合い」が生まれる園内研修を求めて

長い歴史と伝統をもつ順正寺こども園では、数年前から「子ども主体の保育」への転換を目指して、保育の質の向上に取り組み始めました。質の向上に向けて、保育者間でも主体的に保育を語り合える風土を作るため、園内研修のあり方についても、外部研修での学びや気付きを反映させつつ、試行錯誤を重ね、工夫してきました。

保育の問い直しから始まった「子ども主体の保育」の探究

順正寺こども園では、数年前まで、どちらかというと保育者主導の画一的な保育が行われていたといいます。しかし、三法令が改訂（定）され、社会も目まぐるしく変化する中で、「今のままの保育を続けていていいのだろうか？」という疑問が保育者の中から生まれてきたそうです。そして、子どもたちが大人になったとき、未来の社会で幸せな生活を送るために、保育の中で「今、できることはなんだろうか？」という問いを、保育者間で考えていった結果、子どもたち一人一人の思いや声を尊重し、大切にした「子ども主体の保育」の探究が始まりました。

さまざまな保育の見直しを進める中で、一つ一つの行事のねらいや取り組み方の問い直しも始まりました。

例えば、順正寺こども園では、毎年、5歳児クラスになると、JR広島駅へ行って、駅員の案内で構内や新幹線を見学する「JRたんけん」という遠足を行っていました。長い歴史の中で、毎年、内容も時程もほとんど変わらないまま行われていた行事でしたが、その活動が子どもたちにとっては、どのような意味のある経験になっているだろうか、と保育者間で見直す中で、子どもたちが自分で考え、自分で決めて、やりきったという自信と達成感を得られる経験につながるような機会にしたいという声が挙がり、そのための模索が始まりました。

Before

JR広島駅に着くと、駅員の案内で構内や新幹線を見られるホームを見学させてもらう。いろいろな見どころがあるが、保育者は、子どもたちが列から外れないように注意を払うため、それぞれの子どもの発見や味わっていることを丁寧に見ることが難しかった。

子どもたちは、目的地の駅まで路線バスに乗って行く経験も楽しんでいたものの、そのルートはあらかじめ決められたものであり、子どもたちの主体的な発見や探究にはつながりにくかった。

子ども・保育者・保護者の豊かな対話の創造へ

遠足で子どもたちに行ってみたいところを問いかけると、たくさんの「行ってみたい場所」が出てきました。最初の話し合いでは、それぞれ行きたい場所を自由に挙げたため、ディズニーランドやハワイなど実現の難しい案も出ましたが、その話を聞いた園長の伊藤唯道先生が子どもたちが自分で考え、決めていくためのポイントを出してくれました。話し合う上でのポイントが明確になったことで、それを踏まえて子ども同士で話し合いを進められるようになりました。こうしたポイントや、話し合っているときの意見や内容を「見える化」し、話し合う際に共有しやすいよう工夫していきました。

互いの意見を共有して話し合えるようになってくると、それぞれの子どもが自分の思いや経験を積極的に発信する姿も生まれてきました。例えば、キャンプという案が出ると、家族で泊りがけのキャンプをしたことのある子は日帰りができないから無理だと主張しますが、デイキャンプに行ったことがある子の話を聞いて、「それなら行けるかもしれない」と、互いの経験から新しい発見が生まれたり、「でも、雨が降ったらどうするの？」と新たに想像をめぐらせたりするなど、対話のおもしろさが広がっていきました。

そのように、子どもも保育者も、ともに対話を深めながら、候補地が絞られていき、ついに満場一致で水族館に決定しました。

すると、今度は、その水族館にいる生き物や、ショーの時間などを、それぞれの子どもたちが、自ら保護者も巻き込みながら調べ、グループごとに見て回るルートやスケジュールを立て始めました。当日は、それぞれの子どもが自分なりの興味・関心に従って、主体的に見学する姿を、保育者は後ろから見守っていたそうです。遠足の後は、その体験を子どもたちが自らドキュメンテーションにまとめたり、発表会で劇にして伝えたいという声につながるなど、さらなる「子ども主体」の活動や行事へとつながっていきました。

After

まずはみんなで「遠足でどこに行きたい？」と、行きたいところを出し合った。出てきた意見は共有しやすいよう、ホワイトボードなどに書き出していく。

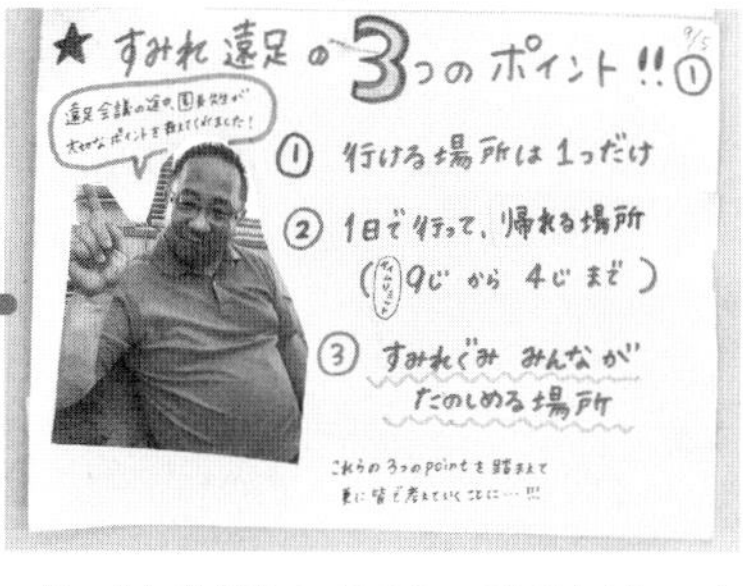

いろいろな案が出て、どうやって決めればいいか悩んだときに、園長が教えてくれた３つのポイント。

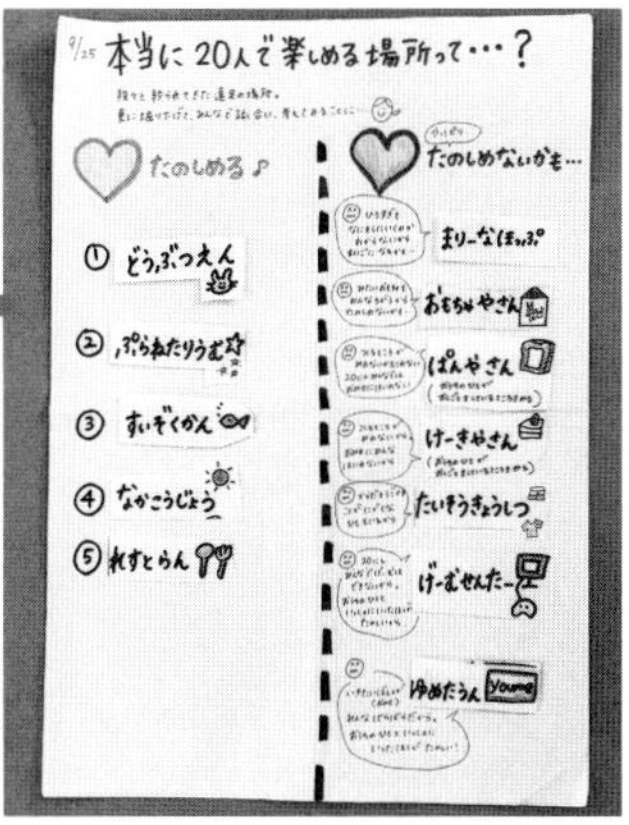

少しずつ候補地が絞られていく。

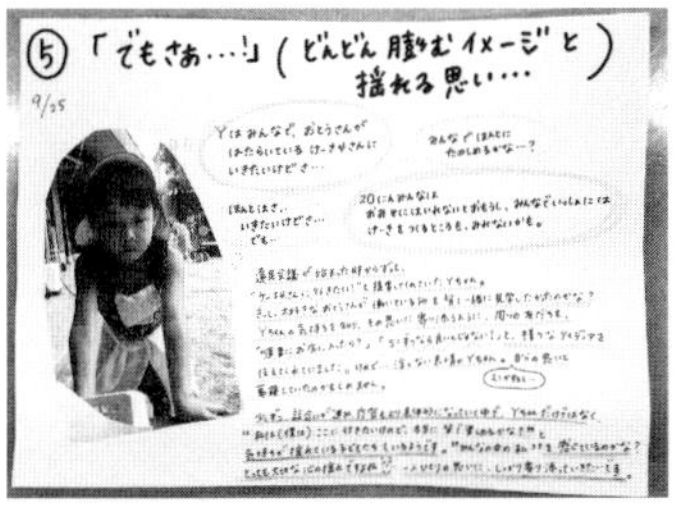

候補地の話し合いが進む過程で生まれる一人一人の子どもの物語を、ドキュメンテーションとして保護者にも発信していくことで、保護者も子どもたちの育ちを共有し、見守ってくれるようになった。

行き先が水族館に決まると、今度は、何が見られるか、どんなショーが何時にあるか、それぞれが調べ始めた。

取り組みの進行に合わせて、保育室の一角に遠足コーナーを設け、みんなが調べたことや、遠足に関する情報を掲示。海の生き物の絵本や図鑑などを置くことで、自然と海の生き物についての話題も飛び交うように。

遠足当日は、さまざまな楽しみ方で、思う存分水族館を味わった子どもたち。保育者は、その姿を後ろから見守ったが、それによってそれぞれの子どもの楽しみ方や味わい方を発見できた。

「語り合い」が生まれない園内研修からの脱却

順正寺こども園では、97ページで紹介したような「子ども主体の保育」を実践していくために、さまざまな形で保育の見直しを進めてきましたが、その過程で大きな役割を果たしていたのが、園内研修でした。

研修の企画運営を担当していた指導保育教諭の本田智秋先生によれば、以前の園内研修は、どちらかというと「報告・伝達型の園内研修」となっており、発言するのは管理職や経験豊富な職員が中心で、経験年数の浅い職員は静かに黙って話を聞く側となっていたそうです。そのため、活発な意見の交換はほとんど見られず、雰囲気も重苦しいものだったといいます。そこで、職員が顔を合わせる貴重な時間を、みんなで意見を交わすことのできる研修にしたいという思いから、研修の改革が始まりました。

まず、見直したのは、課題設定の方法です。いわゆる一般化した普遍的な課題に取り組むのではなく、自園の保育の現状に合わせ、それぞれの保育者が課題について考えていけるような研修にしたいと考えた本田先生は、毎月の園内研修の課題を、普段の保育の中から探す「課題設定型の園内研修」に変えていきました。日ごろの保育の様子をビデオで撮影し、園内研修で共有し、議論をする形で、自園の課題に即した保育の質の向上や職員の育成を目指しました。

しかし、そこでは、課題を見つける側は、保育中の職員の様子や保育の問題点を探すようになってしまい、「何ができていないか？　何が問題か？」ということを探るまなざしになってしまったといいます。そのため、その後のビデオを使った話し合いでも、「このかかわりをどう思うか？」「どうしてこのようなかかわりになったのか？」と保育者のかかわり方について議論が行われることになり、重苦しい雰囲気の研修になっていきました。

そのため、その時期の園内では、「保育の仕事は大変」「おもしろくない」「自分は向いていないのではないか」という職員の声や、職員間の関係に悩む姿も少なくなかったといいます。

こうして園内研修を企画運営する側も、参加する側も互いに苦しさを感じる状況に陥ってしまっていたとき、その状況を大きく変えるきっかけとなったのが、次に紹介する外部研修でした。

順正寺こども園の園内研修の変遷

- 第1段階　報告・伝達型園内研修
- ↓
- 第2段階　課題設定型園内研修
- ↓
- 第3段階　語り合う園内研修

広島市保育連盟主催「園内研修コーディネーター養成講座」（概要）

	概要	
第1回	保育の質向上とマネジメント	・マネジメント・リーダーシップとは何か？ ・保育の質向上・園内研修の考え方 ・園における課題の抽出および研究テーマの検討
第2回	公開保育・カンファレンスとは？	・カンファレンスの意義とあり方 ・公開保育の流れとカンファレンスの進め方について
第3回	やってみよう公開保育・カンファレンス	・各園にて公開保育とカンファレンスを実施
第4回	研修成果の可視化	・ポスター制作と発表

外部研修をきっかけに「語り合い」のポイントとおもしろさが見えてきた

順正寺こども園がある広島市では、広島市保育連盟の主催する「園内研修コーディネーター養成講座」という研修があり、本田先生も2018年度の研修に参加しました。

その研修で、保育の質の向上の基本は、子ども理解であり、そのためには、子どものことを本音で語り合える職員同士の関係を築いていく必要があると学びました。同時に、子どもを中心とした「語り合い」をしていくための具体的な工夫として、フォトカンファレンスやビデオカンファレンス、ドキュメンテーションなど、さまざまな演習を経験し、「語り合い」が互いの見方やよさを知ったり、認め合えたりする関係につながることにも気付いたそうです。

この研修を受講したことをきっかけに、それまで園で取り組んできた園内研修を振り返り、改めて子どものことを本音で楽しく語り合い、職員同士のチームワークや互いの専門性を強化することで保育の質の向上を図ることのできる「語り合う園内研修」に取り組むことにしました。

園内研修は、毎月1回2時間程度

の開催とし、全職員、内容によっては栄養士や調理師など多様な職種の職員も参加し、園全体で子ども理解を深め、各自が自分の考えや見方を広げていくことをねらいとしました。

ビデオや写真を用いて、3〜5人のグループに分かれて語り合いを行いますが、その内容は、以前の「課題設定型」のときのような保育者のかかわり方を議論するものではなく、子どもの心情や保育環境について語り合えるように、各グループにファシリテーター役が入り、必要に応じて質問したり、発言の補足や援助をしたりしながら、職員同士の対話を促します。そして、語り合った後には、グループ内でメッセージを交換し、互いの見方や考え方についてすてきだと感じたところを伝え合うことで、互いを認め合い、尊重し合える関係性の構築を目指すようにしました。

こうした工夫を通して、現在では、一人一人の職員が安心感をもって楽しく子どものことを語ったり、保育の悩みややりたいことを発信し合えたりするようになってきたといいます。

そのかいもあって、97ページで紹介したような子ども主体の保育を展開していくための工夫も、それぞれの職員が主体的に考えながら展開していけるようになってきました。こうした順正寺こども園の園内研修の変革の背景には、1回ずつ単発で終わる研修ではなく、参加者が自園の園内研修のあり方を振り返り、さまざまな取り組みを進めるための具体的な手法を連続性をもって学べる外部研修の存在がありました。また、それだけでなく、その外部研修を単に受動的に受講するのではなく、自園の課題に即して、園内での生かし方を考え、工夫し、実践しようとする保育者の姿勢が、そのプロセスを支えていたと考えられます。順正寺こども園の実践は、そうした保育者自身の主体的な姿が、外部研修での学びと自園の課題を往還的につなぎ、園の保育の変容と質の向上につながり得ることを示してくれているのではないでしょうか。

「語り合う園内研修」概要

開催日時	毎月1回　金曜日 18時30分～20時30分まで
参加者	全職員 （内容によっては、栄養士・調理師も参加）
テーマ	子どものことを、とにかく楽しくみんなで語る ～子ども理解～
ねらい	・子ども理解を深める。 ・ほかの職員の見方や感じ方にふれる。 ・自らの考え方の幅を広げていく。
司会	園長
グループ	3～5名

ビデオや写真を基に、グループで語り合う際も、「正解」を探すのではなく、それぞれの見方を味わい、おもしろがる対話を心がける。その結果、いつのまにか、園内研修以外の時間でも、子どものことを話題に語り合うことが増えてきた。

研修前には緊張をほぐすため、ちょっとしたアイスブレイクも。

語り合いの材料となるビデオも、以前は、保育者のかかわりを中心に撮っていたが、今は、子どもが熱中してあそんでいる姿やおもしろいと思った場面を撮って、共有している。長い場面ではなく、5分くらいの動画で十分語り合える。

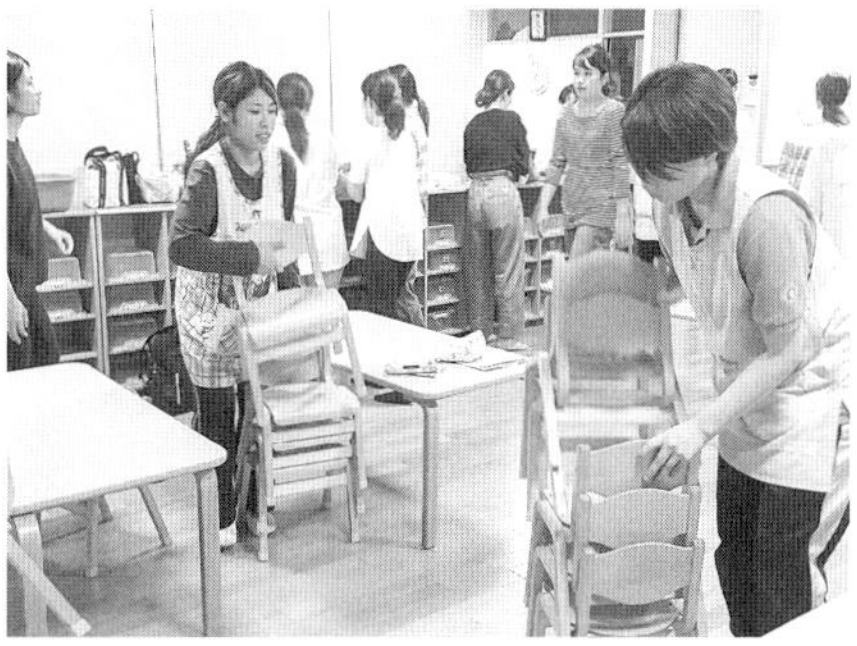

「みんなで作る研修」という意識を共有するため、会場準備などはみんなで行う。

子どもとともに創造していくおもしろさ

白百合愛児園（神奈川県・横浜市）

もともと、園全体で子どもの主体性を大切した保育に取り組んできた白百合愛児園。子どもたちの豊かな育ちを保障していくため、さらなる質向上に取り組み始めた際、その手がかりとなったのは、外部研修と往還的に連動しながら積み重なっていった工夫の数々でした。

きっかけとなった外部研修への参加

白百合愛児園では、もともと、子どもを主体とした保育を大切にしたいという思いをもって、日々の保育を実践していました。しかし、ときとして、園の規模の大きさや保育者数（約60人）の多さなどから、保育理念の共有の難しさを感じることもあったり、具体的な質向上をどのように進めていくべきかに難しさや迷いを感じたりすることもあったそうです。

そんなころ、白百合愛児園のある横浜市で、「園内研修リーダー育成研修」が始まりました。1～2か月おきに、5回にわたって受講する連続講座と、公開保育と発表会への参加を通して、園内研修のデザインやファシリテートにあたって必要となる基本的な考え方や姿勢、具体的な手法などを実践的に学んでいく研修です。

その初年度となる2016年度の研修に、白百合愛児園からも主任の平原弥生先生が参加しました。

この研修では、職員間で子どもの姿や育ちを共有し、子どものあそびや活動を支えていくための園内研修の充実や活性化を図るため、写真や映像を使ったカンファレンスやドキュメンテーション、保育ウェブなどを、グループワークを通して体験します。さらに、それを次の研修時までに、園内でほかの保育者を巻き込んで実践するという「宿題」が毎回課されていました。

平原先生も研修で実践したワークを、自分がファシリテーターとなって園内で行ったり、その際に、互いの見方を否定しないなどのルールを伝えていったりすることで、少しずつ、話しやすい風土が生まれ、それぞれに自分の思いを語る姿も増えてきたといいます。

横浜市「園内研修リーダー育成研修」の流れ（概要）

	概要
第１回	**園内研修リーダーの役割について** ・園における課題の抽出および研究テーマの検討
第２回	**園内研修の保育の可視化** ・職員の質の向上・施設内研修の考え方 ・フォトカンファレンスに関するワークショップ
第３回	**あそびの質的向上と職員集団** ・保育ウェブなどを用いたワークショップ ・職員への助言、指導についての検討
第４回	**コーディネーター・ファシリテーターとしての役割** ・園内のリーダーの役割の検討 ・ビデオカンファレンスに関するワークショップ
	公開保育（実施７園）への参加・討議
第５回	**リーダーとしての取り組みのまとめ** ・１年間の研修成果の可視化（ポスター製作）
発表会	**１年間の研修成果の発表会** ・公開保育実施園による実践報告 ・ポスター発表（研修参加者全員）

毎回、外部研修で経験したワークを、次の研修までに園内の職員と一緒に実践してみるという「宿題」が出ていた。園内で取り組み、その際、工夫した点や手ごたえ、難しさを感じたことなどを次の研修のときに持ち寄って、受講者同士でも情報交換をし、また次の園での取り組みに生かすという循環が生まれてきた。

自園の保育に即した課題と工夫を見出してくれる第三者の視点も

白百合愛児園では、この年の「園内研修リーダー育成研修」の公開保育の実施園に手を挙げたことも、その後の保育が変わる大きなきっかけとなりました。横浜市の「園内研修リーダー育成研修」では、その研修を受講している保育者のいる園の中から、公開保育実施園を募り、毎年、数園が公開保育を実施します。

公開保育実施園には、各園に1人ずつアドバイザーがつき、公開保育実施までに3～4回程度、園を訪問し、実際の保育を見て、園内研修を実施します。白百合愛児園でも、このアドバイザーが、実際に保育の流れや環境、また、そのときの子どもたちのあそびの様子を見た上で、それらを充実していくための課題や工夫などを具体的に指摘したり、提案したりしてもらえ、大きな学びとなったそうです。

例えば、子どもの姿を写真に撮って、その出来事や子どもの声を記録していくドキュメンテーションなどについても、平原先生自身は、研修のワークで経験し、その意義や効果を実感していたものの、実際に園で実践する場合、それらを作成するのはクラス担任なので、一人一人の負担を増やさない形で導入するにはどうしたらいいか悩んでいたと言います。

そこで、アドバイザーに相談したところ、各クラスで保護者向けに書いていた一日の様子を伝えるホワイトボードがあることに気付いたアドバイザーから、その記録へ写真を1～2枚付けるだけでも十分視覚的に伝わりやすくなるという助言をもらい、クラス担任たちも気軽に取り組み出したといいます。そして、実際に始めてみると、どんどん写真の枚数が増えたり、描かれるエピソードもおもしろいものが増えたりと、保育者自身が楽しみながら作る姿が生まれてきました。

さらに、子どもたち向けにも、あそびの中で興味・関心をもったことを、保育室の壁面に「見える化」していくことで、活動が広がるという具体的な助言を得て、チャレンジが始まりました。

公開保育当日は、多くの参加者と、子どもたちの姿を共有し、語り合うことで、改めて、自園の保育のよさや意義について気付かされ、再発見する機会となったとのことでした。

アドバイザーや公開保育の参加者など、第三者に園の保育を開くことで、自園の保育のよさや価値、また課題についても改めて意識したり、見出すことへとつながる実感が得られた機会となったのです。

もともと、ホワイトボードで発信していた日々の報告に写真を添える形から始めたが、すぐに、A4・1枚のドキュメンテーションに変化していった。その日の出来事を子どもの思いや言葉も入れつつ、写真で伝えることで、保護者にも伝わりやすくなった。また、子どもたちの試行錯誤や葛藤など、学びのプロセスを意識して伝える内容に変化していっている。

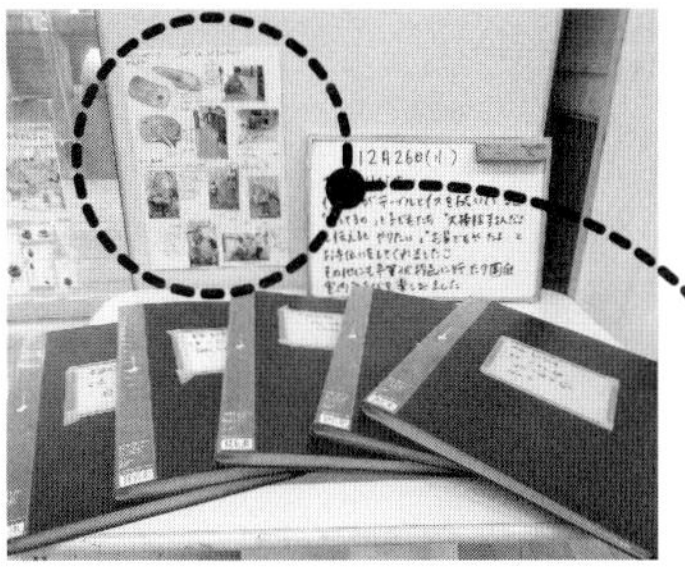

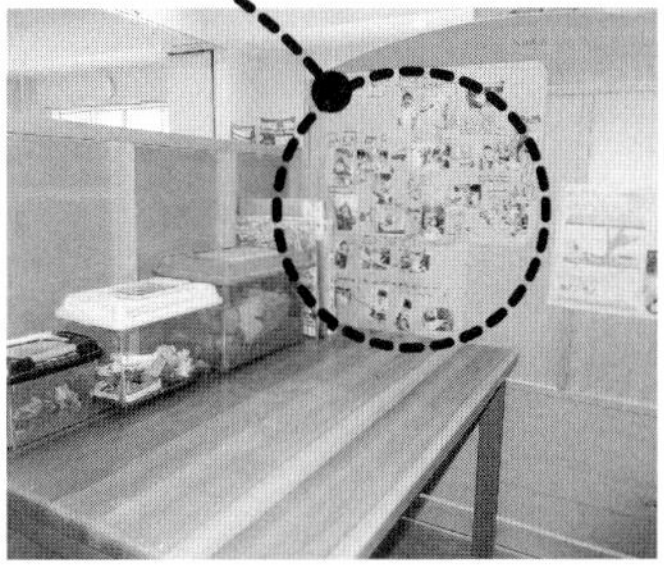

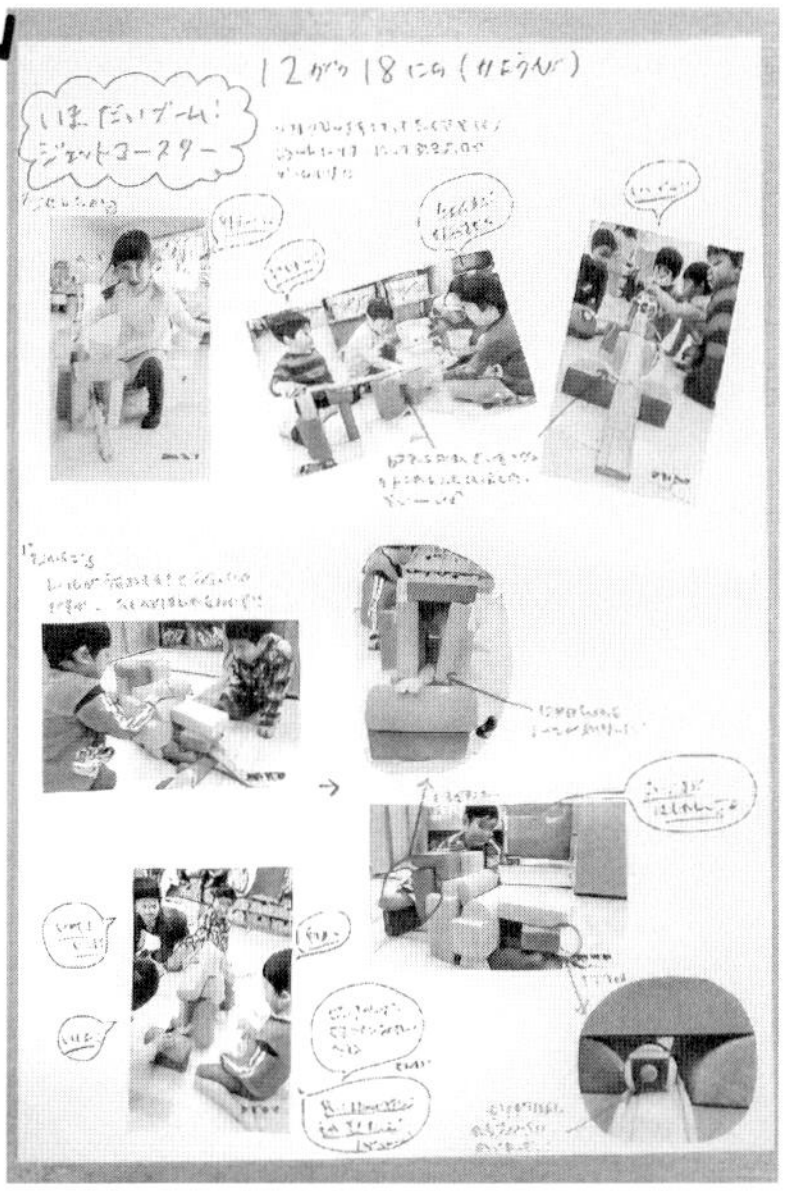

子どもたちが、そのとき、興味をもっていることを展示する「見える化」の工夫。コーナーにあることで、子どもたちの興味が広がるきっかけになったり、あそびのプロセスが見え、次への展開も生まれやすくなった。

「見える化」を通して、展開する子どものあそびの「おもしろさ」に気付く

子どもたちが興味・関心をもっていることを「見える化」したことで、保護者だけでなく、職員間や子どもたちともその流れを共有しやすくなりました。そして、それに伴って、子どもの興味・関心をベースにした活動にさまざまな展開が生まれてきました。また、あそびの中での子どもの姿を丁寧に見られるようになってきたといいます。

そこで、そうした子どもの姿を基に、次にどんな環境を出したら、子どものあそびが豊かになるかを考え、その先の展開を予想する「保育ウェブ」の作成も始めました。※

そんな中、ある日、3歳児クラスでは、一人の男の子が折り紙で作ったメロンパンをきっかけに、周囲の子どもたちにもパン作りが広がっていきました。その姿を見た担任は、保育ウェブを通してさまざまな子どもの姿を予想し、案を出し合い、粘土や麺棒などを用意したり、絵本コーナーにパン屋さんの絵本を用意したりするなど、環境の工夫を始めました。次第に興味をもつ子どもが増え、粘土で作ったパンを段ボールのオーブンで焼いたり、小さい子たちにパンをあげたいとパン屋さんごっこも始まりました。そんな子どもたちのあそびの展開を見た保育者が、本物のパン屋さんへ買い物に出かける機会を作ってみると、さらに子どもから新しい工夫が生まれるなど、どんどん活動が広がっていったのです。

こうしたあそびの中で子どもたちがいきいきとやりたいことを見つけ、実現していく姿を基に、次の保育の展開を考えたり、環境を工夫したりする楽しさを、保育者自身も実感していきました。

ある日、折り紙でメロンパンを作った男の子のうれしそうな姿から、周りの子どもたちもパン作りを楽しみ始めた。

粘土で作ったパンは、「オーブンで焼かなくちゃ」とイメージが広がり、段ボールを使ったオーブン作りなどの活動が広がっていった。パンの焼き目をつけるため絵の具で色をつける子どもの姿も。

パンを小さい子たちに食べさせたいと、廊下の共用スペースでパン屋さんごっこが始まる。

園のおやつで食べるパンを買いに、みんなでパン屋さんへ。本物のパン屋さんに興味しんしんの子どもたち。

子どもたちの楽しんでいる姿や声を丁寧に拾って、その先にどんな姿が生まれそうか、そのためにどんな環境があるといいかを書き出し、保育ウェブにしていった。

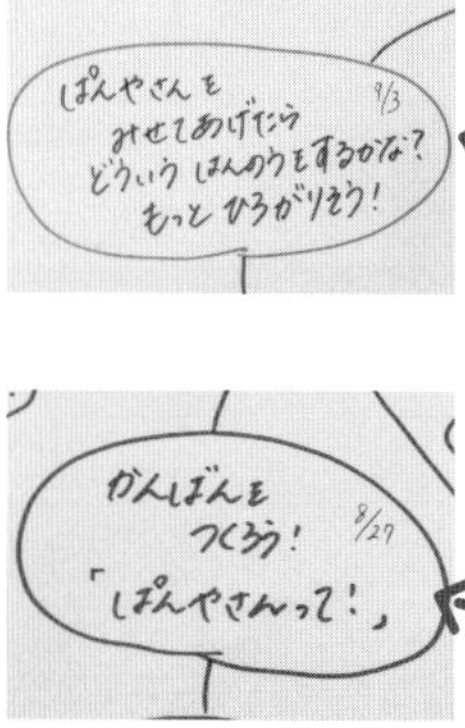

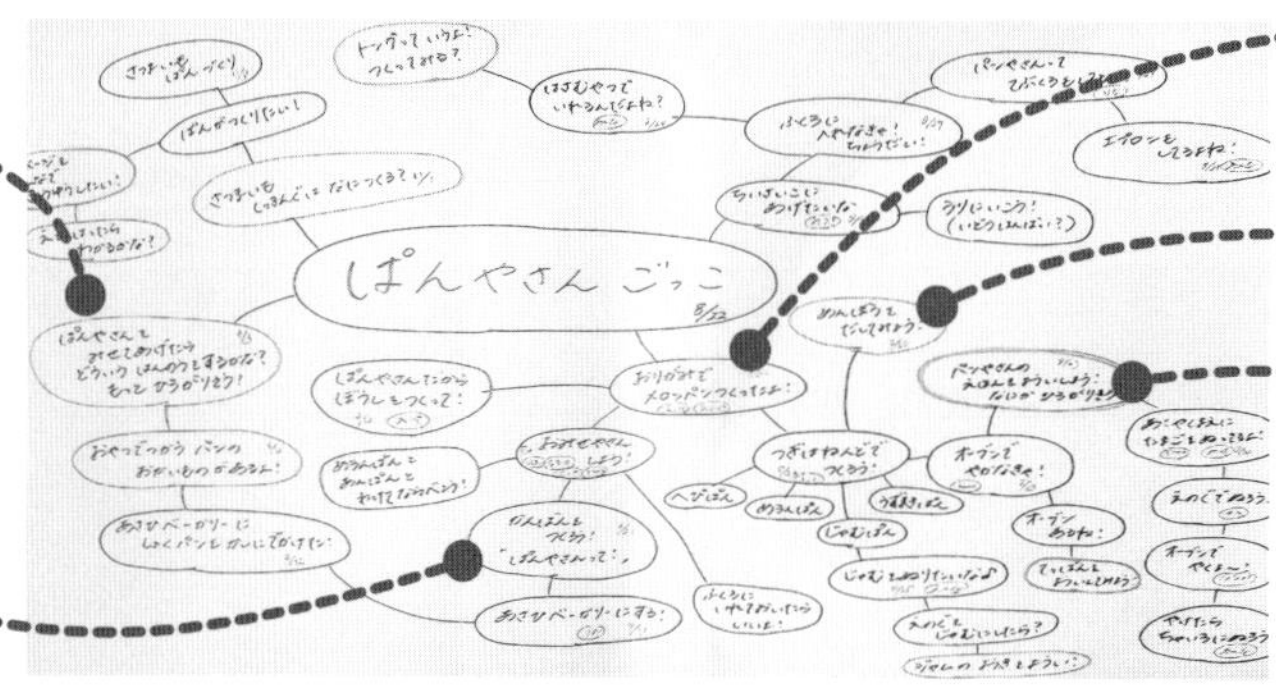

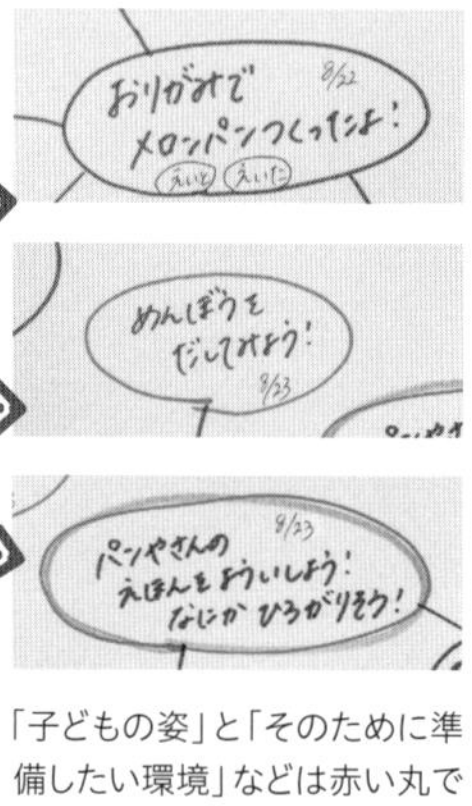

「子どもの姿」と「そのために準備したい環境」などは赤い丸で囲って、わかりやすく色分けしてみた。

※ 保育ウェブの作り方は、本書の20 ～ 21ページを参照。

「おもしろさ」を共有し、語り合うための園内研修の取り組み

こうして、少しずつ手ごたえを感じ始めた「子ども主体のあそびを通した学びの充実」を、園全体の取り組みとして広げるために、園長の吉岡善美先生は園内研修の方法をより工夫してきました。

例えば、各クラスのドキュメンテーションについては、5歳児クラスが取り組む様子を見て、4歳児クラスの保育者たちが、「おもしろそう」と自発的に取り組み始めました。そこで、他クラスも取り組めるように、園全体でもドキュメンテーションの勉強会を開きましたが、必ずしも一律に義務とはせず、やりたい人だけ、できる範囲のタイミングや方法で取り組んでみる形にしたそうです。

そして多くの保育者がそのおもしろさを感じ始めたころに、園長先生から、3・4・5歳児クラスに関しては、このドキュメンテーションを毎日の保育日誌にしてはどうかという提案が出て、保育日誌を日々のドキュメンテーションをファイルする形に変えたそうです。結果として、書類作業が軽減し、ドキュメンテーションによって子どもの姿が「見える化」されているため、振り返りや保育者間の情報共有もしやすいなどさまざまな効果を実感することができたといいます。

さらに取り組みを重ねる中で、0歳児クラスのドキュメンテーションは、個々の子どもごとに記録できたほうが作成しやすいということになり、個別の写真と説明を加えたポートフォリオに形式を変え、日誌や児童票、経過記録を兼ねるようにしていきました。

外部研修やアドバイザーの助言から始まったドキュメンテーションの作成について、園長や主任の平原先生は、その意義や効果をすぐ確信していたものの、それをいっせいに義務として始めるのではなく、それぞれの保育者が、実際にそのおもしろさや効果に気づき、主体的に取り組みたくなる過程や方法を大切にしていったことで、自分たちに合った形や方法を工夫して、活用できるようになっていったのです。外部からの学びが、単なる表面的な手法としてでなく、園全体の変容へとつながり、自分たちなりの活用方法の工夫へつながっていくためには、研修をファシリテートするリーダーの存在がとても重要な意味をもつことが伝わってきます。

白百合愛児園 園内研修の取り組みの流れ

2017年度の取り組み

- 全クラスでドキュメンテーションの作成を開始（3・4・5歳児クラスの保育日誌の見直し）
- フォトカンファレンス＆ビデオカンファレンス（保育を語ること）の開催
- 子どものあそびを基にした環境構成の工夫

2018年度の取り組み

- 全クラスでのドキュメンテーションの継続
- ドキュメンテーションの報告・共有（わからないことが聞ける関係作り）
- フォトカンファレンス＆ビデオカンファレンス（保育を語ること）の開催
- 保育ウェブの活用（おもしろいことの発案・発展と振り返り等の整理）
- 室内環境の工夫（積極的なコーナー設定、異年齢クラスの連携など）

2019年度の取り組み

- 0歳児クラスのドキュメンテーションを個別のポートフォリオへ（日誌・児童票・経過記録を兼ねる）
- 保育ウェブを指導計画に（3・4・5歳児クラスの指導計画としては前年度より活用。個人名・日付・保育者の働きかけを明確にし、0・1・2歳児クラスでの活用も試行開始）
- あそびの質について外部招聘講師による研修

ドキュメンテーションやカンファレンスの勉強会。職員全員で、基本的なポイントやその意義を学ぶ。

園内研修の成果は、毎月、学年ごとで開催している「月案検討会」にも表れてきている。「月案検討会」は、従来は、月案を立てるための話し合いを行う会議だったが、今では、保育ウェブを使いながら、そのとき、クラスで生まれている子どものあそびや活動を具体的に語り合い、子どもたちが主体的に活動を展開するための工夫や環境について、それぞれの保育者がいきいきと語り合える場になっている。

園全体に広がる 子どもとともに創る 保育のおもしろさ

ドキュメンテーションや保育ウェブの共有・活用を通して、子ども主体のあそびや活動が充実してきたことで、今ではクラスを越え、あそびや活動の広がりが生まれ、かかわりや学びが豊かになっていく様子が見られるようになりました。さらには、それらが単発の活動として終わることなく、興味・関心がいろいろな形でつながりながら持続していく過程も見えてきています。

例えば、昨年度の3歳児と5歳児のクラスでは、危険生物の図鑑に興味をもった子どもたちを中心に、危険生物探しがブームになりました。そこで、子どもたちが調べた生物についてのドキュメンテーションを廊下にはったり、図鑑を増やしたりなど、環境を整えていきました。そうすることで、子どもたちの関心が高まり、水族館への遠足の際には、大切そうに図鑑を持って、危険な生き物や不思議な生き物を興味深そうに調べる姿もありました。

その後、徐々にブームは落ち着いていったのですが、今年になって、4～5歳児を中心に危険生物のブームが再燃しました。ただし、その展開は昨年度とは異なり、今年は、特に博物館を知っている子どもたちを中心に、恐竜や化石への興味へと広がっていきました。そして、身近な石を集めては、それが何の石かを調べたり、見立てたりして「化石博物館」作りが始まりました。また、3歳児が「僕も掘ってみたけれど、何の化石かわからない」とつぶやいている姿を見て、4歳児が「5歳の○○ちゃんが化石博士だから聞くといいよ」と手を引いて連れていくなど、子どもたちの中でも、ほかの子が興味をもっていることに関心をもったり、尊重し合うかかわりが生まれています。

こうした白百合愛児園の実践からは、子どもたちが興味があること、やりたいことに自らじっくりと取り組み、さまざまな人やモノや営みとかかわり、学びを深めていけるような活動の展開を、保育者も子どもとともに作り出していく過程の大切さとおもしろさが伝わってきます。そして、そのような実践が園全体に広がった背景には、外部研修での学びや外部の人たちの視点を資源としつつ、園内の保育者が主体的に取り組めるような、さまざまな研修の工夫の積み重ねがあったことが見えてくるのではないでしょうか。

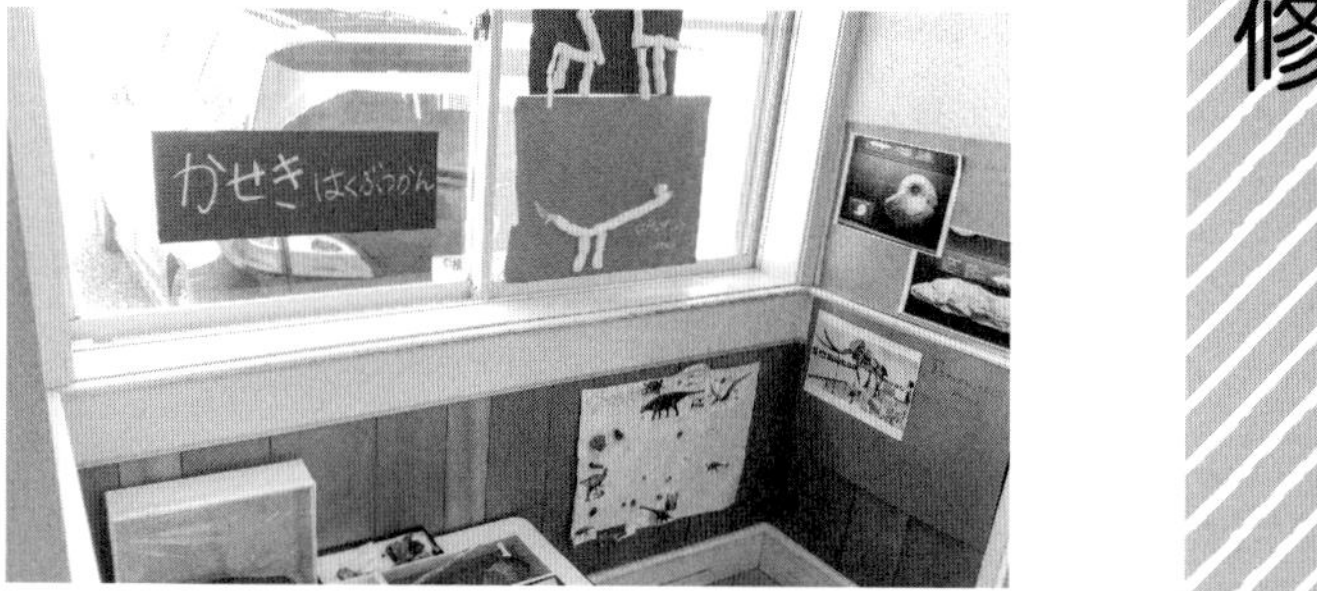

子どもたちの見つけた化石（石や小枝）や、発泡スチロールで再現した骨の模型などが展示された「化石博物館」。あえて共用スペースの廊下の一角に展示することで、園全体に興味やブームが広がった。

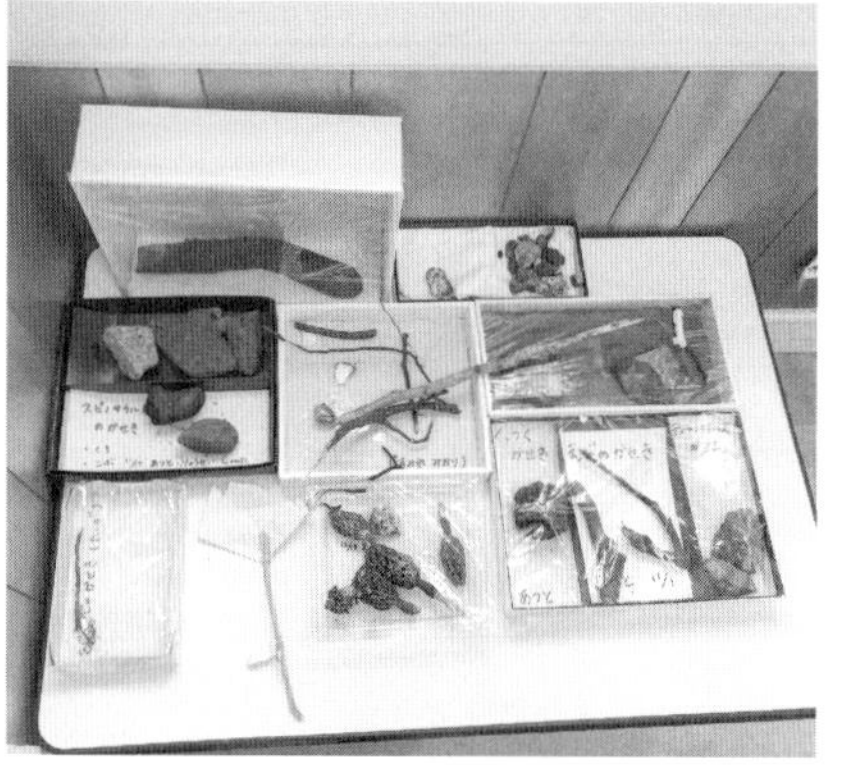

子どもたちが見つけてきた「化石」の数々。「恐竜の骨の一部に見立てた化石も多いが、それぞれの石のもつ特徴を捉えた化石（「くっつく化石」など）も見られる。子どもの興味や年齢などによっても、イメージが異なるが、それぞれに自由な発想を楽しんでいる。

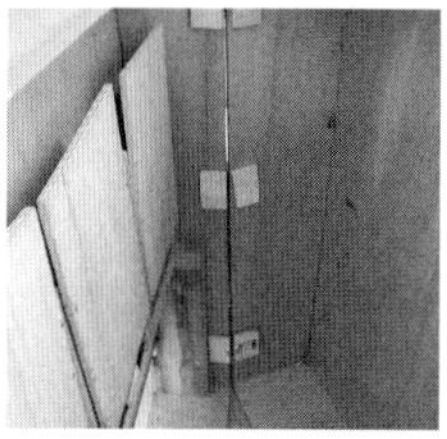

子どもたちが作った自動販売機の内部。欲しいジュースのボタンを押すと、内部で、そのジュースが落ちてくる仕かけが、板やバネを使って精密に作られている。

どのクラスでも、常に複数のあそびや活動が同時進行で展開している。これは自動販売機に興味をもった子どもたちが、園のそばにある自動販売機を管理している業者にお願いして内部の仕組みを見せてもらい、精巧に再現したもの。途中、何度も試行錯誤しながら、ほぼ原寸大に近い大きさで、ボタンを押すとペットボトルが出てくる仕組みを考え、作り上げた。

子どもたちの活動の展開をたどりつつ、予想もしていく保育ウェブ。現在進行形のものは、写真も添えて、保育室や廊下の壁面に掲示されている。園のあちこちに子どもたちの目の高さに掲示されており、子どもたち自身も、自分たちの活動を振り返ったり、その先をイメージしたりする手がかりにしている。

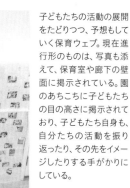

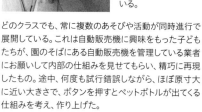

第4章　園を開く試み（公開保育）

園を開き、外部講師や他園の保育者の視点で見てもらうことで、
さまざまな気付きや発見があります。
公開保育とそれに向けての外部講師による研修を受けた園は、
どのように保育を改善していったのでしょうか。
実践例をご紹介します。

門司保育所（みどり園　福岡県・北九州市）

子どもとともに楽しむ保育

2018年度、保育所保育指針の改定を受け、子ども主体の保育に向けて動き出した鉄道弘済会の園の1つである門司保育所。同年、法人研修の一環である公開保育をすることになりました。公開保育に向けての研修で、保育はどう変わっていったのでしょうか。

公開保育のポイント

保育者があそびを提案するまで待っているという子どもの姿が気になっていたという主任の春田紀子先生。保育所保育指針が改定されたこともあり、門司保育所では子ども主体の保育を目指そうという声が挙がりました。しかし、保育者主導から子ども主体の保育に変えることは、頭ではわかっていてもなかなか難しいことでした。そこで、法人の研修制度を利用して、公開保育とそれに向けての外部講師による研修を受けることにしたのです。

5月、8月、10月に外部講師による研修があり、公開保育を11月に行うというスケジュールでした。

職員間で話し合って決めた研修のポイントは、以下の通りです。

- **子ども主体の保育を目指す。**
- **公開保育は、4歳児クラスとする。**
- **4歳児クラスだけでなく、園内全体の環境構成を見直す（具体的には、一時保育室、倉庫などの活用）。**
- **保育を可視化する。**

Before

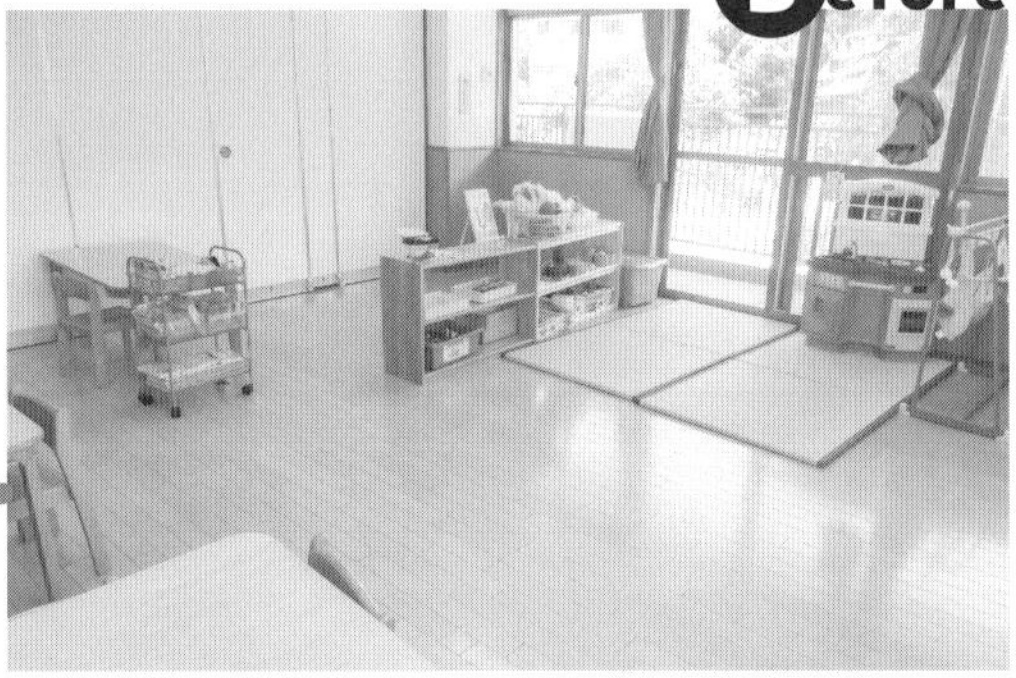

4月当初、トラブルがあることを予想して、子どもがどこにいても見えるよう、仕切りなどを極力置かなかった。その結果、ままごと道具やブロックが散乱して収拾がつかなくなった。

研修前の4歳児クラス保育室

第1回の外部講師による研修の前。ままごとの包丁を剣に、敷物をマントに見立てて、ヒーローごっこをし出す子どもがいて、ままごとをしたい子どもたちが落ち着いてあそび込めなかった。

はさみを出すことへの躊躇《ちゅうちょ》

5月の研修の後、4歳児クラスの担任は、仕切りを置いたり、ヒーローごっこになってしまうままごとの場を縮小したりと工夫をしていました。もう少し、子どもたちの経験を広げようと、粘土コーナーも作りました。しかし、物珍しさもあって2～3日は粘土であそんでいた子どもたちでしたが、すぐに誰もあそばなくなってしまいました。

講師の「子どもたちの声を拾う」というアドバイスを思い出し、子どもたち自身に何がやりたいかを聞いてみると、「紙パックなどを使った製作がしたい！」といいます。担任は躊躇しました。今まで折り紙をのりではるなどの製作はしていましたが、事前に注意をしても、はさみを投げるなど、危ないことをする子どもがいたからです。悩んだ担任が、ほかのクラスの保育者に相談してみたところ、「一時的なものだから大丈夫！」と後押しをしてくれました。

ところが、いざスタートしてみると、紙パックなどで製作をしたことのない子どもたちは、どうすればいいのか戸惑うばかり。そこで、よく製作をしている5歳児クラスに行き、一緒に行うことにしました。すると、5歳児に教えてもらうという関係ができ、はさみを投げたりすることもなくなるなど、いい刺激がたくさんもらえました。

研修の様子

外部講師を招いた研修の様子。日常の保育を見るとともに、保育者が今悩んでいる保育についてアドバイスをしてくれる。

はさみで切ることが楽しい！

はさみで物を切ることを楽しむ子どもが増えていった。

整ってきた環境

室内に仕切りを置いて、コーナーを分けることで、あそびが落ち着いてきた。

After

さまざまな材料を使って

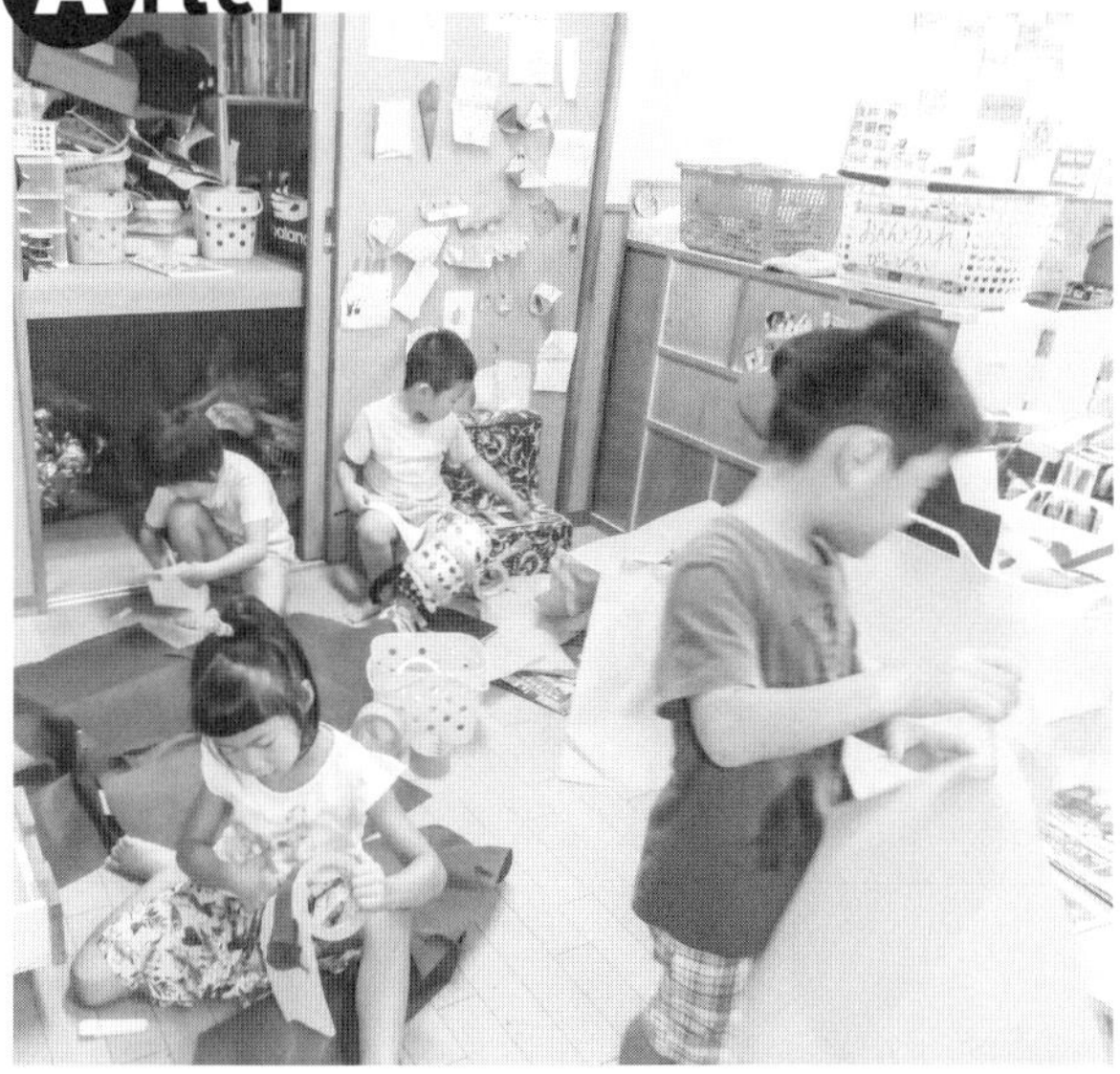

はじめは何を作っていいのかわからなかった子どもたちも、自分たちで考えて挑戦するようになっていった。

子どもたちが主体的にあそぶようになってきた！

子どもたちに何がしたいか聞いてみたことにより製作活動が活発になったので、それからは努めて子どもたちの声を拾うようになりました。そうなると、子どもたちからも「○○がやりたい！」という声が挙がるようになっていきました。

4歳児クラスは、夏に食育活動で町へ買い物に出かけますが、それをきっかけに子どもたちはジュース屋さんごっこを始めました。以前は、保育者がしかけないと始まらなかったごっこあそびですが、冬には子どもの提案でおでん屋さんごっこも行われました。保育者主導のときは、お店屋さんごっこをするときも、買いに来るお客さんの人数を考えて、作る品物の数を決めていました。しかし、子どもたちを見守っていると、売る品物が少ないときは、買ったら品物をお店に戻すというルールを子どもたち自身で考え出しました。自分たちで工夫をしながらあそぶ姿が、今までとは違っています。

また、当初は、ごっこあそびでの品物作りに興味のない子どもたちが心配でした。しかし、品物作りのときはブロックであそんでいた子どもたちも、お店作りや品物を売るときには参加するなど、一つのあそびの中でも自分の興味をもったところに参加する姿が見られ、結果的には全員がお店屋さんごっこを楽しんでいました。

ジュース屋さんごっこ

園庭で行われていた色水あそびがジュース屋さんごっこに発展。

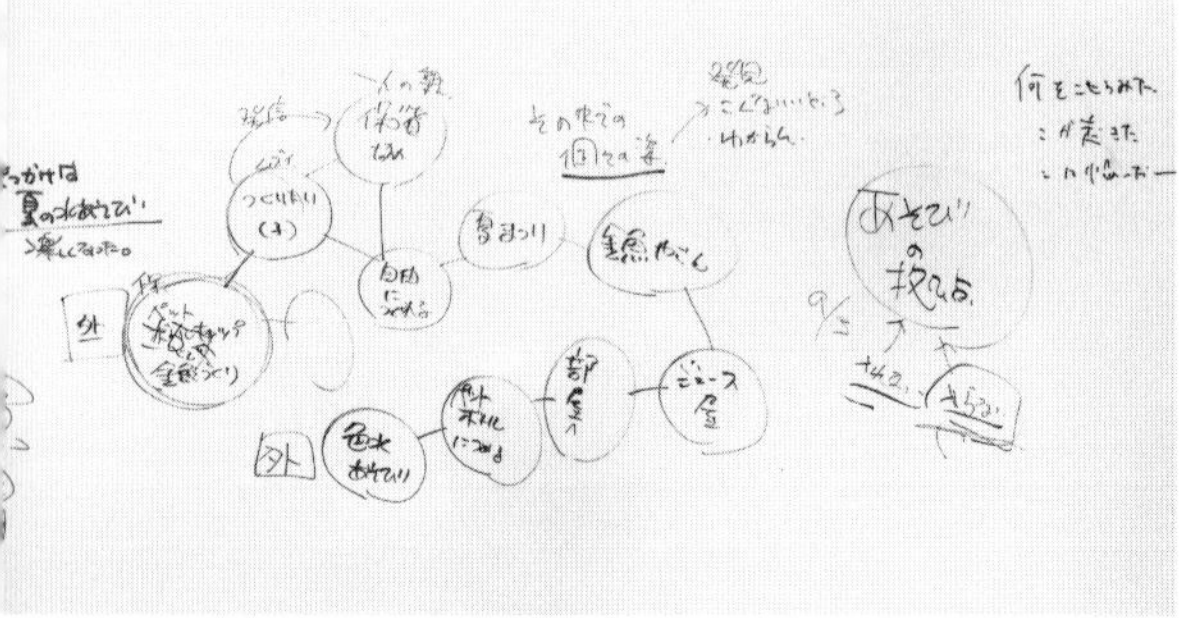

8月の研修のときに、子どもたちのあそびの流れを図式化。

公開保育の日には……

11月の公開保育のとき、八百屋さんに興味をもった子どもたちが始めたのは、なんと本物の野菜を植えること。

倉庫を教材庫に

有効に使われていなかった倉庫を整理して、子どもたちがいつでも材料を取り出せる教材庫にした。

空き部屋をランチルームに

一時保育の子どもたちを、各年齢のクラスで保育を行うようになり、今まで一時保育室としていた部屋が空きました。ちょうど各保育室でのあそびが活発になり、継続するようになったこと、製作あそびを通して4歳児クラスと5歳児クラスの交流が盛んになったことを受けて、この空き部屋をランチルームにして、4歳児と5歳児が一緒に昼食を取れるようにしました。

クラスにこだわらず、ランチルームで好きな友達と一緒に食事を取る。

保育者間で共有「お散歩ウェブ」

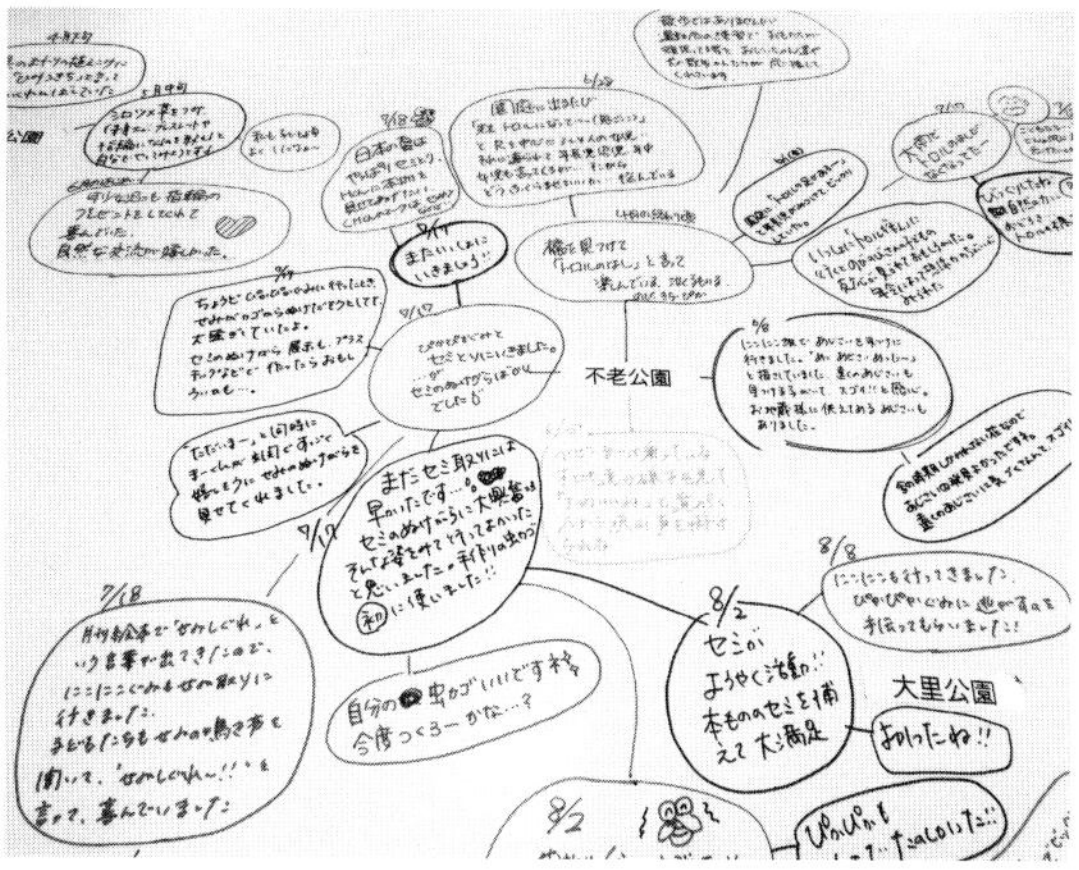

職員同士がお散歩の情報を共有するのに役立っている。

保育の可視化で、語り合いが活発に

保育環境の見直しと同時に、園では保育の可視化も進めていきました。これによって、保護者はもとより、子ども同士、保育者同士で情報の共有化が進み、日々のあそびや保育について語り合うことが増えていきました。また、可視化することで、保育者それぞれの考えや保育観の違い、保育への気付きが明確になっていったのです。

子どもと対話するときも、可視化することで、話題の整理ができて、とても有効でした。

保護者にも子どもにも伝わるドキュメンテーション

最初はドキュメンテーションを高い位置に掲示していたが、子どもにも見える位置に置くようにしたところ、子ども同士の会話が弾むようになった。

講師のアドバイスで始めたドキュメンテーション。

子どもの興味を可視化

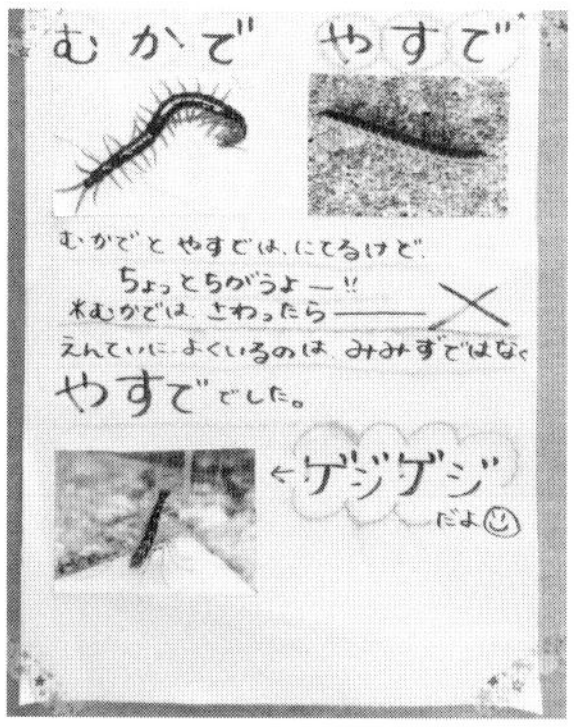

子どもたちの興味がある情報を、写真と共に掲示することで、さらに興味が広がったり、会話が弾んだりした。

幸ケ谷幼稚園（神奈川県・横浜市）

「あそび込む」が生まれる保育を目指して

長年、保育者主導の保育をしてきた幸ケ谷幼稚園でしたが、2019年度に横浜市の「園内研修リーダー育成研修」を受けたことから、園全体で子ども主体の保育を考えるようになりました。

保育を変える研修の始まり

副園長になってさまざまな研修を受けたり、他園を見学したりすることが増えた木元健太郎先生は、他園の子どもたちがあそび込む様子を見て、2018年度から保育者主導の自園の保育を変えていきたいと思っていました。しかし、職員に言葉で伝えてもなかなか伝わらないもどかしさを感じていたそうです。

2019年度は、ふだん1クラス24〜25名で3クラスある5歳児クラスが、たまたまその年だけ人数が少なく、31名ずつの2クラスになりました。両方のクラス担任が、クラスの人数が多くてあそぶスペースが狭くなり、室内が雑然としてしまうという悩みを副園長と共有したことで、横浜市の「園内研修リーダー育成研修」（概要は、116〜118ページを参照）の公開保育に立候補することになりました。

「園内研修リーダー育成研修」では、公開保育に向けて外部講師が園に来訪し、園内研修のデザインやファシリテートなどについてアドバイスをしてくれます。

外部講師が来園しての第1回目の研修で、子どもたちが自らあそび込むには、まず保育をどこから変えていこうかという話し合いが行われました。話し合いで決まったことは、以下の通りです。

・5歳児2クラスの公開保育
・玩具の見直し
（既存の玩具ばかりだったので、子どもが自由に発想できる折り紙やリサイクル材を置く）
・環境構成の見直し
（子どもがあそびを選べるように、コーナーを作る）

Before

クラスの環境

全クラスが、同じように机と椅子を配置していた。あそび道具は、その都度出して、時間が来たら片付けていた。

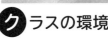

コーナーを作ってみたものの……

研修のときに、講師から他園の環境構成の写真を見せてもらいました。それを参考に、まずは折り紙を自由に使えるようにしてみました。夏休みには、子どもたちがさまざまな素材を自由に使えるよう、素材コーナーや、リサイクル材の置き場も作りました。

2学期になって登園した子どもたちは、大喜び。さっそく、折り紙やリサイクル材を使ったあそびが始まりました。ところが、結果は……。

今までそういうものが保育室に出ていなかったので、折り紙は、何枚も確保してしまったり、ただグチャグチャに丸めるだけの子がいたりします。また、リサイクル材も、手当たり次第に持ってきて、とにかく片付きません。保育者が、「片付けてもいい？」と聞いても、「まだ、使う！」。テープやのりなどの素材も、あっという間になくなってしまったり、まだ使える物を捨ててしまったり……。

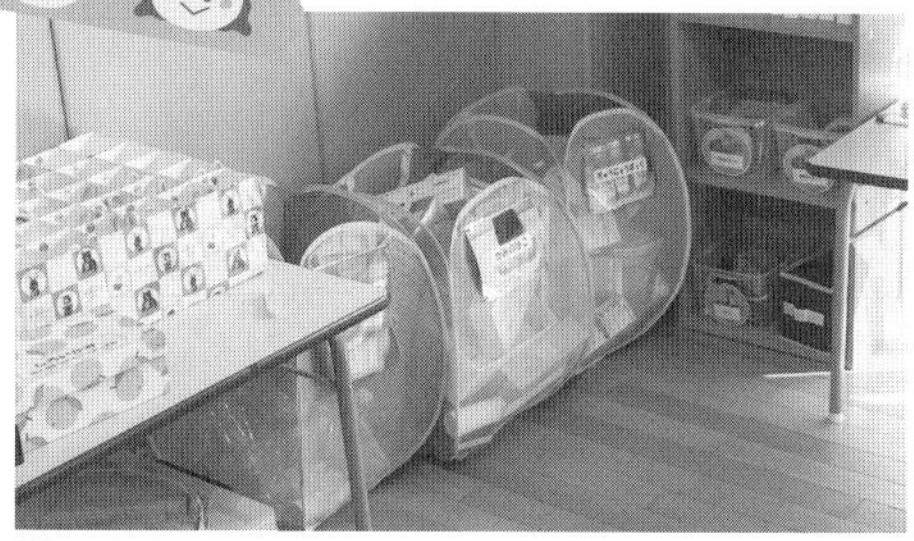

保育室内のリサイクル材置き場

保育室内にリサイクル材置き場を作ってみたが、投げ込み式だったので、気に入った形の箱などがかごの下のほうにあると、全部を出さなければ取れなかった。

素材と道具のコーナー

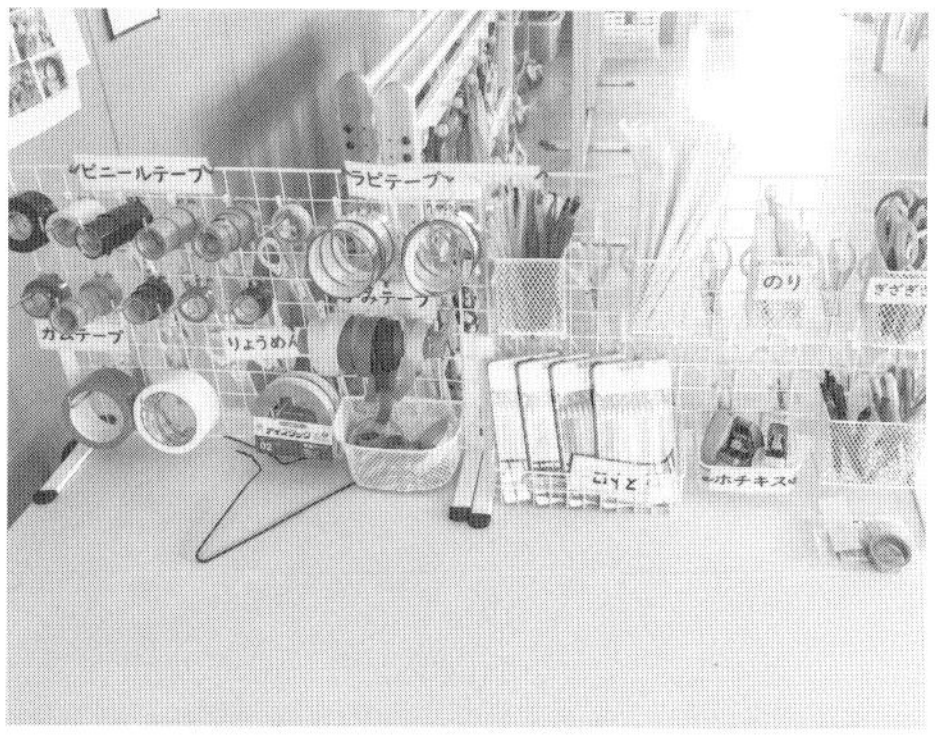

夏休み中に準備した素材と道具のコーナー。テープなどの種類を豊富にしすぎたため、扱い切れなかったり、使い方が雑になったりしてしまった。

片付かない……

散らかって収拾がつかない保育室。子どもたちが帰った後、担任は思わずため息。

当初の折り紙の使い方

たくさんあるので、ただ折り紙を丸めるだけに使うこともあった。

折り紙を用意した直後は、たくさん持ってきて手元に置いておかないと不安になる子どもも。

子どもが変わった！

片付かない、素材の無駄遣いなどに関しては、2クラスの担任同士が集まって何度も話し合いました。講師からは、「そのうち子どもたちが使い方に慣れる」との助言がありました。確かに、3歳児クラスでも4歳児クラスでも、今まで自由に素材や道具を出してきてあそぶことをしていなかったので、子どもたちにも戸惑いがあったのでしょう。

担任も試行錯誤を繰り返しました。環境として提供するテープやのり、リサイクル材の量などを加減したり、机の数を変えてみたり。こうした担任の努力と、いつも素材や道具が保育室にあり、自由に使ってよいという環境に子どもたちも徐々になじんだことで、3か月後にはリサイクル材や素材の扱いに慣れたようです。

すると、子どもたちの作品自体が変化していきました。はじめはそれぞれが簡単な小さな物を作るだけだったのが、数人で集まって試行錯誤をしながら、大きな作品を作るようになってきたのです。意見を出し合いながら、あそび込む姿は数か月に一度訪れる講師も驚くほどでした。

環境を用意した直後の作品

環境を用意した直後は、子どもたちも素材や材料をどう使ってよいのか、わからなかったようで、こじんまりした作品が多かった。

みんなでゲーム作り

数人の子どもたちが作ったモグラたたきゲーム。中に子どもが入って、モグラを操作する仕組み。

机をなくしてみたが……

他園に見学へ行ったとき、机を全部片付けていたので、まねをしてみたが、落ち着かない。

コーナーを作ったことで、落ち着いて複数のあそびが展開するようになった。

リサイクル材の置き場

保育室内では場所をとるので、サイクル材置き場を渡り廊下へ。置き場の形も投げ込み型から棚にして、取り出しやすくした。

保護者にも協力を依頼

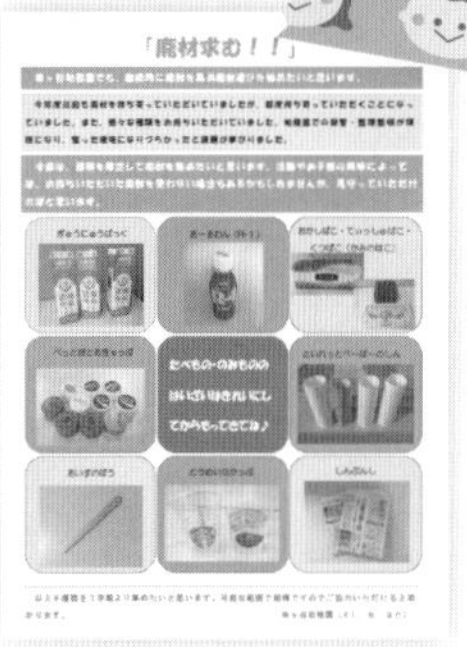
「廃材求む！！」

チラシを作り、保護者にもリサイクル材を持ってきてほしいとお願いした。渡り廊下にある置き場は、リサイクル材を持ってきてくれた保護者も入れやすく、わかりやすい。

After

折り紙と素材のコーナー

紙テープなどは、色数を少なくし、使い切った物も子どもから「使いたい」と言われるまで出さないようにしたことで、自然と量や種類が落ち着いていった。

リサイクル材以外のあそびも発展

3学期になると、子どもたちも自分たちで考えてあそぶことにだいぶ慣れてきて、リサイクル材以外のあそびも、盛り上がっていきました。その背後には、保育者自身も子どもたちが環境を通して学んでいくということを強く意識したということがあるようです。

例えば、これまでは毎年、保育者の指導でこまに好きな色を塗り、そのこまを持ち帰るだけでしたが、今年は保育室内にこま置き場を作り、園でもあそべるようにしたところ、1か月以上ブームが続きました。

また、園にあった毛糸を保育室に出してみました。しかし、それだけでは子どもたちは興味を示しませんでした。担任は、そこで諦めずに、編んだ小さな帽子と指編みの本などを毛糸と一緒に置いてみたところ、帽子やマフラーを編むことがブームになったそうです。

子どもたちも、こまを家でも練習してきたり、覚えた折り紙を家でクラスの人数分折ってきて、みんなにプレゼントしたりというように、園で楽しかったあそびを家庭でも継続して楽しむ姿が出てきています。

こま回し

あそび込むことでこまに愛着が湧き、色を塗るだけでなく、独自に飾りをはる姿や、家に持ち帰って練習し、また園に持ってくる姿も見られるようになった。

こまの回し方を熱心に聞く

こま回しに興味をもった子どもたちは、こま回しが得意なバスの運転手さんに回し方を教えてもらった。

こま回し名人も誕生

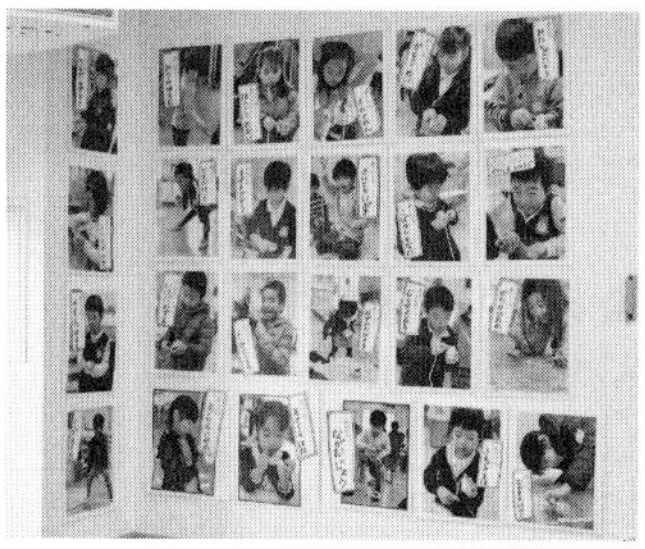

こま回しができるようになった子どもは、「めいじん」として顔写真を指示。

三つ編み作り

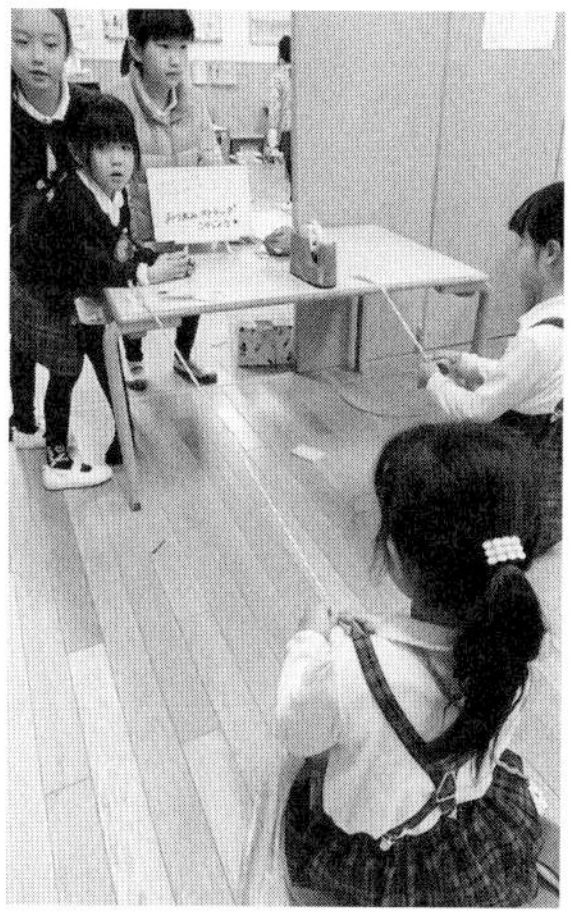

継続してあそべる環境を作ったことで、何日もかけて三つ編みを作る姿も。

帽子作り

帽子を編むのが大はやり。

ドレス作りが劇あそびへ

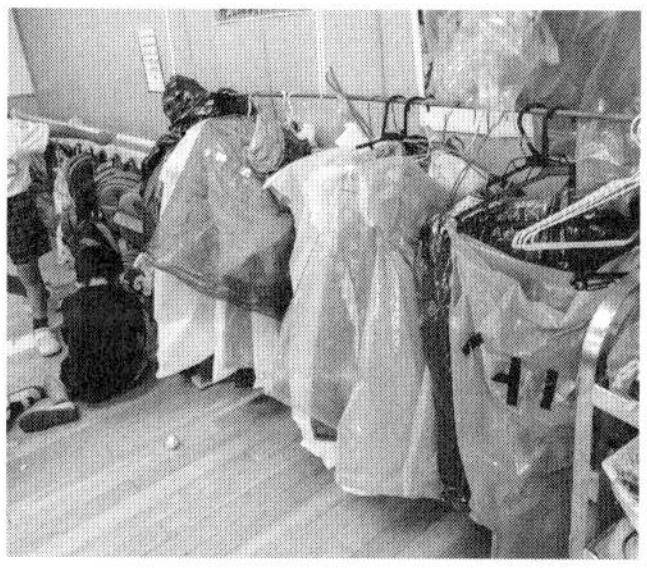

保護者参観で保護者と子どもが一緒に作ったドレス。今までは、作ったその日に持ち帰っていたが、今年は園に置いておいたところ、そのドレスを着ての劇あそびに発展していった。

そうだ！園内研修をしよう！

一方、副園長の木元先生には、気がかりなことがありました。5歳児クラスでは、あそび込む姿が見られるようになってきたり、試行錯誤をしながら自分たちの好きな物を作ったり、子どもたちがいきいきと活動を始めました。しかし、ほかの学年に、その様子がうまく伝わっていないのではないかと懸念を感じていたのです。

「職員同士が話し合う文化がなかったので、語り合える場作りをしようと思いました」と、木元先生は言います。そこで、職員同士が語り合う場として、「園内研修リーダー育成研修」での学びを基に園内研修をすることにしたのです。

5 歳児クラスのドキュメンテーションを使った研修

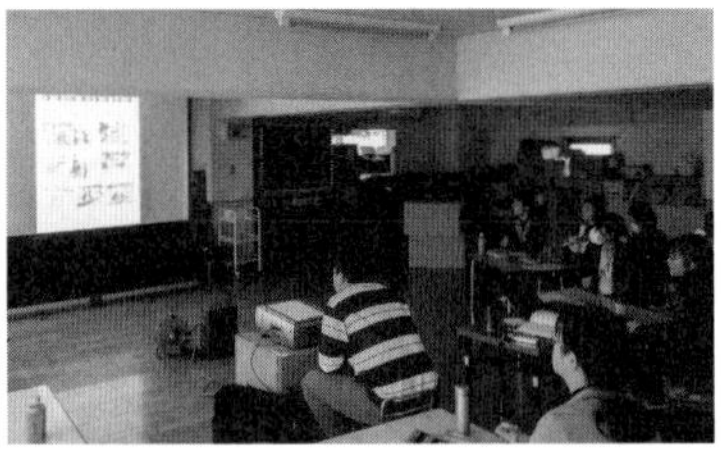

ドキュメンテーションを基に、ほかの学年の職員にも、5歳児クラスの子どもの姿やあそびを共有した。

他園見学に行った職員に、その園での学びをドキュメンテーションにして発表してもらった。

公開保育のときには、園内研修で作った他園見学についてのドキュメンテーションも掲示。

三谷大紀先生のチェックポイント

同じ保育を見ることが生み出すもの

自園の保育を公開したり、他園の保育を見に行ったりすることで、同じ保育を見て、実際の子どもの姿を基に、子どもや保育を語り合う機会が生まれます。そして、自分一人、あるいは自園だけでは気が付けなかった新たな発見が得られます。つまり、保育の質の向上に欠かせない省察を、一人ではなく、協働で行うことが可能になるのです。

そのための大事なポイントがいくつかあります。ここで紹介した両園がそうであるように、自分たちがチャレンジしていることを公開すること。何か特徴的で特別な実践をしている必要はありません。自分たち自身の等身大のチャレンジやミッションを公開していくことが重要です。しかも、その実践について、○か×かと正解を求めたり、点数を付けるかのように批評・批判し合ったりするのではなく、公開保育への参加者が尊敬し合い、対等な立場で見たことを語り合い、考える場を作ることで新たな知見が生まれます。

また、一人では拾い切れない子どもの「声」(思いを含む)を、出し合っていくことも大事です。

その結果として、日々営んでいる保育を可視化し、言語化するノウハウを獲得し、保育者集団としての質を向上させることになります。つまり、専門職としての保育者の行為や実践そのものを、第三者(保護者・社会など)に対して説明する方法を磨いていく機会にもなっていくのです。

研修を重ねることで、日常の話し合いも連絡事項を伝えるだけでなく、子どもの姿を共有し合う場になってきている。

第5章　園を支えるさまざまな外部研修

昨今、市区町村を挙げて、
園の研修を支える仕組みを作っているところも
多くなってきました。
また、志をもった保育者が自主的に集まり、
研修を開く姿も多く見られるようになってきました。
横浜市、神戸市、世田谷区などの行政による取り組み、
横浜市幼稚園協会、地域の有志の研修会など、
さまざまな試みをご紹介します。

行政

横浜市こども青少年局 保育・教育人材課（神奈川県・横浜市）

今と未来を生きる子どもを育む研修

保育の質の向上を目指す横浜市では、2020年3月、「よこはま☆保育・教育宣言～乳幼児の心もちを大切に～」を策定しました。横浜市の研修のあり方と、「よこはま☆保育・教育宣言～乳幼児の心もちを大切に～」について、ご紹介します。

すべての乳幼児保育施設が研修を受けられる

保育園、認定こども園、幼稚園など、乳幼児の保育・教育施設が1600以上ある横浜市では、今も園が増え続けていて、質の担保が大きな課題です。

市内の園に向けた研修は、2015年に「子ども・子育て支援新制度」が施行されたことをきっかけに創設された保育・教育人材課が、統括しています。

横浜市の研修の特徴は、公立・私立、認可・認可外を問わず、保育園、認定こども園、幼稚園、小規模保育事業、横浜保育室など、すべての乳幼児保育・教育施設の希望者が研修を受けられること。

市が主催する研修は、2020年では、キャリアアップ研修を含めて52講座を予定しており、初任者や経験年数など、キャリアによって多彩なラインナップを揃えています。また、園によって事情がさまざまで、参加できる時間帯も違うため、同一講座を時間や場所を替えて行い、延べ研修数は120講座を超えています。

さらに、キャリアアップ研修8講座のうち6講座は、その場で話を聞くだけでなく、課題を持ち帰り、園で実践をし、またその結果を次の研修にもってくる往還的な研修にしています。「園内研修を充実させて、それぞれの園でも保育の質の向上に取り組んでほしいからです」と、こども青少年局保育・教育人材課の宮本里香さんは言います。

園内研修の充実を図る取り組み

横浜市では、2016年度から、園内研修・研究を効果的に行い、職員の保育の専門性を高めるとともに協働性を高めることを通し、保育の質の向上に取り組む活動の支援として、「園内研修・研究推進事業」に取り組んでいます。

まず、中心となるのが、「園内研修リーダー育成研修」です。これは、それぞれの園で園内研修・研究をする際の、中心的な人材の養成を目的として、キャリアアップ研修のマネジメント分野として実施しています。

定員は100名で、全6回、主任クラスの保育者が対象です。研修では、それぞれの回の後に、研修で決めたテーマに沿って園で実際に取り組み、どういう取り組みをしたかをレポートに書き、次の回に持ってきてもらいます。それに対して、講師の講義を聞き、その後にグループになり、互いに話して共有するということを繰り返していきます。

「園内研修リーダー育成研修」のスケジュール

	日程			
第1回	6月	・園内研修リーダーの役割について	内容：園における課題の抽出および研修テーマの作成など	〔園内研修・研究の実施〕 各回の研修後、課題を園に持ち帰り、園内研修・研究を実施します。次の回に、その内容を持ち寄り、講師の助言を受けながら、グループワークを行います。
第2回	7月	・園内研修の保育の可視化	内容：あそびデザインマップ、保育ウェブの作成など	
第3回	9月	・あそびの質的向上と職員集団	内容：あそびデザインマップ、保育ウェブの分析など	
第4回	11月	・コーディネーター・ファシリテーターとしての役割	内容：リーダーの役割の理解など	
11～12月ごろ〔公開保育へ参加〕				
第5回	1月	・リーダーとしての取り組み（まとめ）	内容：マネジメント、リーダーシップの能力など	
第6回	2月	発表会		

公開保育で、職員の意識が変わる

「グループワークでは、ふだん話し合う機会のない他園の保育者と語り合います。参加者からは、特に幼稚園と保育園は互いのことを知らないことが多く、刺激を受け、とても楽しいという声が挙がっています」と、宮本さん。

公開保育は、研修に参加した園の中から、毎年5～7園ほど、希望があった園で行います。公開保育をする園には、講師が出向き、公開保育に向けての研修を3回実施。

園長や主任が、保育者主導の保育から子ども主体の保育に転換したいと思っていても、園全体がなかなかそういう意識にならない場合があるといいます。しかし、そういうときに、公開保育を行い、講師から全職員に子ども主体の保育の大切さを話してもらえることで、意識改革ができたり、保育が変わることで子どもの様子ががらりと変わり、保育が楽しくなっていくことがよくあるそうです。

また、公開保育をきっかけに、園内に語り合う風土ができ、保育の質の向上に向けて動き出せるようになるということも多いといいます。

研修の最後の発表会では、公開保育をした園が、自分たちの園がどう変わっていったかの実践報告をするほか、研修参加者がそれぞれの学びや自園での実践をポスター発表していきます。

発表会での実践報告

研修最後の発表会では、公開保育とそれに向けての研修で保育がどう変わったかを実践報告する。

「園内研修リーダー育成研修」の概要

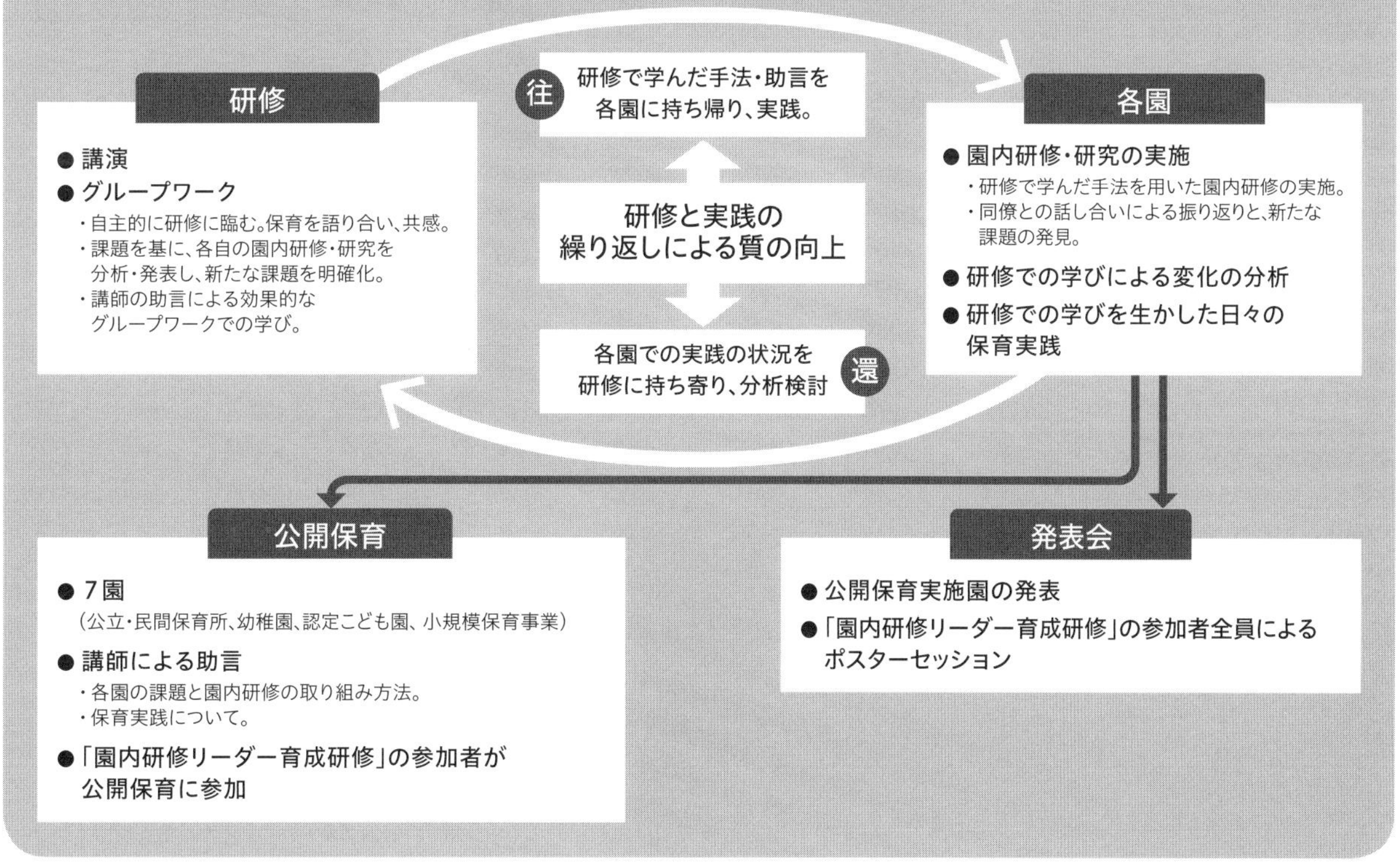
研修
● 講演
● グループワーク
・自主的に研修に臨む。保育を語り合い、共感。
・課題を基に、各自の園内研修・研究を分析・発表し、新たな課題を明確化。
・講師の助言による効果的なグループワークでの学び。
往
研修で学んだ手法・助言を各園に持ち帰り、実践。
研修と実践の繰り返しによる質の向上
各園での実践の状況を研修に持ち寄り、分析検討
還
各園
● 園内研修・研究の実施
・研修で学んだ手法を用いた園内研修の実施。
・同僚との話し合いによる振り返りと、新たな課題の発見。
● 研修での学びによる変化の分析
● 研修での学びを生かした日々の保育実践
公開保育
● ７園
（公立・民間保育所、幼稚園、認定こども園、小規模保育事業）
● 講師による助言
・各園の課題と園内研修の取り組み方法。
・保育実践について。
●「園内研修リーダー育成研修」の参加者が公開保育に参加
発表会
● 公開保育実施園の発表
●「園内研修リーダー育成研修」の参加者全員によるポスターセッション

園を支えるさまざまな外部研修

園内研修をサポートする さまざまな取り組み

園内研修をサポートする研修は、ほかにもあります。

まず、「園内研修リーダーフォローアップ研修」。これは、前年までに「園内研修リーダー育成研修」を受講した人を対象にした研修です。せっかく「園内研修リーダー育成研修」を受けたのに、日々の保育に追われて継続できなかったり、次にどういった園内研修をしようかと悩んでいる人も多いことから始まりました。年に3回の研修と、公開保育があります。この研修での公開保育は、参加者が互いに園を見学に行ったり、自園の近隣の園を誘ってというように、自由な形で自園に合った形で行っています。

「施設長研修」というものもあります。これは、「園内研修リーダー育成研修」に参加した園の施設長を対象にした研修で、施設長にも、質の高い保育を共有してもらうことを目的としていて、リーダーが受けた研修と同じようにグループワークがあります。

また、新設園に向けては、「園内研修・研究サポーター」の派遣もしています。公立保育園の園長だった人などが園内研修の計画立案やアドバイスをする制度です。新設園の園長は、それほど保育者としての経験年数が長くない人もいるので、さまざまな相談にも乗っています。

さらに、新設園に向けて、園内研修・研究に必要な講師への謝礼や、消耗品の購入などにかかる経費の一部を補助する制度もあります。

このように、横浜市では園内研修だけに関してもさまざまな研修やサポートが行われています。横浜市には18の区がありますが、その地域に即した研修や、救急救命法など、必須の研修は、区でも実施されています。神奈川県としても研修を実施しているので、そういう研修は、市からも各園にお知らせをするようにしているそうです。

すべての子どもたちのために、質の高い保育を保障する宣言

横浜市は、このように質の高い保育を目指して数々の研修を主催していますが、2020年3月には、「よこはま☆保育・教育宣言～乳幼児の心もちを大切に～」（119ページ参照）が策定されました。

これは、横浜市のすべての乳幼児保育・教育施設が、子ども主体の保育をしていくという宣言です。子ども主体の保育をすることで、一人一人を尊重し、子どもが自ら環境を通してあそび込んでいく中での学びを大切にしていこうというものです。この乳幼児期の学びが小学校での「自覚的な学び」の基盤になることから、保幼小の円滑な接続にも言及しています。

ポスターセッション

「園内研修リーダー育成研修」発表会での、ポスターセッションの様子。

なごやかに園内研修

子どもたちの姿について語り合う園内研修の充実が、保育の質の向上につながる。（ゆうゆうのもり幼保園）

よこはま☆保育・教育宣言
～乳幼児の心もちを大切に～

「よこはま☆保育・教育宣言～乳幼児の心もちを大切に～」は、横浜の保育・教育施設の全ての職員が、乳幼児期の子どもに対して何を大切にして子どもたちと日々関わるかの基本となるものです。
全ての保育者がこの宣言を理解し、日々の実践の中でそれぞれの子どものよさや可能性に気付き、家庭や地域の方と子どもの姿を共有できるような保育に取り組むとともに、保育の振り返りに活用していきます。

≪共有したい子どもの姿・方向性≫ 今と未来を生きる子どもを育みます

乳幼児期は、一人ひとりの子どもが自分自身でやりたいことを見つけ、未来を切り拓いていく力をつけていくためにとても大切な時期です。主体的に周りの環境に関わり、夢中になって遊びこむ中で、様々な学びの芽生えが見えてきます。

持続可能な社会の実現に向けて、自らアイディアを生み出したり、問題の解決に向けて他者と協働して解決の方法を考えたりするような創造的な思考を身につけることができるように、子どもたちの可能性を伸ばしていきます。

子どもたちが自分のよさを認識し、可能性を信じることができるよう、保育者は温かいまなざしを向けます。そして、子どもたちが自分では表現できない思いや考えにも耳を傾け、願いや求めに寄り添って一人ひとりを尊重します。

大切にしたい子どもの育ちと学び

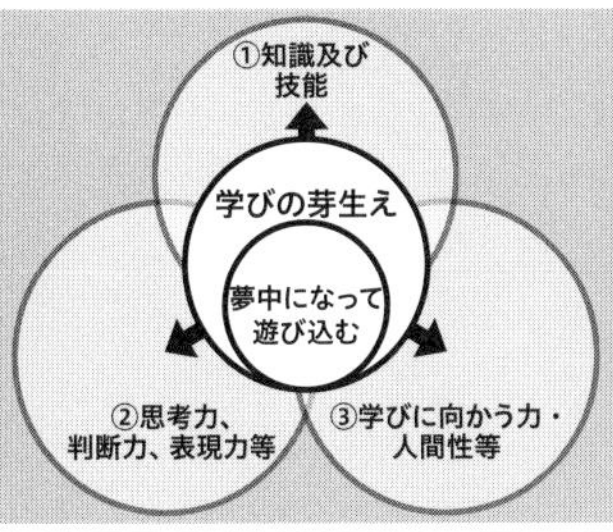

【非認知能力】
○やりたいことを見つけ、自分なりの方法で取り組むこと。
○やりたいことに向かって粘り強く取り組むこと。
○喜びや悲しみを仲間と共感したり、多様さを受け入れたりすること。
○思い通りに行かなくても気持ちを切り替えて新しい工夫をしようとすること。
○経験を通して自分に自信をもつこと。　など

【認知能力】
○知識、思考、経験を獲得する精神的能力。
○獲得した知識を基に解釈し、考え、未知のことを推測・予測すること。
○記憶力。○考える力。
○概念化すること。
○身近なものの特徴に気付く。　など

【育みたい資質・能力】（学びの芽生え）
①知識及び技能の基礎　②思考力・判断力・表現力等の基礎　③学びに向かう力・人間性等

≪宣言１≫ 安心できる環境をつくり、一人ひとりを大切に保育します

子どもたちの命を守るとともに、一人ひとりの個性や発達に合わせた環境の中で、自分を「かけがえのない存在」だと感じて日々を過ごすことができるように関わります。

(1) 安心感・信頼感を大切に、子どもを守ります。
・乳幼児期に温かく受容的・応答的に関わることで、子どもが安心できる場や信頼できる関係を作ります。
・うまくいかなかったり、不安になったりした時に、気持ちを受け止め、安心して戻れる場や関係を作ります。

(2) 子ども一人ひとりを受け止めます。（子どもたちが自己肯定感をもって、様々なことに挑戦できるようにします。）
・子どもは一人ひとり違います。子どもが安心して自分らしさを出せるように、目の前の子どもを理解し、それぞれの子どものありのままの姿を大切にし、受け止めます。
・それぞれの子どもがやりたいことを見つけたり、じっくり取り組んだりできる環境をつくります。

(3) 子どもが様々な人と関わることを大切にします。（色々な人と関わり、多様性に気付けるようにします。）
・お互いに思いを伝え合い、時にはぶつかり、折り合いを付けながら、協力することの楽しさや、他者を信頼する気持ちが育つようにします。
・自分ではできないようなことに憧れを感じ、様々な体験が広がるように、多様な人と一緒に活動することができる環境をつくります。

≪宣言２≫ 子どもの育ちと学びを支える主体的な遊びを大切にします

乳幼児期の育ちと学びは、自分の遊び（体験）を通して
「未知なことや分からないことを自分なりに考え、自分自身が納得するまで探究し続けること」です。
このような乳幼児期の育ちと学びは、生涯にわたる子どもたちの生きる力を育みます。

(1) 乳幼児期の子どもが、豊かで多様な環境と関わりながら育つことを大切にします。
・乳幼児期の子どもにとって必要な環境とは、一緒に過ごす保育者などの大人や子ども同士などの「人」、園の施設や遊具・素材・道具などの「場やもの」、自然や社会などの「事象」、試行錯誤やじっくり取り組むための「時間」などがあります。
・園の実情や地域性などを考慮し、それぞれの園における子どもにとってのより良い環境づくりに子どもと共に取り組みます。

(2) 夢中になって遊びこむことによる育ちを大切にします。
・子どもは遊びの中で多様な物事との出会いや気付きを通して、「なぜ」「どうして」などと試行錯誤や探求を繰り返します。夢中になって遊びこむことで、育みたい資質・能力、「幼児期の終わりまでに育ってほしい姿」（10の姿）が総合的に育ちます。保育者はその姿や学びの姿を日々の振り返りを通して捉えながら、より良い保育を目指します。

幼児期の終わりまでに育ってほしい姿
○健康な心と体 ○自立心 ○協同性 ○道徳性・規範意識の芽生え
○社会生活との関わり ○思考力の芽生え
○自然との関わり・生命尊重
○数量や図形、標識や文字などへの関心・感覚
○言葉による伝え合い ○豊かな感性と表現

(3) 保育者の重要な仕事は一人ひとりの子どものよさを発見し、育てることです。
・保育者は一人ひとりの子どもの姿に驚き、それぞれのよさを発見することに努めることで、受容的・応答的に関わることができ、信頼関係の形成につながります。
・保育者自身が子どもと共に楽しみ、対話し、振り返り、考えながら関わる中で専門性を向上させ、子どもが安心して遊びこめる環境をつくります。
・園内で、保育者同士が保育について語り合う場を作り、それぞれの保育者が捉えた子どもの育ちや学びを共有しながら、同僚性を高めることが大切です。そして、子どもの育ちを家庭や地域に伝えていくことも保育者としての重要な役割です。

≪幼保小の連携≫ 乳幼児期の育ちと学びを受け止め、小学校以降の教育につなげます

乳幼児期に培った「学びの芽生え」は、小学校低学年で育つ「自覚的な学び」の基盤になります。
幼保小連携事業等の機会を活用して、保育・教育施設と小学校とが顔の見える関係を築き、円滑な接続につなげます。

(1) 保育者は、乳幼児期ならではの「今できること」を大切にする中で、それぞれの子どもに現れてくる資質・能力とその現れとしての「幼児期の終わりまでに育ってほしい姿」の芽生えを手がかりにして、子どもの成長の様子を小学校に伝えたり、必要な支援の引継ぎをしたりします。
(2) 小学校では、乳幼児期の子どもの成長の様子を受け止め、子どもの安心感と主体性を大切にした「スタートカリキュラム」を行い、乳幼児期に培った力が教科等の学習でも存分に発揮できるようにしていきます。

行政

神戸市こども家庭局幼保事業課（兵庫県・神戸市）
北野幸子（神戸大学大学院）

公開保育を中心とした研修リーダーの役割

神戸市では、2018年度から公開保育を中心とした研修が始まりました。そこでは、地域の研修リーダーが大きな役割を果たしています。神戸市と神戸大学大学院・北野幸子先生との共同研究の一環として行われている研修について、ご紹介します。

0・1・2歳児の保育にフォーカスした研修

2018年度から、神戸市こども家庭局幼保事業課と神戸大学大学院の北野幸子先生とが、「乳幼児教育実践の質の維持・向上にかかわる保育者の専門性に関する研究」を行っています。「共同研究としたのは、神戸市こども家庭局の方たちが、保育の質の向上に関して、ほんとうに一生懸命で、助言者と言うよりタッグを組んでいると感じているからです」と、北野先生。

共同研究の目的は、

- **改定（改訂）された指針や要領に記載されている「乳児」と「1歳以上3歳未満児」の保育の質の維持・向上を図るための方法の開発を、公開保育や事例検討会など、実践的に行うこと。**
- **実践事例のデータを収集し、指針や要領の改定（改訂）によって、重要視されている乳児・3歳未満児の保育について、子どもの気持ちや育ち、学びの姿を保育者が見取り、どのような教育的意図をもち、具体的にかかわったり、環境構成したり、また環境を再構成したりするなどの工夫を行っているのかを、可視化していくこと。**

と、しています。

この研究にあたっては、神戸市に在住するすべての子どもの保育のためになることを目指し、公立・私立を問わず、神戸市にある保育園、幼稚園、こども園、小規模保育事業など、さまざまな乳幼児保育施設の保育者が参加できるようにしました。

研究の方法は、公開保育と、実践検討会・事例集作成、全体会（公開保育や事例の発表・ポスターセッションと、講演・シンポジウム）が3つの柱です。

公開保育を0・1・2歳児クラスに限定したことについては、「2018年に施行された保育所保育指針や幼保連携型認定こども園教育・保育要領では、子ども主体の保育を目指す上で、0・1・2歳児に関する教育が強調されているように、0・1・2歳児のときの育ちは、特に大事です。しっかりした教育保障について研修の必要性を感じました。また、0・1・2歳児クラスでは、公開保育の実施が難しいと思っている方が多いようなので、その浸透を図るために、あえて挑戦しようと思いました。1回の公開保育時の参加者は10～20人にしぼり、一度に入室する人を2～3人ずつにするなど、やり方を工夫しています。その代わり、公開保育を実に多くの園で実践していただきました」と、北野先生は言います。

研修の様子

毎回、80～100人ほどの保育者が集まる。

共同研究の研修体制

神戸市には9つの区があり、各区から5園1人ずつ、計45人の保育者と、市のこども家庭局、教育部局の関係者6名、それに北野先生が加わり、この研究のプロジェクトチームを設置しています。

プロジェクトチームの研究会議は年に3回あります。研究部会は、0・1・2歳児の年齢別、および地域によって3つに分け、公開保育などに向けた研究会と、実践検討研究会をそれぞれ1回ずつ、計6回実施しています。それら9回の会のうち、2回は神戸大学附属幼稚園で、後の7回は神戸大学で行ってます。参加者は、毎回100人前後。プロジェクトチームと3研究部会に参加する園を合わせると、350園前後の共同研究です。

研究会では、0・1・2歳児それぞれの発達や保育者の専門性についての講義があるほか、どのような視点で公開保育をするか、自園の課題などを語り合うグループワークを行います。その学びや課題を自園に持ち帰って園内研修を行い、また次の研究会に園内研修の結果を報告するという往還的な研修を行っています。

この3研究部会の中で、2018年度には28園が、2019年度には55園が公開保育を希望し、実践しています。

公開保育の実践報告

乳幼児保育研究部会「公開保育」の記録③

幼保連携型認定こども園

令和元年　９月　２０日（金）　０歳児　施設名　きらり保育園

○担任の振り返り

いつもの雰囲気と違って圧倒されていたが、意図して出した遊び（素材の感触）を遊び込めていた。
子どもがしたい遊びと提供した遊びがマッチしていたと思う。
テラスでお茶を飲み待つ時間があったので、待ち時間が長くならないように遊びの導入はあえてせず、すぐに遊びに入れるようにした。
保育に入り込んでいるとそこしか見えないので、いろいろ意見を頂いてありがたかった。

○参加者の気づき

・素材遊びの準備をしっかりされていた。普段の遊び、いつも使っているもの、身近に親しんでいるものを取り入れているのが良かった。
・子どもがしたいという気持ちに寄り添った０歳児にあった声の大きさと量だった。落ち着いていて、語り掛けるような言葉がけが良かった。
・クラス全体が落ち着いていて、たくさんの大人が見ていても誰も泣かず、担任との信頼関係が感じられた。
・子どもの興味や関心をよく見て対応されていた。
・やぶったチラシを、自分ならごみ袋に入れて集めてしまうが、手押し車を回収車に見立てて、遊びの中で片付けできるようにしていた。
・１つの遊びに集中して遊んでいた。子どもの興味と提供したあそびがマッチしていた。
・自分たちで遊びを選んで楽しめる環境が準備されていた。手作りおもちゃがたくさんあり、参考になった。
・可動のパーテーションを上手に使って仕切りにし、一人一人の落ち着く環境作りができている。

○グループ討議について

・段ボールの中に丸めたチラシを入れて何か言って欲しくて後ろを向いて保育士の言葉がけを待っていたので「入ったね」「もう１つ入れてみようか」「じょうずだね」等声をかける。
・チラシを口に入れてしまうと飲み込んでしまうのがこわいので、月齢の小さな子には違う素材を準備するのも良い。
・上からぶら下がっていたチラシに手を伸ばしていた子をすぐに抱きあげて触らせてあげていたので「届かないね～」「どうする？」等言葉がけをして子どもの反応を見て、少し引っ張って届いた時に「届いたね」と言葉がけをするのもよい。
・Ａちゃんが Ｂちゃんにおもちゃを渡そうとしていたが Ａちゃんは気が付かず、側にいた保育士さんが「ありがとう」とかわりに受け取っていたが、「Ｂちゃん、Ａちゃんがおもちゃどうぞってくれたよ」と仲立ちし、繋いであげることも考えてみた。
・子どもが抱っこをせがんできたが、その子がうんちをしていてそのままパート保育士に託していたので、まずはギュッと抱きしめて落ち着いてから「きれいにしてもらおうか」と声をかけてからパートさんに託したら子どもが満足する。
・ゴムにぶら下がったチラシを引っ張っている時に近くに段ボールがあったので、ダンボールは移動させて広く安全に使えるようにする。
・それぞれの素材の遊び方を保育士が見せても良かった。

11

公開保育をした全園が、最後に記録をまとめ、事例集にしている。

園を支えるさまざまな外部研修

研修リーダーの役割

この研究の公開保育の特徴は、プロジェクトチームに所属する各区から選ばれた45人の保育者が、公開保育を実施するそれぞれの園の研修リーダーとなることです。それぞれが同じ区の公開保育をする園に行き、助言をしたり相談に乗ったり、園内研修のときのファシリテーターの役目を担います。

研修リーダーは、公立・私立園から半々ずつ。「神戸市は、もともと研修や実践研究が盛んで、研修のリーダーとなれる人材が多いのです。研修・研究のベースがすごくあったので、スタートしてそれほど時間はたっていませんが、研修リーダーへの、神戸市の目指す保育の質がどういうものかということについての浸透具合と、理論の中身の理解度がとても高いと思います」と、北野先生は言います。

この研修リーダーの存在が、年間55園という数の公開保育を可能にしています。

公開保育後のディスカッションが大切

公開保育当日は、保育見学の後に、必ず参加者によるディスカッションの時間があります。このディスカッションで、当日の保育を振り返ります。

「日本は、もともと互いに助け合う互助文化を大事にしてきています。外部から評価者が来て、よい・悪いについて言及するだけではなく、地域の仲間と保育を振り返り、語り合うことが保育の質の向上につながると思います。互いの実践を見せ合って、『ここがよかったね』『私だったら、こうするかも』というような語り合いで、質を上げていくことを目指しています」と、北野先生は語ります。

「公開保育後の語り合いがとても楽しいのです。先生方の顔がキラキラと輝いていて、充実していることがわかります。保育が楽しくなって、定着率が上がることも期待しています」と、こども家庭局幼保事業課指導研修担当の上田張方さん。

行政と大学、神戸市私立保育連盟などの保育専門組織や、多くの保育者の連携によって、地域に根ざした取り組みが続いています。

研修の最後は全体会

研修の中に実践検討研究会がありましたが、そこでは毎回年齢ごとの実践報告があり、子どもたちの姿をドキュメンテーション的なものにまとめています。振り返りとしてとても有意義なものが多いので、それを基に全体会の前に、実践検討研究会で出された事例のポスターセッションをしています。1年間の研修と公開保育が終わると、全体会を行います。2019年度は、残念ながら感染症対策で中止になってしまいましたが、2018年度は、公開保育をした園から3園が実践報告。その後に北野先生と保育の実践者によるパネルディスカッション、講演などが行われました。

「研修というのは、継続していかなければならないし、人から言われてやるのではなく、学ぶ必要性と意欲のある人たちが主体的に行うものであり、研修の記録を残し、それがキャリア形成においても刺激となっていくことがふさわしいと思っています」と北野先生は言います。

今後は、これらの研修をキャリアアップ研修と連携させていく予定です。

2 018年度の全体会

実践報告、パネルディスカッション、講演などが行われる。

行政

ステージに合わせた研修と、手厚いサポート

世田谷区役所 保育担当部保育課 教育・保育施設担当 育成支援班（東京都・世田谷区）

2010年からの10年間で、保育施設を利用する乳幼児が約4倍になった世田谷区では、保育施設を増やすことが急務でした。量の拡充とともに、課題になるのが保育の質の担保。世田谷区では、どのような取り組みを行っているのでしょうか。

往還的に、保育の質の向上を目指す

世田谷区では、2020年4月で300強の乳幼児施設があり、現在も増え続けています。量の拡充とともに、質を担保することを第一として、2015年、区内の保育施設の質の向上を目指した「世田谷区保育の質ガイドライン」を策定しました。

そんな世田谷区では、もともと初任者、中堅者、リーダー職員および主任・副園長、施設長に対して、経験や職務別に研修を行ってきましたが、2018年に保育所保育指針が改定されたことを受け、研修体制を124ページの表のように見直しました。毎年、保育の質の向上を考える研修を中心に、さまざまな分野で年間を通じて、80回以上の研修を行っています。

世田谷区の研修の大きな特徴の1つは、キャリアアップ研修を、区の実情や目指している保育に合わせた内容で、用意していることです。これは、キャリアアップ研修対象者以外でも、受講することができます。

また、ミドル研修（中堅保育者層対象）には、特に力を入れています。2年連続の研修で、1年目は公開保育に向けた5回の講義と、そこで出た課題を持ち帰って園内でも研修をするという往還的なもの、2年目は、研修を受けた人たちがそれぞれ講師の助言も受けつつ、園内で実践研究をします。そうすることで、研修を受講した人に研修の仕方や指導能力が定着し、その園自体の保育の質の向上にもつながっていきます。この2年の間には、講師とともに研修を担っている育成支援班の職員が相談に乗るなどのサポートもします。

さらに世田谷区では、区内を地域別に5つのブロックに分け、それぞれのブロックでリーダーを決めて活動をしている「保育ネット」というシステムがあります。「保育ネット」では、「表現あそび」や「造形」「危機管理」など、より実践的な研修を地域ごとに行っています。

「保育ネット」の取り組み

- ◎公立・私立を問わず、保育園、認証保育園、保育室など、地域の保育者が参加。
- ◎定例会 年3回。
- ◎学識経験者の講義など、勉強会。
- ◎ブロックごとに、自主的に、より実践的な研修。
- ◎小さいグループに分かれて、共通の議題について情報交換。

保育実践フォーラム

保育の質向上に向けた各施設での取り組みの発表の場を設けている。会場には、研修成果のポスターを展示し、研修内容について共有できる場となっている。

世田谷区　研修体系（平成31年度）

◎→キャリア パスに係る分野別研修対象

基礎ステージ

保育の基礎 基本の理解
↓
実践的指導力の向上
↓
実践的指導力の充実

ミドルステージ

理論の習得 実践の習熟
↓
理論の具体化、実践の向上
↓
ミドル保育者としての資質指導力の維持
↓
ミドル保育者としての資質指導力の充実
↓

運営・管理職ステージ

企画力・指導力等の経営的資質の育成
↓
園経営能力の育成

◎ 乳児保育研修　15時間

・乳児保育の意義
・乳児保育の環境
・乳児への適切な関わり
・乳児の発達に応じた保育内容
・乳児保育の指導計画、記録及び評価

乳児保育に関する理解を深め、適切な環境を構成し、個々の子どもの発達の状況に応じた保育を行う力を養い、他の保育士等に乳児保育に関する適切な助言及び指導ができるよう、実践的な能力を身に付ける。

◎ 幼児教育研修　15時間

・幼児教育の意義
・幼児教育の環境
・幼児の発達に応じた保育内容
・幼児教育の指導計画、記録及び評価
・小学校との接続

幼児教育に関する理解を深め、適切な環境を構成し、個々の子どもの発達の状態に応じた幼児教育を行う力を養い、他の保育士等に幼児教育に関する適切な助言及び指導ができるよう、実践的な能力を身に付ける。

◎ 子育て支援研修　15時間

・保護者支援
・子育て支援の意義
・保護者に対する相談援助
・地域における子育て支援
・虐待予防
・関係機関、地域との連携

保護者支援・子育て支援に関する理解を深め、適切な支援を行うことができる力を養い、他の保育士等に保護者支援・子育て支援に関する適切な助言及び指導ができるよう、実践的な能力を身に付ける。

◎ 障害児保育研修　15時間

・障害の理解
・障害児保育の環境
・障害児の発達の援助
・家庭及び関係機関との連携
・障害児保育の指導計画、記録及び評価

障害児保育に関する理解を深め、適切な障害児保育を計画し、個々の子どもの発達の状態に応じた障害児保育を行う力を養い、他の保育士等に障害児保育に関する適切な助言及び指導ができるよう、実践的な能力を身に付ける。

○ミドル研修　1年次（全5回＋公開研修）

・ミドルリーダーに求められるもの（テーマの見つけ方）
・子どもを語る、写真で語る
・自園内実践研修
・振り返り

乳児保育・幼児教育をさらに深めた実践保育

○ミドル研修　2年次（全4回＋自園内研修）

・子どもを見る目を確かなものに
・自園内実践研修
・振り返り

・ミドル保育者に求められるもの
・園内研修の在り方
・保育の見方・記録の取り方
・園内研修の手法
・組織の在り方

<ミドル研修の目的>
保育士のミドルリーダーとしての専門性やリーダー性を高め、全園的な視野に立ち指導的な立場で園運営に参画できる資質・指導力の向上を図る。
<対象>
おおむね7～15年以上の経験者で施設長の推薦がある方。（各年次　区立、私立計50名程度）

（その他の研修）

●保育実践フォーラム
●造形・芸術研修
●要録研修（保育園、認証保育所）
●指導計画研修
●中堅ステージ研修
●虐待対応基礎研修
●合同保育研修（保育ママ、認証保育所、保育室、地域型保育事業）
○保育ネット研修（実践研修）
●食品衛生講習会
●栄養士離乳食研修
●栄養士合同意見交換会
●食育研修
●食育・アレルギー対応研修
●保健衛生の基礎
●保育保健研修
●看護師合同意見交換会

○マネジメント研修

● 施設長研修
● リスクマネジメント研修
● ソーシャルワーク研修

主任保育士の下でミドルリーダーの役割を担う立場に求められる役割と知識を理解し、自園の円滑な運営と保育の質を高めるために必要なマネジメント・リーダーシップの能力を身に付ける。

関係諸機関との連携をとりながら一人ひとりの育ちを支える力をつける。

・マネジメントの理解
・組織目標の設定
・地域連携
・働きやすい環境づくり
・危機管理
・リーダーシップ
・人材育成
・保護者支援

研修と巡回支援相談は車の両輪

研修の実施の充実と合わせて、保育についての相談は、電話などでも受け付けしています。

加えて、保育実践の支援として、公立・私立の保育園、認証保育所、保育室などを、保育士・看護師・栄養士とがペアになって訪問する巡回支援相談を実施しています。基本的には、1回2時間、公立・私立の保育園は年1回、認可外の保育園へは年複数回訪問し、保育を見ています。

また、新設園には、年に2回、訪問しています。巡回支援相談では、保育内容・環境構成のほか、食育や安全・衛生管理、保護者支援など、さまざまなことに関して、よりよい保育実践のための相談に乗ったり、提案をしたりします。指導というよりは、寄り添いながらともによくしていこうというスタンスで園には行くそうです。園内研修や外部研修の受講状況や研修後の園での実践や研修生の様子も確認するなど、きめ細やかな巡回支援相談が、園や保育者の研修への意欲をもサポートしているようです。

新設園は、開園前にも研修

世田谷区では、開園前にも園長や主任を対象に研修を行っています。研修内容は、「世田谷区保育の質ガイドライン」を基に、世田谷区の目指す保育や、組織作りについて開園前に確認し合う場を作るなど、多岐に渡ります。開園2年目以降も、フォローアップ研修を行い、保育内容の振り返りや、研修体系作り、研修内容をいかに充実させるか、組織マネジメントなどについて、継続して講義を受けることになっています。

このように、世田谷区では、さまざまな研修と、それをサポートする体制作りをし、保育の質の向上を目指しています。

マメ先生のチェックポイント

自治体での手ごたえのある研修が生まれるために

3法令の改訂（改定）以降、子ども主体の保育の質の向上のために、各園の努力が始まっています。その一方で、自治体の動きも活発になってきました。特に、キャリアアップ研修をはじめとした外部研修も充実し始め、自治体での個性的な取り組みもあちこちで生まれてきています。

個々の園だけではなかなか見直すことが難しいことも、自治体がバックアップすることで、あちこちの園で保育が変わってき始めているのです。

ここで紹介した横浜市、神戸市、世田谷区では、以下の3つの共通のポイントがありそうです。

第一には、実践の取り組みに、具体的に反映させる研修であるということです。すべて、「往還的な研修」といってもよいと思います。研修を受けて終わりではなく、受講者同士の交流も生み出しながら、最後には受講者がポスター発表をするなど、自分が行ってきた保育に、明らかな手ごたえを感じられる研修なのです。

第二には、公開保育などで、自園の保育を外に開き、それを基に内部だけでなく、外部の人たちとも豊かな対話を行っているということです。3歳未満児の公開保育が広がっている点も、大きな動きです。

第三には、園内の研修リーダーを養成する取り組みです。研修によって、園に戻ってファシリテートできる存在が生まれています。

今後も、保育の質の向上のためには、こうした自治体の研修や公開保育のファシリテートができるリーダーを養成していくことが大きなテーマとなるでしょう。

ミドル研修

公開保育後の協議会（振り返り）の様子。

民間

横浜市幼稚園協会　研究講座（若手の会　神奈川県・横浜市）

これからの保育を支える研修

横浜市幼稚園協会にもさまざまな研修がありますが、その中の一つが通称「若手の会」といわれる20～40代の幼稚園後継者を中心とした研修です。「若手の会」では、どのような研修が行われているのでしょうか。

他園の文化にふれて、刺激を受ける

２０１５年に設立された「若手の会」が、保育の質の向上を目指して研修を始めたのは、２０１９年から。神奈川県幼稚園協会で「若手の会」が主催し、後継者を集めての研修がありましたが、一度だけよりも継続するほうがよいと、横浜市幼稚園協会の研修として、年に何回か実施することになりました。

参加者は、毎回40名ほど。20～40代の幼稚園後継者が中心ですが、横浜市幼稚園協会所属の園で、保育の質の向上を目指す保育者なら誰でも参加可能です。

外部の講師を助言者として、新たな保育・教育観にふれ、問いをもち、参加者同士で対話を重ねられる場であるということを大事にしています。毎回テーマを変え、２０１９年は4回ほど開催されました。

例えば、第3回は、第1回の研修の際に、子どもが主体の保育を目指し、子どもがあそび込む環境構成について試行錯誤をしていく過程を事例報告した、同じ神奈川県の川崎市にある宮前幼稚園への見学会でした。

最初に、宮前幼稚園の園長・副園長から、園の概要や現在の保育についてのガイダンスを受け、その後に園内見学。そして、最後はグループに分かれ、見学をしてすばらしいと思ったこと、疑問に思ったことなどが話し合われました。

こういう機会がないとなかなか他園を見ることがないという保育者たちは、とても刺激を受けたと話していました。

第4回は、神奈川県海老名市にあるさくらい幼稚園園長の櫻井喜宣先生の、園で語り合う文化を作り、記録を生きたものにする工夫などのお話しを聞きました。

このように、他園の保育者同士がつながり、語り合って刺激を受け、保育の質の向上に努めています。

宮前幼稚園のホールでガイダンス

見学前に30分ほど、宮前幼稚園の園長・副園長による園の概要などのガイダンスが行われた。

宮前幼稚園を見学

雨にもかかわらず、多くの保育者が参加し、環境構成やそれを語り合える風土作りについて、話し合いが行われた。

民間

地域でつながる研修会

多摩保育研究会（東京都・小平市）

東京都小平市では、行政などからの補助を受けずに、現場の保育者の有志が自分たちで研修をしようと集まった多摩保育研究会（通称タマケン）という組織があります。どのような活動をしているのでしょうか。

自分たちで作る学びの場

「学びに積極的な地域の保育者と、つながりたいと思ったのがきっかけでした」と語るのは、会の代表の一人である白梅学園大学附属白梅幼稚園の西井宏之先生。最初は、大学の先生を中心とした勉強会で、「自分たちでも研究会を立ち上げればいいじゃない」という助言をもらったのがきっかけでした。

2019年、小平市や西東京地域の保育者を対象に、保育を語り合い、情報交換をし、「地域で保育の質を高めよう！」というコンセプトの基、幼稚園・保育園に勤める有志が集まり、「多摩保育研究会」として活動を始めました。

初回は参加している園の一つに、実践を発表してもらっての意見交換。2回目は、外部の講師の講演とグループワーク。そして、3回目は、それぞれの園から、日々の保育の中で「これ」と思った保育の一場面の写真を持ってきてもらってのフォトトーク。その写真を見ながら5～6人のグループで子どもの姿を語り合い、1枚の写真を基に、次の子どもの姿を予測して保育ウェブにまとめました。複数人で写真を見ながら語り合うことで、多様な見方ができるのが利点です。また、この日話し合った内容を自園に持ち帰り、実践してみた結果を、次の回で発表することになっています。

この会の参加者は、公立・私立、幼稚園・保育園など、保育環境はさまざまです。子ども主体の保育を目指し、保育の転換はしたいけれど、なかなか園全体の意識改革がままならず、一人で悩んでいる保育者も、地域の同じ志をもつ保育者とつながることで、新たな一歩を踏み出せると感じる人も多いのではないでしょうか。

地域の保育者が集まる研究会

参加園の一つに場所を提供してもらい、年数回の研究会を行っている。

保育の写真を見ながら意見交換

3回目の研究会の様子。「これ」と思う保育の一場面の写真を持ち寄り、意見交換をする。

三谷大紀先生の**チェックポイント**

自己研鑽と園内研修と、園外研修の往還的なつながりが生み出すもの

この二つの研修会には、共通点があります。それは、どちらも「受け身の研修」ではないということです。1章の中で、園内研修を充実させるためのポイントとして、「やらされる」研修（指導・伝達型）から「自分たちで作る」研修（参加・協働型）にし、保育をより楽しめるようにすることを挙げました。この二つの研修会の参加者たちは、それぞれ活用できる資源を生かしながら、研修会を文字通り自分たちの手で作っています。

その背景には、この2つの研修のそれぞれの中心的なメンバーである木元氏と西井氏が、自園に対する課題意識をもち、園内研修のあり方を模索し、さまざまな園外研修に参加してきたことがあります。その中には、本書で紹介してきた「往還的研修」も含まれています。そこで学んだことを自分たちの研修会にも取り入れ、自園の保育のみならず、地域や協会全体の保育の質の向上に還元しているのです。つまり、研修に参加した人が、今度は研修を企画する側を担うようになっているのです。だからといって、お二人は学んだことを一方的に教え、広めようとしているわけではありません。自園の保育をよりよくしていくために、他園とつながり、対話を重視し、そのこと自体に意味を見出し、探究しているのです。こうした動きは、地域や協会のみならず、お二人の園の保育の質の向上につながっている一方で、これからの日本全体の保育の質の向上のためにも欠かせない動きだと考えます。

編著

大豆生田 啓友（おおまめうだ・ひろとも）

玉川大学教育学部乳幼児発達学科教授。
乳幼児教育・保育学・子育て支援などを専門に、
テレビや講演会のコメンテーターとしても活躍している。
『「子ども主体の協同的な学び」が生まれる保育』（学研教育みらい）、
『非認知能力を育てる あそびのレシピ』（講談社）ほか、
編・著書多数。

著

髙嶋 景子（たかしま・けいこ）

聖心女子大学現代教養学部教育学科准教授。
専門は、保育学、乳幼児教育学、子育て支援。
『子どもを「人間としてみる」ということ』、
『新しい保育講座3「子ども理解と援助」』（ミネルヴァ書房）ほか、
共・編著多数。

三谷 大紀（みたに・だいき）

関東学院大学教育学部こども発達学科准教授。
専門は、保育学、幼児教育学。
『子どもを「人間としてみる」ということ』、
『新しい保育講座3「子ども理解と援助」』（ミネルヴァ書房）ほか、
共・編著多数。

スタッフ

編集制作　小杉眞紀・吉田真奈
カバーデザイン・表紙・本文デザイン　内藤正比呂
撮影　亀井宏昭
本文イラスト　もり谷ゆみ

指導・写真協力（五十音順）

○**青森認定こども園**（あおいもり園　園長 吉田慶男　能代貴美子）
○**幼保連携型認定こども園あそびの森あきわ**（園長 竹内勝哉）
○**幸ヶ谷幼稚園**（副園長 木元健太郎　新井香里　荒川水輝）
○**神戸市こども家庭局幼保事業課**（上田張方　木原尚美）
北野幸子（神戸大学大学院）
○**さくらい幼稚園**（園長 櫻井喜宣）
○**さくらこども園**（園長 森田達郎　副園長 森田あゆ美　村田陽子）
○**順正寺こども園**（園長 伊藤唯道　本田智秋）
○**白梅学園大学附属白梅幼稚園**（園長 山形美津子　西井宏之　深田美智子）
○**白百合愛児園**（園長 吉岡善美　平原弥生）
○**世田谷区保育担当部保育課　教育・保育施設担当育成支援班**
（山本恵理子　牧山千春　山田真紀）
○**祖師谷保育園**（園長 伊藤美代子）
○**多摩保育研究会**（西井宏之　定時知子　神谷 潤　深田美智子）
○**鳩の森愛の詩瀬谷保育園**
（園長 瀬沼幹太　副園長 小林茂美　石井友理　大瀬戸麻里恵　中澤恵理　江原智史）
○**ひだまり保育園**（園長 松原知朱　髙﨑温美　堀 典子　平野 優　岩﨑ひかり）
○**門司保育所**（みどり園　園長 犬塚博文　春田紀子　原 聡子　福田千佳）
○**ゆうゆうのもり幼保園**（園長 渡邊英則　木村彩絵　藤原みつ子）
○**横浜市こども青少年局 保育・教育人材課**（宮本里香　甘粕亜矢　石川陽子）
○**横浜市幼稚園協 会研究講座・若手の会**（木元健太郎）
○**与野本町駅前保育所**（おひさま保育園　園長 山下勝哉　柴田志保　渡部誠也　木下 綾）